新教育文库 通识书系

新教育文库·通识书系

办一所新教育的好学校

储昌楼 著

山西出版传媒集团 山西教育出版社

图书在版编目（CIP）数据

办一所新教育的好学校 / 储昌楼著. — 太原 ：山西教育出版社，2019.7（2019.8 重印）
（新教育文库 / 朱永新主编）
ISBN 978-7-5703-0512-4

Ⅰ. ①办… Ⅱ. ①储… Ⅲ. ①中小学—办学经验 Ⅳ. ①G627

中国版本图书馆 CIP 数据核字（2019）第 129284 号

办一所新教育的好学校
BAN YISUO XINJIAOYU DE HAO XUEXIAO

文库统筹 许新海
出版策划 潘 峰
责任编辑 康 健
特约编辑 胡晶晶
复　　审 邓吉忠
终　　审 李梦燕
装帧设计 陈 晓
印装监制 蔡 洁

出版发行 山西出版传媒集团·山西教育出版社
（太原市水西门街馒头巷 7 号 电话：0351-4729801 邮编：030002）
印　　装 山西立方印业有限公司
开　　本 720×1020 1/16
印　　张 14
字　　数 228 千字
版　　次 2019 年 7 月第 1 版 2019 年 8 月第 2 次印刷
书　　号 ISBN 978-7-5703-0512-4
定　　价 45.00 元

新教育文库

总 序

教育实验是一项细致而长久的工程，需要通过一代人去影响另一代人，不能急于求成，不能故步自封，一定要学会等待，一定要耐得住寂寞。

新教育实验也不例外。

中国教育有许多弊端，但仅仅是怒目金刚式的斥责和鞭挞，虽然痛快却无济于事。对于中国教育而言，最需要的是行动与建设，只有行动与建设，才是真正深刻而富有颠覆性的批判与重构。

新教育实验就是寓行动于重构之中，寓批判于建设之中。

新教育要做的，就是给教师和学生一种幸福完整的教育生活、一个开阔无垠的精神视野，让他们更深切地体验人的内心的复杂性，不但要了解生命的伟大和宇宙的博大，而且要感受生活的丰富与人性的丰厚。

从2000年《我的教育理想》的出版，新教育思想悄然萌芽，到2014年"新教育文库"的第三版修订，此时此刻的中国大地上，2000多所学校的200多万名新教育师生，正走在新教育的路上。

以追寻理想的执着精神、深入现场的田野精神、共同生活的合作精神、悲天悯人的公益精神，埋首耕耘，成就我们的人生、我们的教育、我们的民族。这就是新教育精神的本质内涵。

新教育追求高度，但永远不会高高在上；新教育培养卓越的教师，更关注普通的教师；新教育不是一个精英俱乐部，而是一个宽容开放的团队。新教育始终敞开胸怀，永远等待、拥抱理想主义者。真实的新教育，永远在田野中，在千千万万默默无闻的普通老师的教室里。

新教育人，就是这样一群有着共同梦想，遵守共同标准的志同道合者。彼此为对方的生命祝福，彼此珍惜生命中偶然的相遇，彼此做出郑重承诺，共同创造一间又一间完美的教室，共同书写一篇又一篇生命的传奇。

新教育不求无懈可击的理论体系，而是强调行动起来，在实践中思考，在实践中提升，在实践中成长。帮孩子成为自己，让我们成为自己，一个完整的幸福的自己。我们不是人类文明的创始者，但人类文明可以通过教育的伟大理想穿越时空，通过我们今天的行动变为现实。

当然，我们也知道，只有对新教育的认识从“概念”向“信念”推进，由“理想”转向“思想”引领，激发出人们深沉的情感、执着的意志，从精神世界的积淀表现为主题的自觉行动时，新教育实验才可能真正成为人生力量和教育智慧的策源地。

“新教育文库”，正是总结、梳理、传播新教育人的所行所思所得的一种努力。无论是经验还是教训，这一路跋涉的足迹，将成为指向明天的路标。在这套文库中，不同书系有着不同定位：我们希望用“通识书系”积淀下新教育的根本书籍，用“蒲公英书系”及时总结一线教育经验，用“萤火虫书系”全力搭建家校沟通的平台……我们并不准备用一部部书籍堆砌功名的城堡，但我们盼望这一部部心血凝成、行动书写的图书，能够成为一块块砖石，铺就一条通往彼岸的桥梁。

那么，新教育的彼岸是什么模样?

我想，彼岸是一群又一群长大的孩子，从他们身上能清晰地看到：政治是有理想的，财富是有汗水的，科学是有人性的，享乐是有道德的。

亲爱的新教育同仁，我们正在这条通往彼岸的船上。让我们同心同行，过一种幸福完整的教育生活。

行动，就有收获。

坚持，才有奇迹。

朱永新

于北京滴石斋

前　言

新教育的一盏灯

朱永新

2013 年 6 月的一天，我突然收到一封来自昆山的信。信中写道："我已经下定决心去办一所新教育实验学校，跟市教育局正式提出了要求。新教育课程实施主要在小学，因此，去小学是我唯一的选择。我给领导表了四个态：不管个人名利得失，不管学校大小，不管学校新旧，不管学校在城里还是在乡下。请大家不要以昆山高考需要我为由挽留，如果大家认定我、认可我，就请尊重我的选择，少一个我高中照样转，多一个我小学就多了动静。如果说当初我到高中搞教研是雪中送炭，那么如今就让我到小学去为昆山教育锦上添花，就让我去做不得不做、一心想做的新教育吧！就让我'全身心、全时段、全资源'地投入，打造一所真正的新教育学校。"

随信他还附上了未来学校的事业规划，承诺"一年我会让学校项目有模有样，三年我会让学校经看耐看。当我退居二线的时候，会给新教育发源地昆山市留下一所公认的新教育好学校，这是我应该也能够为新教育做到的一件实事。"

来信的，就是储昌楼，新教育实验最早的推广者。说起昌楼与新教育的渊源，有着一个个动人的故事。

认识储昌楼的人都知道，他写得一手好文章。在 2002 年前，他的名字经常出现在江苏省的教科会议、颁奖仪式上，从"教海探航"到"金帆杯"，他的论文经常获得一等奖。他在 K12 和教育在线上，曾经写下了许多美文。到现在人们还怀念"淀山湖""大闸蟹"和"亭林人"。

但熟悉储昌楼的人也发现，从2002年开始，他似乎突然“消失”了。好久没有读到他的美文了，好久没有看到他去领奖了。尽管这对于他来说是易如反掌的事。

而了解储昌楼的人会说，这个储昌楼啊，把他的生命交给新教育实验了。你只要上教育在线网站，只要走进新教育实验论坛，就会发现，他把全部时间都献给了这个论坛。

我知道，为了新教育实验，他曾经在许多个夜晚加班加点，一碗方便面，陪伴他到天明。

我知道，为了新教育实验，他曾经多少次到学校指导、讲解、示范，从昆山、吴江到苏州、南京，都可以看到他忙碌的身影。

我知道，为了新教育实验，他曾经写过数十万字的方案、报告，打过成百上千个电话，发过不计其数的短消息、邮件。

2006年，由于新教育事业发展的需要，昌楼卸任新教育实验总课题组秘书长，担任新教育理事，具体负责昆山的新教育实验工作。工作的任务有了调整，但昌楼胸怀大局、矢志不移的信心和决心从未改变。他仍然积极在昆山努力推进新教育实验项目，仍然积极参加每年的年会，仍然积极参与新教育理事会和新教育基金会的各项工作。新教育不会忘记任何共同行走的伙伴。昌楼作为最早的新教育志工，值得尊敬；作为坚定的新教育同路人，值得珍惜。

我接到了昌楼的来信，他这个长期扎根教育一线去办一所新教育学校的决定，让我惊讶，也让我敬佩。同样的，昌楼的诚恳与执着也感动了昆山市教育局的领导。两个月后，他放下做了三十年的高中教育，年过五十做校长，不畏艰难险阻，一头扎进乡镇小学，三年后又调任昆山市娄江实验学校。从乡镇中心小学到市教育局直属九年制实验校，凡事从头学起，从头做起，三年一所“好学校”，六百天一个“好课程”。

原辽宁省铁岭市教委副主任、教育文学家傅东缨先生在《极目新教育》一书中专门提到了千灯小学与娄江实验学校：“这是笔者记忆最深、思索最多的一所凸显文化特色的秀美乡村学校——苏州昆山市千灯镇千灯中心小学校。在中国相当多的学校软件太软、文化缺文、育人少育的当下，这所南国小学却卓尔不群、横空出世，校长埋头苦干，师生勠力同心，千方百计地寻找属于自己的文化密码，一点一滴地凝聚学校的神魂气韵，让‘文化立校，课程育人，特色办学，又好又美’的方略，‘一灯一世界，一灯亮一灯，灯灯相映照，千灯耀乾坤’的宣言，为这里的每一个生命，注入了强劲鲜活的文化自觉、文化自信和文化自立的优秀基因，让这所拥有112年办学史的乡村学校，上承百年教魂，下启时代风采，内担树人重任，外接民族需求，演绎成艺术、科学、文化等特色奇崛的圣园，成为江苏省学校文化现场会上众人由衷点赞的好学校。”

2016年8月，储昌楼被调到昆山市里的娄江实验学校。他执掌新学校的法则仍是新教育文化立校，新教育课程育人。娄江全人课程致力于“每滴都最美”。在保障国家课程的基础上，大力开发校本特色课程——建构生命课程、公民课程、艺术课程、智识课程、特色课程、亲子课程等六大板块，关怀娄江每一名学生的各种可能性，培育学生独特的个性气质，让学生能够获得全面而具个性的发展，把学校办成有品牌、有特色的学校。

昆山市两所学校的文化与课程，留给广大教育界同人许多深邃的启示。

启示之一：发掘本地优秀文化传统，解决学校文化联通古今的问题。努力开发当地学校文化底蕴的源头，会发现优秀传统文化距当下并不遥远，就在身后，不管其深浅，价值极大。教育界同人应从学校和地域的历史里获取营养，深度尊重传统，唤醒文化自觉；从学校的未来发展中获得激情，主动把握脉象，强化文化自信。古今一脉相承，织密扎牢学校文化发展的保障网。

启示之二：依据文化的润泽效应，解决学校文化的多方融汇问题。这两所学校的文化皆不是外在硬贴、强挂上的，而是浑然一体，圆融了课程，和融了活动，丰融了学校，暖融了家庭，具有多元性；如水之浸润，润物无声；气之弥漫，随器成形；光之辉耀，悄然给予，具有自然性。师生无不接受追逐它，以之为“雅”、为“高”、为“圣”、为“洁”，具有神圣性。如此运作，铺架起学校文化四通八达的“立交桥”。

启示之三：遵循文化的悄然内化作用，解决学校文化的塑魂开智问题。两校的文化，以其顶层设计的科学性、内涵挖掘的深邃性、特色打造的精准性和软件把握的实用性，覆盖了整个教育时空，浸润着圣园里的每一位师生，引导生命，直击灵魂，激活智能，“各美其美”。塑魂直通开智，开智馈赠塑魂，让全人化的教育取代了畸形教育，个性化的教育取代了千人一面的教育。

启示之四：做精做细文化的实体，解决学校文化的“根、魂、色”三角支撑问题。这里的一流文化昭示人们：根是做好文化的信仰和情怀，为定海神针；魂是对文化的理念、思想的良知，为望远镜；色是对文化特色的智慧探寻，为“百宝盒”。三者缺一不可，共存共荣。

启示之五：做强做大文化的生命，解决校长、教师、学生三者的联动问题。学校文化为师生，师生共做新文化。储昌楼说：“学校的神、学校的魂在我们心里，我们在孕育学校的文化生命，只要我与师生们用心用情去思考、用脑用脚去运作，就能完善学校文化的每一个细节。”

“一灯一世界，教育点亮人生。”昌楼其实就是一盏灯，一盏照亮千灯小学与娄江实验学校的灯。这两所学校，正是因为有了昌楼这样的践行推广者，才散发着耀眼的光芒，照亮着200多万名新教育师生的路程。

目 录

第一辑

新教育好学校

——让学校真正拥有灵魂

使命，就是学校的责任，或者学校为什么而存在。

愿景，就是学校的蓝图，或者学校在未来较远的时间里，要抵达到哪里，成为什么。

价值观，就是学校对于好坏、善恶、美丑、成败、是非的一种基本价值信仰和评价标准，对事物的意义、重要性的总评价和总看法。把学校中的许多价值作一个清理，排一下顺序，确立一个优先原则，这就是学校的价值观体系。

学校是有生命的，是由充满灵性的人所汇聚的。“教育”“文化”“生命”这三个词在其本质上意义相同，讨论学校文化，就是寻找一种培育年轻生命、塑造未来社会的最佳途径，让学校真正拥有灵魂。

对于新教育学校来说，应该对“我是谁”“我要抵达何处”等使命、愿景、价值观的问题有一种明晰的意识，而不应让自己处于一种文化的冥睡状态。只有这样的文化自觉，才能使学校共同体和其中每一个个体的生命都处于舒展的状态，并趋向明亮与辉煌。

昆山市新教育实验学校事业规划

灵秀江南，胜地昆山。经济发展领全国之先，教育创新引全国之风。

由朱永新教授发起的“新教育实验”，源于江苏昆山，兴于江苏海门。在昆山办一所新教育样板学校，是昆山教育创新的应有之义。

朱永新教授倡导的“理想的学校”是“七有学校”：

一所有特色的学校；

一个有品位的学校；

有一个富有人格魅力、有远大理想的校长；

有一支创新型的、有活力的教师队伍；

有一批善于探索、具有良好习惯的学生；

有一个面向所有学生的课程体系；

有一个永远对学生开放的图书馆、计算机房。

昆山，当然应该有这样的一所学校：

用文化引领精神，是永恒的价值。

用课程培育素质，是秉持的信念。

用阅读滋养灵魂，是永远的坚守。

这，就是昆山市新教育实验学校的指向。

一、办学目标

学校发展目标：一所倡行新教育理想、实践新教育课程、彰显新教育内涵的“特色＋品位”学校，即有纯正的新教育基因；有纯熟的新教育课程；有纯真的新教育特色；为圆梦而生，为见证而存。

教师发展目标：胸怀理想，充满激情和诗意；自信自强，不断挑战自我；善于合作，具有人格魅力；充满爱心，受学生尊敬；追求卓越，富有创新精神；勤于学习，不断充实自我；关注人类命运，具有社会责任感。

学生发展目标：品行端正，朝气蓬勃；积极进取，富有个性；自信自强，充满斗志；注重精神，有所特长；善于合作，受人欢迎；乐于学习，科学高效。

二、学校核心思想

新教育实验的出发点，就在于进行“教育共同体及其生活世界改造”。它有四大改变：改变教师的行走方式；改变学生的生存状态；改变学校的发展模式；改变教育的科研范式。

1. 办学理念：让师生过一种幸福完整的教育生活

这是朱永新教授倡导的新教育理念，也是新教育实验的核心价值追求。

2. 校训：共读共写共同生活

共读共写共同生活，是过一种幸福完整的教育生活的必由之路。意味着这样一种文化上的努力：即恢复书香传统以及书写传统，在现代生活背景下，通过对传统文明以及人类文明的反思继承，逐渐形成新的价值观，将班级、学校、家庭、社区、国家重新凝聚起来，冲破个人主义屏障，打破人与人之间相互隔离的状态，恢复生活的整体性以及人与人之间的联系，从而不断地创造新的更加美好的未来。

3. 师“训”：改变行走方式

新教育实验将行动的起点放在了“改变教师的行走方式”上。教师专业发展的新教育路径，是“三专”发展，即专业阅读、专业写作、专业发展共同体。把专业知识、专业技术、专业能力的发展与随笔写作、案例研究、课程研发等实践以反思方式相结合，并通过学习共同体、学科共同体、研发共同体的构建，促进技术与理念的融合，从而做到“己欲立而立人，己欲达而达人。”

4. 学“训”：信、望、爱、学、思、恒

“信”，信心。“望”，希望。“爱”，情感。“学”，学习。“思”，思考。“恒”，恒心。这是朱永新教授的“成功六字诀”。

三、学校办学思路

1. 文化立校

新教育倡导四种精神：(1) 追求理想的执着精神。(相信新教育，坚定向前走)(2) 深入现场的田野精神。(思考每天的教育生活，倾听内心的教育声音)(3) 共同前行的合作精神。(共读共写共同合作)(4) 悲天悯人的公益精神。(种爱得爱，新教育中充满爱的情怀)

用理想感召人，就是通过“共读共写共同生活”，通过读书活动、研讨活动、参观活动，互相驯养，彼此感染，营建积极上进、乐观和谐的团队氛围。

用榜样鼓舞人，就是要不断地通过培养榜样、发现榜样、言说榜样、成就榜样，用榜样的力量来传播学校正能量，建立学校风清气正的文化氛围。

用制度规范人，就是要明方向、建标准、设流程、守底线。管理就是服务。我们尊重教师的独立性，倡导教师的个性发展，但是，我们要汇聚集体智慧，建立课堂的结构、管理的流程、活动的操作手册，规范教书育人的行动，守住底线。

用文化熏陶人，就是要倡导共同前行的合作精神，坚持以团队的名义成长，形成基于学术背景的管理团体。在教育教学中，我们汲取古今中外有益的精神元素，致力于课程文化建设，让这些浸润着新教育元素的课程和活动，形成一种深入骨髓的文化，变成大家的一种习惯。

2. 课程育人

十年来，新教育逐渐开发实施了儿童课程、阅读课程、写作课程、生命课程、养成课程等系列课程，为学校的特色课程建设奠定了坚实的基础。学校在坚持开齐开足国家基本课程的前提下，引进新教育实验的课程，为学生的成长提供既丰富又精致的精神产品，也成为学校的自主品牌、办学特色。

3. 阅读润人

建设书香校园，是新教育实验大力倡导的实验项目之一。作为新教育实验学校，一定要在这方面出经验、出特色，要走高端化、精致化、系列化的路线。干部共读、教师共读、师生共读、亲子共读以及各种读书交流会、好书推介会、图书漂流活动，都要制度化、常态化。校园图书馆、阅览室全天候开放，教室和走廊，图书随手可及，随时可读。营建书香班级、书香办公室、书香家庭，实现全方位、全覆盖。

4. **课堂彰本**

素质教育的主渠道在课堂，减负增效的关键也在课堂。

新教育实验提出“构筑理想课堂”，是指通过创设一种平等、民主、和谐、愉悦的课堂氛围，将人类文化知识与学生的生活体验有机结合起来，追求高效课堂与个性课堂。

新教育认为“参与度、亲和度、自由度、整合度、练习度、延展度”可以作为考量课堂的指标。在理想的课堂里，师生之间有愉快的情感沟通与智慧交流，充满着自由轻松的氛围，切忌过度的“分析主义”，让孩子练习和实践，让学生在课堂上动脑、动手、动口，通过观察、模仿、体验，在互动中学习，在活动中学习，从课堂教学向社会生活延伸。大力开展提升课堂教学效益活动，通过有效教学、发展性课堂的研究来构建理想课堂，以“参与度、亲和度、自由度、整合度、练习度、延展度”作为课堂教学及评价的基本原则和标准，积极研讨有效教学，形成新的评价标准。不断完善由听课到观课、由评教到评学的新的观摩研讨机制。

5. **特色创优**

在整体学校管理方面是“底线 + 榜样”，充分尊重教师、学生的自我生命意识，构建以教师、学生为主体的自主管理体系。在课程建设方面是“底线 + 特色”，底线是国家课程的有效实施，特色就是以新教育儿童课程为突破口，构建六大特色课程体系。

6. **家校融合**

学校向社会开放，校园和社区对接，应成为现代学校的衡量指标之一。以“新父母学校”为阵地，以“亲子共读”项目为载体，形成“书香校园”带动“书香家庭”、促进“书香社会”的发展特色。

四、学校文化建设及方略

新教育其实就是一种新文化。新教育的学校是一所闪烁着教育理想光辉的学校，一所充盈着节日与庆典的学校。理想与典礼是新教育学校文化的外显元素。

新教育文化的中心是“十大理想”：理想的学校、理想的学生、理想的教师、理想的校长、理想的家长、理想的德育、理想的智育、理想的体育、理想的美育、理想的劳动教育。

实现文化构建的路径是“十大行动”：营造书香校园、师生共写随笔、聆听窗外声音、培养卓越口才、构建理想课堂、建设数码社区、推进每月一事、缔造完美教室、研发卓越课程、家校合作共建。

1. 努力形成整体文化建构与意象

以“共读共写共同生活”为主线，把校园建设成洋溢着爱读书、会读书、乐读书气息的书香校园。

2. 形成适合学校发展的班级仪式、学校仪式、典礼文化

仪式、节日和庆典，是学校文化传统的活标本，也是学校生命中最值得关注的重要时刻。试行“周周有节日，月月有庆典”，通过仪式、节日和庆典，学校的文化、愿景被一次次强化、确认，形成新教育学校文化特有的“节气”。

五、学校特色课程建设及举措

文化立校，课程育人。特色课程建设坚持新教育实验的五大理念：无限相信学生与教师的潜力；交给学生一生有用的东西；重视精神状态，倡导成功体验；强调个性发展，注重特色教育；让师生与人类的崇高精神对话。

新教育六大特色课程：

1. 新教育儿童课程

晨诵：用诗歌开启新的一天。晨诵的主要目的不在于记忆未来可能用到的知识，不是为了进行记忆力的强化训练，而在于丰富儿童当下的生命，在于通过晨诵，既养成一种与黎明共舞的生活方式，又能习诵、领略优美的母语，感受诗歌所传达的感恩、优美及音乐感。所以，新教育实验开发的晨诵，是一个结合了古典诗词、儿歌与儿童诗、现代诗歌的复合课程。晨诵的主要形式有晨间诵诗、日常诵诗、生日赠诗和情境诵诗。

午读：用美丽的童书滋养童年。午读，代表的是整个儿童阶段的非学科性质的阅读。其中的核心内容就是阅读属于他们自己的童年书籍。

暮省：学会反思的生活。学生每天在完成学业以后，能够思考与反省自己一天的生活，并且用随笔、日记等形式记录下来，同时师生之间也可以通过日记、书信、批注等手段，相互编织有意义的生活。教师与学生用日记记录自己的成长，亲子之间、师生之间用词语相互激励、抚慰，成为新教育实验重要的组成部分，以及师生日常的生活方式。

2. 新教育阅读课程

新教育实验认为，一个人的精神发育史就是他的阅读史，一个民族的精神境界取决于这个民族的阅读水平，一个没有阅读的学校永远不可能有真正的教育。通过推进师生共读，推进家校共读，与伟大的智慧对话，让师生的精神丰富起来，让我们的社会不断走向崇高，这是新教育人的梦想。

实施儿童阶梯阅读，为每一个儿童找到他此时此刻最适合的童书。在他们成长的每一个时刻，一定有着这一时刻最适宜的一本童书。在低年级（1—2 年级），倡导读、写、绘结合，用阅读图画书、讲故事、用图画表达与创造相整合的办法，来让低幼儿童的学习力与创造力得到自由地发挥。在中年级（3—4 年级），开始逐步从绘画中淡出，加大文字阅读量；结合讲故事，加大整本书的主题探讨；并开始进行历史故事与人物传记的阅读。在高年级（5—6 年级），则主张共读方面以主题探讨为主，加大自由阅读量，加入自然科学方面的阅读，将阅读与儿童文学创作相结合。

3. 新教育写作课程

在新教育实验中，很多老师非常关注儿童写作。吴勇的“童化作文”、管建刚的《班级作文周报》、高子阳的“让 100% 的学生喜欢写作”已经在国内产生了一定的影响。

整合新教育实验师生共写的成功经验和故事，研究国内外的写作教育，针对我国师生的写作现状，形成新教育实验下的儿童写作课程，让更多的实验者热爱写作，让幸福完整的教育生活永远不再缺少写作。

4. 新教育生命课程

以生命活动为圆心，以认识生命、爱护生命、发展生命和幸福生命为主线，根据不同年龄阶段学生的身心特点和实际需要，对健康教育、安全教育、心理健康教育、环境教育、预防艾滋病教育、毒品预防教育、性健康教育、民族教育、国际理解教育等多个专题教育进行有机整合。

认识生命，即了解生命的基本特性、生命发生发展的基本规律及影响生命成长的主要因素，理解生命中的各种生理和心理现象，懂得生命的唯一性和不可逆转性。爱护生命，即树立生命可贵的意识，掌握保护生命的知识与技能，学会处理生命危急时的干预技能，树立安全意识和法律意识，预防各种伤害生命事件的发生。完善生命，即保证心理和情绪健康，促进社会良好发展，形成积极乐观、热爱生命的人生态度，合理规划人生，追寻生命的不断发展和完善，最终实现自己的生命追求，激发自己的生命潜能，体悟自我实现的幸福。

5. **新教育文化课程**

文化，是一个社群曾赖以生存、借以辉煌的模式，记录了这个社群自古至今的爱憎、企求、失败和荣耀。

非道弘人，人能弘道。新教育人的使命，就是自觉地把中国文化作为自己的精神家园，作为我们教育的根基和创造之源；就是通过我们的努力来推动文化的自我创生，让中国文化的根本精神在我们这个时代重新显现并焕发青春。

推进昆曲、昆歌等“每年一艺”“每人一艺”项目，传统经典传承应与高雅艺术研修并重，传统文化思想应与民俗文化艺术修养发展并行，让学习者在接受古老的优秀传统思想导引的同时，接受博大的中华文化与艺术的双重熏陶。

6. **新教育养成课程**

在“交给学生一生有用的东西”的理念引领下，紧紧围绕“每月一事”，做到小主题、大德育，展开习惯养成教育。用好《小学感恩教育主题活动设计》《晨会课——活动内容推荐》等项目组自编教材，从学生成长需要出发，把兴趣、志向、人格和良好的行为习惯等作为重要的基础性工程。把“每月一事”与主题班会、综合实践活动、品德教育等有机整合，进行整体策划，形成习惯养成阶梯系列，使学生在故事晨会、游戏活动晨会、诵读晨会、主题班队会、心育活动、德育活动中有效养成好习惯。

六、学校教师队伍建设及路径

新教育实验认为，教师的职业认同与专业发展是教师成长的“两翼”。教师的专业发展可以通过专业阅读、专业写作、专业发展共同体这“三专”模式来实现，具体的路径如下：

路径一：专业阅读＋随笔写作＋学习共同体

要开展围绕教师教育教学实践的教师专业阅读研究，在充分考虑到个体成长的特殊性和序列性的基础上，构建一个理想的教师知识结构模型。从而更有效地解决不同水平与学科的教师分别该读什么和怎么读的问题。

新教育实验将教师的专业写作细化为五种形式：日常教育叙事，教育感悟，师生通过日记批阅和书信相互编织有意义的生活（共写），教育案例及剖析，教学案例及剖析。这五种形式的教育写作各有不同的特点与作用，它们引导教师从各个层面对新教育实验与自身进行反思，提升自己的教育思想，改进日常的教育实践。

新教育实验提倡建立同一教研组、教学组的，或者是本校的、校际的，以及利用网络的各种专业学习共同体，在共同体中利用对话来突破个体思维的局限性。

路径二：一课多磨＋有效范式＋学科共同体

教师专业发展的基础和生命是课堂实践。要锻炼教师们的课堂专业技能，要采取“磨课”的方式，即围绕一个课堂要做到“十个一”。第一，独立教学设计活动，即个人备课。第二，组织学科共同体内的集体备课，表达自己的观点、困惑和建议，同时倾听别人的看法和思想，在议课中进行教材解读、课堂设计、作业布置等。第三，确定一人准备一次试教，这次试教形成的课堂实例，成了学科共同体研讨的一个靶子。第四，围绕课堂实例组织一次完整的案例研究，结合专业阅读和专业实践进行反思，在此基础上，形成一份修正后的教案。第五，进行全校性的公开教学活动。第六，现场拍摄公开课的教学实况。第七，上课教师整理课堂实录。其实，整理课堂实录的过程一定是伴随着反思的过程。第八，呈现录像与书面实录，邀请专家、同伴进行课堂诊断、评述，在又一次的专题反思基础上形成这一课型的完整案例。第九，学科共同体成员各自完成一篇反思性随笔。第十，形成一套完整的课题研究资料，存入教师的个人专业成长档案袋。

一课多磨，让教师有机会从不同的角度，如自我的视角、同事的感觉、专家的引领和磨砺的过程等，运用课堂观察与诊断技术，重新审视、反思自己的教学，由不满足而产生想“变”的愿望，从而不断改进教学、超越自我。

路径三：课程研发 + 校本研修 + 研发共同体

让教师深度卷入课程研发是教师专业成长的又一条重要路径。让所有教师能够深度卷入课程的研发，一种是校本课程的研发，比如围绕地方课程资源的综合实践活动进行的校本课程的研发。一种是国家课程校本化的研发。

以项目为核心的研发共同体，是教师专业成长的重要平台。与其让教师们听一场专家报告，不如让专家来指导教师一起研究和开发一个项目。教师通过卷入校本课程的研发，不断调整自己的知识结构。只有提高教师的课程意识和课程观念，不断调整自己的知识结构，才能使他们担当起校本课程研发中的重任，形成自主的专业引导和专业规范的行为方式。

百年好千小　六年早知道

——“好学校”教育行动手册

一、好千小成长目标早知道

小学六年，这儿就是你、我、他共同的童心家园。先来认识一下我们的家吧。

我们学校——昆山市千灯中心小学校，是“江苏省艺术教育特色学校”，又是“江苏省科技教育特色学校”，还是“中央专项乡村少年宫”。同时拥有这些荣誉称号的，不要说昆山了，就算整个苏州也是独此一家。因此，我们学校是一所特色鲜明的好学校。

2013 年，我校成功申报“苏州市义务教育改革项目学校”，以打造“中国乡村好学校”为目标，进一步整合优化了原有的办学特色，在规范办学行为、实施素质教育上有新举措，在优化教师队伍建设上有新成效，在提升教育质量上有新进展，不断营造学校文化发展新的闪光点和增长点，全面开创学校文化建设的新局面，以“好学校”为核心的文化体系基本构架成型。

我们有四大成长目标：

一是“好学生”成长目标。“好学校”的根本目标是要成长“好学生”。“一灯一世界”强调学校的每一个学生就是一盏明亮的灯，有其独特的光亮与发展。要以“好”为核心，以北校区的“好美学校”、南校区的“好雅学校”文化建设为抓手，以“千小六艺”为核心课程，以“完美教室缔造”为载体，用文化浸润人、用文化感染人、用文化引领人、用文化改变人、用文化发展人，努力培养勤奋、守纪、活泼、整洁的“四要”千小好学生。

二是“好教工”成长目标。“好学校”首先要有“好教工”，我校要在文化建设过程中促使教师的知识从单一化向多元化发展，逐步形成有一定个性特长的教师群体，并使特长教师的能力得到有效发挥。通过“相约系列”，践行新教育特有的共同学习、共同生活的理想，汇聚正能量，提升教师专业发展水平，建设有理想信念、有道德情操、有扎实学识、有仁爱之心的“四有”教师。

三是“好父母”成长目标。“好学校”必定拥有紧密的家校合作，学校要以构建“家校立交桥工程”为基础，全面培养“好父母”。通过亲子课程、主题式短信、新父母学校、亲子共读共写、形式多样的父母会，邀请父母主动参与学校活动甚至是决策等，全面全员培训学生父母，培养注重家风、善于家教、关爱学校、亲子成长的“四能”好父母。

四是“好学校”成长目标。我校致力于“文化立校，课程育人”，让新教育“好学校”梦想成真。把内涵发展、特色发展的重点放在“好学校”文化的“美”“雅”核心特色的构建和核心精神的培养上，形成独特的文化思想、完备的文化体系、丰富的文化内涵、卓越的文化成就，建设具有“品性”“品质”

"品位""品牌"的"四品"好学校。

让我们一起来努力，珍惜六年中的每一天，共同过一种幸福完整的教育生活，共同建设我们的童心家园吧！

二、好千小文化符号早知道

我们学校倡导文化立校，让我们一起来熟悉自己的文化符号吧。

办学理念：一灯一世界

佛经云："一花一世界"。每一个生命个体都是一个自足的世界，都需要阳光、需要理解、需要肯定、需要实现自己的生命意义。早在 18 世纪，英国伟大的浪漫主义诗人布莱克曾在一首名为《天真的预示》的诗中这样写道："一颗沙里看出一个世界，一朵野花里一座天堂。"生命穿越时间和空间的阻隔，顽强地延续着。把"花""沙""叶"换成"灯"，就是我们的理念、我们的世界，并与《一千盏明灯》的校歌一起，成为我们办学理念的形象写照。

办学价值：教育点亮人生

教育并非填满一桶水，而是点亮一盏灯，点亮孩子们的人生指路灯。好的教育能实现孩子们的全面健康发展，实现生命蓬勃向上的理想。

校徽：

一灯一世界

One Light One World

采用"千灯"两个字来构图，上部"千"字取形于昆曲表演中的水袖，作为整体的"灯"的火苗部分，而下部则用"灯"的繁体小篆来变形设计，整体主体图案就是一盏闪耀着红色火苗的"灯"。千灯别称"金千灯"，为了向学校所在的一方土地致敬，在校徽色调上特地选用了金色。像一团火焰在燃烧，又像一位舞者在翩翩起舞，体现了"教育点亮人生"的追求。这是一盏闪耀的明灯，灯灯璀璨；这又是一个曼妙的舞者，舞出人生的精彩。

卡通形象：美美和雅雅

作为学校的卡通形象，体现的是“君子人格”“美雅气质”的学生形象，也代表学校“美”“雅”的教育追求。铸造美育品牌学校，打造高雅艺术校园，“各美其美，美人之美，美美与共”。我们先是发现与创造自身之美，然后是发现、欣赏他人之美，再到相互欣赏、赞美，最后达到一致与融合。这就是美的境界，这就是美的历程。

三、好千小卓越课程早知道

文化立校，更需要的是课程育人。我校建构了“1+5好课程”体系，1是国家课程，5是学校的5个特色课程。在保障国家课程实施的基础上，关注学生个体发展需求，充分挖掘学校的独特资源，开发校本特色课程，培育学生独特的个性气质，才能让学生获得全面而具个性的发展。下面就让我们一起走进卓越课程。

1. **新教育六大特色课程**（具体内容见第6页）

2. **“千小六艺”课程**

第一艺是一曲：专业的是昆曲，人人都会的是诵昆谣唱昆歌；第二艺是一乐：专业的是民乐器，人人都会的是口琴或竖笛；第三艺是一绘：专业的是国画，人人都会的是科学幻想画；第四艺是一笔：专业的是软笔书法，人人都会的是硬笔书法；第五艺是一作：专业的是发明创造，人人都会的是手工制作；第六艺是一球：专业的是足球，人人都会的是篮球或排球。作为“江苏省艺术教育特色学校”与“江苏省科学教育特色学校”，“千小六艺”彰显的正是学校的办学特色，是对每一个孩子兴趣特长培养的关注，是对每一个孩子综合素质培养的担当。

3. 昆曲文化课程

“昆曲文化课程”的定位，是文化素养类校本课程，是综合实践课程，不是单一的知识传授，而是“知行合一”、欣赏与参与并行的课程。让学生初步了解昆曲艺术的历史与渊源，得知其在人类文化发展史上的地位以及在国际上的影响，了解昆曲的行当、表演的特征、服饰艺术，感受昆曲音乐的情绪，并参与昆曲表演，进一步感受昆曲的艺术魅力。在课堂学习之外，以“小昆班”等学校社团的形式吸引一批对昆曲有浓厚兴趣的孩子加入表演行列，并以此辐射，扩大昆曲在全体学生中的影响。

4. “资源教室”课程

一灯一世界，一光一妙境。尊重每一个生命，点亮每一个孩子的心灯，激发每一个孩子的潜力，张扬每一个孩子的所长，让每一个孩子更好、更美丽，这是千小的不懈追求。我们坚持以“单独编班与随班就读相结合”为核心的特殊教育模式，自主研发适合校情、学情的“资源教室”课程与教学模式：一是以阅读能力培养为目标的智识性课程；二是以开发潜能为目标的综合性课程；三是以缺陷补偿为目标的干预性课程；四是以生活体验为目标的实践性课程。

5. 亲子共成长课程

以“亲子”为纽带，聚焦“好父母”“好家庭”，全方位、多层次构建了“家校立交桥”。创新家教模式，开通“家教进家庭”直通车，开办亲子大讲坛，开建网络“父母教室”，开展好家庭建设系列活动，以学校力量为主体，整合卫生、公安、社区等各方资源，用好学校“中央专项乡村少年宫”项目平台，全面实施了“亲子共成长课程”。健康快乐直通车活动，通过父母会的形式传输给家长和孩子综合能力，有助于家庭的建设；利用网络化校园，建电子教室、父母学校，进行主题式短信教育和亲子共读报评选等。通过对“好人家庭”“书香家庭”“才艺家庭”“礼仪家庭”“健康家庭”“平安家庭”的评选活动，既对孩子们起到了人格品性、健康安全、艺术陶冶等方面的教育与熏陶，同时对父母的亲子教育也起到了专业引领的作用。

四、好千小完美教室早知道

我们特地在学校网站一级栏目中设置了完美教室，并且在网上给每一间教室安了一个家。每一个数字背后，都有一种奇迹会打动你。有爱，会爱，爱出一间完美教室，爱出一个有爱的精神世界，让我们共同建设自己的“好教室”。

“好学校”要像日本教育家佐藤学在《静悄悄的革命》中所形容的一样，有“润泽的教室”，我校以“完美教室缔造”为载体，结合“而立读书会”共读的“美国最佳教师”雷夫的《第56号教室的奇迹》一书，教师们与雷夫展开对话，向雷夫学习，像雷夫打造第56号教室一样打造我们自己的完美教室。

“好教室”从五个方面来建构：一是有完美班级的“价值系统”，即班级规则系统的积极建立与维护，包括班级愿景、道德人格课程、班级规约系统，以及个性化班名，鲜明的班风、学风、吉祥物、班徽等；二是有“雷夫 + 克拉克”式的教室风格，有卓越的班级课程体系，有诸多优秀的细节文化组合成的共同的行为方式；三是有师生乃至家长共同经营的班级博客或通信平台，师生与家长保持密切的交流与沟通，有周期性的师生与家长共同的活动；四是拥有班级自己的节日，学生生日、班级表彰、班级表演、班级庆典、故事讲述等；五是建设班级的社团组织与多样化的评价体系，有坚持不懈的班级行动，使班级所有成员有着美好的共同朝向与积极的生命状态，每一个班级成员都能成为最优秀的自己。完美教室的教室主页，正在成为家校共建的平台，成为学业辅导的平台，成为师生包括孩子父母的展台。力争最大限度地挖掘“班级”“教室”的教育意义，培养学生全方位的素质，让他们在天天学习生活的教室里与教师一起享受幸福完整的教育生活。通过班级文化的营造，读书活动的开展，良好习惯的养成，育人课程的确立，生命故事的叙述，从而达到师生共同成长的目的。将教室打造成“图书馆、阅览室、实践场、探究室”，将教室建设成“操作间、展览室、信息资源库”，让教室成为“教师的办公室、学生的习惯养成地和人格成长室”，成为共同体成员学习、生活、成长的共同的生命栖居室。

我校的完美教室除了有学生教室，还有记录父母成长的父母教室，在父母教室中大家相互平等、理解、尊重，分享育子的快乐与教育幸福，记录亲子共同成长的足迹。每一个班级成员都可以借助彼此的力量成长，在专业发展中相互关怀与促动，使自我与他人同时得到提升与改变，最终实现共同发展。

五、好千小精彩舞台早知道

“好学校”的根本在于培养“好学生”，“‘千灯’点亮‘千灯’，用艺术点亮人生”“百年千小，‘美’‘好’的童年”都是我校学生文化的追求。学校让全体学生都拥有展示自己的平台，结合“六艺周周乐”“舞台天天演”“乡村少年宫”等各项活动，给学生充分展示和表演的机会，在学校艺术节、国际创新发明年会、昆山文艺汇演、学校整班打击乐比赛、昆歌比赛、竖笛比赛等活动中，孩子们得到了艺术的熏陶，个性得以充分张扬。

我校成功申请了“中央专项彩票公益金支持乡村学校少年宫”项目。“乡村少年宫”要切实发挥农村未成年人思想道德建设主阵地、农村未成年人文体活动平台和农村未成年人社会实践基地的功能，就要扎实开展好各项活动，突出我校“好美学校”的办学特色，营造更加浓厚的“乡村少年宫”氛围，让学生在“乡村少年宫”快乐健康地成长。使“乡村少年宫”成为学校特色文化建设的一个品牌，使“乡村少年宫”建设在城乡一体化中发挥积极有力的作用。

我校“乡村少年宫”项目有三大特点：一是种类齐全，含金量高。六大类别，以六大特色课程中心为依托，数十个项目与学生专项班、团、队、社形成点亮千灯、灯灯闪耀的喜人局面。二是兼顾父母，服务面广。以学生为主体，以亲子为抓手，少年宫成为学生乐园、父母学园。三是专项突出，品牌力强。小昆班、科学发明、田径足球是我校闻名省内外的特色项目，学生乐于参加，成长迅速。我校少年宫在原有学校特色和兴趣小组活动的基础上提炼出了“千小六艺”，创设了以“千小六艺”为基础的 36 个社团，包括二胡琵琶、民乐队、读写绘、舞蹈、绘画、韵律操、鼓号队、电子技师、五谷杂粮手工、硬笔书法、软笔书法、玩中学发明、男女足球、男女篮球、陶艺制作、古筝扬琴、排球、昆韵团、小昆班、合唱队、笛子、田径等。并为各个社团活动提供足够的活动场所和功能教室，在原有旭日少年宫的基础上添置了相关设备器材，从而更好地满足了社团活动的需求。

六、好千小百书阅读早知道

对孩子来说，阅读是一种全方位、多维度的智力体操，它能使孩子的头脑逐渐变得灵活敏捷，并进一步促进孩子心智的全面成长。在阅读图画书、讲故事、诵读童谣儿歌、用图画表达与创造相整合的过程中，儿童的思维与语言能力得到了自由的发展。

从人与人类优秀文明成果的关系维度来看，主要有三个方面的表现，即人类的文学（艺术）成果、人类的科学成果、人类的人文成果。文学成果和作品更多地凸显人们求“美”取悦的方面；科学成果和作品更多地凸显人们求“真”知本的方面；人文成果和作品更多地凸显人们求“善”得仁的方面。

童年是一段由浪漫到精确、由粉红到天蓝的彩色阶梯。汲取了儿童分级阅读的相关理论，按小学低（1—2 年级）、中（3—4 年级）、高（5—6 年级）三个学段实施共读，每个学段推荐基础阅读书目 10 本，最后完成 30 本小学生基础阅读书目。另外，还有 70 本拓展阅读书目，供孩子们选择性阅读。

强调“共读共写共同生活”，30 本基础阅读书目能够成为班级共读的图书，在共同的阅读中形成共同的语言和密码。同时，我们也希望这些书目能成为孩子、教师和父母共同阅读的文本。如果老师能够与孩子充分讨论这些童书，那么教育将有可能因此焕发出新的光彩。如果父母能够与孩子一起阅读和讨论这些书，家庭也会出现奇迹，变得更和谐、更温暖。

好千小小学六年共读共写书目

学段	类别	书名	作者/译者/编者/绘者
小学低段（1—2 年级，10 本）	文学	蝴蝶·豌豆花	金波/编，蔡皋等/画
		稻草人	叶圣陶/著
		没头脑和不高兴	任溶溶/著
		小猪唏哩呼噜	孙幼军/著，裘兆明/图
		猜猜我有多爱你	（爱尔兰）麦克布雷尼/著，（英国）婕朗/绘，梅子涵/译
		不一样的卡梅拉（我想去看海）	（法国）约里波瓦/著，（法国）艾利施/绘，郑迪蔚/译
	科学	第一次发现（濒临危机的动物）	法国伽利玛少儿出版社/编，（法国）雨果/绘，王文静/译
		神奇校车（在人体中游览）	（美国）乔安娜·柯尔/著，（美国）布鲁斯·迪根/绘
	人文	千字文·三字经·弟子规	周兴嗣、王应麟、李毓秀/著，罗容海、郝光明、王军丽/译注
		中国神话故事	聂作平/编著

（续表）

学段	类别	书名	作者/译者/编者/绘者
小学中段（3—4年级，10本）	文学	千家诗	谢枋得、王相/编选，李乃龙/译注
		三毛流浪记	张乐平/绘
		宝葫芦的秘密	张天翼/著，丁午/图
		安徒生童话	（丹麦）安徒生/著，叶君健/译
		长袜子皮皮	（瑞典）林格伦/著，李之义/译
		亲爱的汉修先生	（美国）贝芙莉·克莱瑞/著，柯倩华/译
	科学	奇妙的数王国	李毓佩/著
		让孩子着迷的77×2个经典科学游戏	（日本）后藤道夫/著，施雯黛、王蕴洁/译
	人文	林汉达历史故事集	林汉达/著
		书的故事	（苏联）伊林/著，胡愈之/译
小学高段（5—6年级，10本）	文学	西游记	吴承恩/著
		城南旧事	林海音/著，关维兴/图
		草房子	曹文轩/著
		我的妈妈是精灵	陈丹燕/著
		夏洛的网	（美国）E. B. 怀特/著，任溶溶/译
	科学	科学家故事100个	叶永烈/著
		昆虫记	（法国）法布尔/著，陈筱卿/译
		地心游记	（法国）凡尔纳/著，杨宪益、闻时清/译
	人文	孔子的故事	李长之/著
		少年音乐和美术故事	丰子恺/著

好千小小学六年拓展阅读书目

学段	类别	书名	作者/译者/编者/绘者
小学低段（1—2年级，15本）	文学	百岁童谣	山蔓/编著
		寻找快活林	杨红樱/著，大青工作室/绘
		熊梦蝶蝶梦熊	郝广才/著，（俄）欧尼可夫/绘
		月光下的肚肚狼	冰波/著
		格林童话选	（德国）格林兄弟/著，魏以新/译
		让路给小鸭子	（美国）麦克洛斯基/著，柯倩华/译
		青蛙和蟾蜍	（美国）阿洛·洛贝尔/著，潘人木、党英台/译
		木偶奇遇记	（意大利）卡洛·科洛迪/著，徐调孚/译
		了不起的狐狸爸爸	（美国）罗尔德·达尔/著，代维/译
		我和小姐姐克拉拉	（德国）迪米特尔·茵可夫/著，陈俊/译
	科学	一粒种子的旅行	（德国）安妮·默勒/著，王乾坤/译
		鼹鼠博士的地震探险	（日本）松冈达英/著，蒲蒲兰/译
		动物王国大探秘	（英国）茱莉亚·布鲁斯/文，兰·杰克逊/图，杨阳、王艳娟/译
	人文	笠翁对韵	李渔/著
		人	（美国）彼得·史比尔/著，李威/译

（续表）

学段	类别	书名	作者/译者/编者/绘者
小学中段（3—4年级，25本）	文学	武松打虎	刘继卣/绘
		孙悟空在我们村子里	郭风/著
		让太阳长上翅膀	金波/著
		小英雄雨来	管桦/著
		戴小桥全传	梅子涵著
		舒克贝塔航空公司	郑渊洁/著
		我是白痴	王淑芬/著
		雪花人	（美国）马丁/文，阿扎里安/图，柯倩华/译
		父与子	（德国）卜劳恩/绘，洪佩琪/编
		丁丁历险记	（比利时）埃尔热/编绘，王炳东/译
		爱丽丝漫游奇境记	（英国）刘易斯·卡诺尔/著，王永年/译
		柳林风声	（英国）肯尼思·格雷厄姆/著，任溶溶/译
		彼得·潘	（法国）巴里/著，杨静远/译
		时代广场的蟋蟀	（美国）赛尔登/著，傅湘雯译
		窗边的小豆豆	（日本）黑柳彻子/著，岩崎千弘绘，赵玉皎/译
	科学	生命的故事	（英国）维吉尼亚·李·伯顿著/绘，刘宁清/译
		最美的科普·四季时钟系列	（德国）雅各布/著，顾白/译
		有趣的科学	（英国）温斯顿/著，刘建湘/译
		101个神奇的实验	（德国）安提亚·赛安，艾克·冯格/文，夏洛特·瓦格勒/图，谢霜/译
		我的第一本科学漫画书	（韩国）洪在彻等/著，林虹均/译

（续表）

学段	类别	书名	作者/译者/编者/绘者
小学中段（3—4年级，25本）	人文	成语故事	李新武/编
		图说中国节	大乔/编
		讲给孩子的中国地理	刘兴诗/著
		希腊神话故事	聂作平/编著
		儿童哲学智慧书（第一辑）	（法国）奥斯卡·柏尼菲等/著，乐迈特等/绘，李玮/译
小学高段（5—6年级，30本）	文学	绘本聊斋	蒲松龄/著，马兰、王育生等/改编，吴明山、叶毓中/等绘
		寄小读者	冰心/著
		有老鼠牌铅笔吗	张之路/著
		四弟的绿庄园	秦文君/著
		我要做好孩子	黄蓓佳/著
		狼王梦	沈石溪/著
		狼獾河	格日勒其木格·黑鹤/著
		铁丝网上的小花	（意大利）克里斯托夫·格莱兹/著，罗伯特·英诺森提/绘，代维/译
		鲁滨孙漂流记	（英国）笛福/著，徐霞村/译
		汤姆·索亚历险记	（美国）马克·吐温/著，刁克利/译
		福尔摩斯探案全集	（英国）柯南道尔/著，俞步凡/译
		小王子	（法国）圣·艾克絮佩尔/著，周克希/译
		永远讲不完的故事	（德国）米切尔·恩德/著，李世勋/译
		哈利·波特与魔法石	（英国）罗琳/著，苏农/译
		不老泉	（美国）纳塔莉·巴比特/著，肖慧/译
		牧羊少年奇幻之旅	（巴西）保罗·柯艾略/著，丁文林/译

（续表）

学段	类别	书名	作者/译者/编者/绘者
小学高段（5—6 年级，30 本）	科学	飞向人马座	郑文光/著
		潘家铮院士科幻作品集	潘家铮/著
		安德的游戏	（美国）奥森·斯科特·卡德/著，李毅/译
		森林报	（苏联）维·比安基/著，王汶/译
		万物简史（少儿版）	（英国）布莱森/著，严维明/译
		科学家工作大揭秘	（英国）理查德·斯皮尔伯利、路易斯·斯皮尔伯利/著，王庆/译
	人文	我们的母亲叫中国	苏叔阳/著
		老子说庄子说	蔡志忠/编绘
		世纪三国	罗伯英潘/绘，钟孟舜/漫画，罗吉甫/撰文
		中国孩子的梦	谷应/著
		莎士比亚戏剧故事集	（英国）查尔斯·兰姆，玛丽·兰姆/改写，萧乾/译
		希利尔讲艺术史	（美国）希利尔/著，李爽、朱玲/译
		诺贝尔奖获得者与儿童的对话	（德国）贝蒂娜·施蒂克尔/编，张荣昌/译
		居里夫人的故事	（英国）杜尔利/著，二栗/译

七、好千小十二习惯早知道

心理学家认为，人的习惯养成一般要经过 21 天的重复练习，所以，我们用“每月一个主题”的方式来保障习惯养成的可持续性。我们形成“每月一事”训练模式，将习惯养成细化为 12 个“每月一事”主题，为正处于人格形成时期的孩子播下最好的种子，撒下最好的养料，打下做人的底子，使每位孩子养成一种终身受益的好习惯。

让我们学会吃饭 （1 月，节约主题）	让我们不闯红灯 （2 月，规则主题）	让我们一起去种树 （3 月，公益主题）
让我们踏青去 （4 月，自然主题）	让我们学会扫地 （5 月，劳动主题）	让我们学唱一首歌 （6 月，艺术主题）
让我们玩球去 （7 月，健身主题）	让我们笑着和别人打招呼 （8 月，交往主题）	让我们每天阅读十分钟 （9 月，求知主题）
让我们给爸爸妈妈写封信 （10 月，感恩主题）	让我们做一回演讲者 （11 月，自信主题）	让我们每天记录自己的生活 （12 月，自省主题）

十二个习惯养成主题根据低、中、高学段学生年龄、身心发展的特点进行策划。如感恩月课程安排：

年级	主题阅读	主题课程	主题实践	主题展示
低	晨诵篇：《三字经》（节选）、《我只能是一个孩子吗》（林虹）等 午读篇：《猜猜我有多爱你》（山姆·麦克布雷尼）、《口袋里的爸爸妈妈》（周锐）等	1. 我爱老师妈妈（感恩老师） 2. 我是一只小蜜蜂（感恩亲人） 3. 我们是一家人啦（感恩集体） 4. 红领巾在我心中（感恩祖国）	1. 我是家人的小棉袄（感恩亲人） 2. 我给爷爷奶奶、外公外婆过生日（感恩亲人） 3. 美丽的树叶贴画（感恩自然） 4. 画小手，寄恩情（感恩朋友）	学生亲手制作的感恩卡 兑现“爱的承诺”的感恩支票 我是家人的小棉袄活动照片
中	晨诵篇：《给予》（金波）、《雨中情》（高恩道）等 午读篇：《没有上锁的门》（马雪梅）、《父与子》（陈文海）等	1. 今天我十岁啦（感恩亲人） 2. 谢谢你，我的朋友！（感恩朋友） 3. 快乐每一天（感恩生活） 4. 我身边的劳动者（感恩社会）	1. 粽香情浓话端午（感恩祖国） 2. 别把花草树木弄疼了（感恩自然） 3. 走，一起去春游（感恩自然）	学生写给家长的信 父母的回信 感恩小报展示 感恩自然公益广告语展示 春游照片展示

年级	主题阅读	主题课程	主题实践	主题展示
高	晨诵篇：《致我的母亲》（歌德）、《纸船》（冰心）等 午读篇：《陪他好好活下去》（千北）、《荷叶母亲》（冰心）等	1. 今天是母亲节（感恩亲人） 2. 本地人、外地人都是一家人（感恩朋友） 3. 知十二生肖，品中国文化（感恩祖国） 4. 明天，我们毕业（感恩老师）	1. 红红的中国结（感恩祖国） 2. “爱心献社会”校园义卖（感恩社会） 3. 水，撑起一片绿色（感恩自然）	感恩之星展板 感恩教育成果展示会 中国结展示 义卖照片展示 水污染调查活动展示

“每月一事”主题活动通过五个板块创造性地实施主题阅读、主题课程、主题实践、主题展示、主题反思。

◆主题阅读——让良好习惯根植心灵

选择与主题相关的诗词、美文等，按学段进行阶梯式编稿。建立“晨诵、午读”的长效机制，每月围绕一个重点习惯，开发并丰富诵读内容，真正让阅读成为孩子日常的生活方式，也使先行的阅读为孩子的习惯养成奠定扎实的知识背景，让良好习惯根植心灵。

◆主题课程——让良好习惯浸润课堂

每个月所有班级课表中的晨会、班会、队会、品德、心育课均围绕该月主题统筹安排，使学生的习惯培养在各具特色的德育课程教学中得到浸润，融入生命。

◆主题实践——让良好习惯天天实践

创设情景，营造氛围，按低、中、高阶梯式设计实践性活动，提供给学生多样化的体验平台。同时进一步整合学校特色活动、综合实践活动等板块，使习惯养成教育与学校常规管理、主题活动等融为一体。有生活家庭作业、有小组合作活动、有班级年级实践基地体验、有走进社区社会活动等，让好习惯自然养成。

◆主题展示——让良好习惯随处呈现

将培养良好习惯过程中的学生实践活动的照片、日记、画作、小报、卡片、实物作品等成果，采用丰富多彩的形式进行展示。同时与聆听窗外声音、培养卓越口才、建设数码社区等行动融合，让良好习惯随处呈现。

◆**主题反思——让良好习惯与时俱进**

师生随笔体现每日一省，以学生随笔和教师随笔为主要形式，试图通过一个个具体生动的案例，向大家提供可借鉴、可操作的实践路径。及时记录典型个案，组织有效反思会，不断提高习惯养成的针对性和实效性，让良好习惯与时俱进。

八、好家庭“陪读”秘诀早知道

小学一、二年级是孩子极其依赖父母的时期，正是建立小学生学习习惯的黄金时期，这个时候狠抓就能产生事半功倍的效果！这时的孩子心智还不成熟，懵懂未知，你给孩子灌输的理念、形成的认知、养成的习惯都至关重要，这也是孩子对一生学习的“第一印象”。

写字工整：如果不从一开始就让孩子养成认真书写的习惯，等到了高年级的时候再去纠正，会让孩子做作业的效率直线下降，会直接影响孩子的学习兴趣。

做作业速度：成绩明显低于班级平均分的孩子都有一个共同的特点，那就是做作业速度慢。所以一开始不要求正确率，只要求速度，严禁边做作业边玩，尽量做作业中途不吃东西、不上厕所。先做他不擅长的作业。

这个阶段切忌把追求成绩错误地表现为要孩子争当第一名，更不该只重视分数高低和名次，使孩子错误地放大成绩的意义与重要性。鼓励孩子追求“自己的最佳表现”“跟自己竞赛”，让孩子了解成绩是一种自我检验，而不是对分数、名次的追求。

小学一、二年级还要培养孩子每天朗读、写简单日记的习惯。总之，一定要培养好孩子的学习习惯。

小学三、四年级是孩子学习逐渐定型的重要阶段，这时的孩子有了自己的主见，所以又是一个不稳定的阶段，孩子在一、二年级养成的良好习惯一定要加强，不能放松。三年级后不用跟一、二年级一样再坐在旁边陪伴孩子做作业了，他们开始主动积极地接受新知识，但你要教会孩子做计划表、整理错题、做笔记。

三、四年级开始教孩子画重点、整理错题本、简单记笔记。记笔记和找重点是相辅相成的，但是要让孩子尽量做到边听边写，记多少算多少，千万不要为了记笔记而错过老师的讲课内容。

到了小学高年级阶段以后，不用再过问课业细节了，只要在他偶尔犯懒的时候提醒他，遇到挫折的时候鼓励他，在他实在找不到解决办法时跟他一起寻找方法，因为这时候的孩子有了自主的学习能力和适合自己的学习方法。

珍惜机遇　全力推进

——全心全意办又好又美的学校

我校是苏州市义务教育改革“学校特色文化建设项目”十所学校之一，我校这个项目来之不易，是各级领导的关心与信任，是机遇更是挑战。以项目为平台，以特色文化建设为抓手，以办“好美学校”为目标，在继承中创新，在改革中提升，从而实现乡村学校的办学突破，这是我们的责任与担当。

一、健全组织，促进融合

2月20日，我校正式下发千小〔2014〕2号文件“关于成立苏州市义务教育改革项目学校工作小组的通知”，并在校园网公示，使全校教职员工第一时间明确了组织机构与工作职责，从而保障了工作的规范性与条理性。

我们将学校的各项工作都纳入改革项目之中，以项目方案为指导大纲，全面细化组织实施，使项目改革与学校工作真正地融为一体，做到纲举目张，转型升级，我们需要做到六个融合一致：

项目规划定位与学校办学愿景融合一致

项目实施路径与办学策略方法融合一致

项目经费使用与文化工程建设融合一致

项目阶段评估与重大活动组织融合一致

项目专题网站与学校网站展示融合一致

项目成果呈现与对外展示宣传融合一致

一、完善方案，尊重引领

学校工作小组召开了三次专题研讨会，认真学习消化苏州启动仪式上专家组的方案修改建议，对项目方案又进行了几轮修改，由“新教育为学校立魂”，进一步修订为“办又好又美的新教育学校”，并及时将修订方案发送给我校的项目指导专家陈琐明教授。

陈琐明教授是教育部小学校长培训中心主任、北京师范大学培训学院院长，是苏州市教育局配备给我校的苏州市义务教育改革项目学校的一对一项目指导专家。在苏州市举行的义务教育改革项目学校启动活动中，陈琐明教授已经对我校的项目方案进行了详细点评，在大力肯定的基础上，明确提出了要突出“好美”二字，做学校的好美教育。

我们的每一项与实验相关的重点工作，每一份重点工作方案，都及时发送给项目专家，请项目专家指导。每一次重要活动，也都及时整理图文资料，及时发送给指导专家。我们的诚心与热情也打动并感染了项目专家。尽管工作非常繁忙，6 月 7 日，陈琐明教授与河南省洛阳市教育考察团一行，来到我们学校进行了详细的考察与交流。在听取了学校的专题介绍后，陈琐明教授做了专题报告。

陈琐明教授希望我们学校的孩子“一灯一世界”，每个人都是不一样的，每一盏灯都是不一样的，每一盏灯的内涵都是不一样的，每一盏灯发出的光芒也都是不一样的。关于“好美”，“好”从三个方面来讲：品质，品性，品位。我们学校将来能把这三个“品”做足了、做实了，把墙上的口号做成课程，把品位也从课程的角度开发出来，就是一个有品牌的学校。关于“美”，我们国家现在提倡尚美教育，就是要让孩子们崇尚美、欣赏美、发现美。第一是环境优美，第二是学生之美，第三是教师之美，第四是课堂之美，第五是美的家长。

陈琐明教授通过实地考察，也看到了我们的行动与努力，对我们的办学精神、办学举措给予了充分的肯定，明确表态会加大指导和扶持力度，与我们一起把学校办成有影响的特色文化建设品牌学校。陈琐明教授还协助我们对我校的好美学校建设进行了详尽的规划，说得清楚，指点得明白，指明了我们学校今后的努力方向。

三、全面实施，有序推进

首先是围绕“好美”主题，对学校文化布置进行了升级优化，增加了主题标语、主题展板栏、主题景观，从而营造了浓郁的“好美学校”文化氛围，进一步突出了项目主题。

其次是组织好重大活动，来推动项目建设，进行成果展示。

1. 苏州市教育局领导考察对话活动

面广量大的苏州乡村学校，近年来不断加强硬件建设，并且大力推动学校特色文化建设，促进了苏州市义务教育的高位均衡。近三年来我校每年投入一千万元，不断进行校园改造，校容校貌焕然一新。学校申报成为苏州市义务教育改革“学校特色文化建设”项目学校后，加快了学校文化建设的步伐。

5 月 21 日下午两点到五点半，苏州市教育局顾月华局长、党工委沈建平副书记、李婧娟副局长等局领导，带领各科室负责人共 20 多人，及昆山市教育局陆琪书记、蔡惠林副局长及其相关科室负责人，深入农村基层一线，一起考察了我校。短短十几分钟的调研考察，富有江南风韵的花园式校园，洋溢着浓厚新教育气息的学校文化布置，给大家留下了深刻的印象。各位领导观摩了学校青年教师的“而立读书会——共读一本书”沙龙活动，并围绕教师共读共写共同成长、优秀文化传承、新教育实验、好美学校文化建设等话题，与广大教师进行了广泛深入的对话。

这次对话活动经苏州市教育电视新闻等节目的连续报道，在苏州市内外都产生了广泛影响，进一步提高了“好美学校”的知名度，有力地推动了项目建设。

2. 苏州市教育局金色大厅展示活动

苏教体卫艺〔2014〕5 号文件“关于开展学生艺术作品展示活动的通知”，明确将苏州市教育局大厅开辟成展示厅，为全市中小学生搭建展示自我风采的平台。要求各校结合学校艺术教育特点和校园文化特色，制定适合本校的艺术展示主题。

在补充通知中，已经确认的展示单位共 14 所，其中中学 12 所，小学 2 所；11 所学校在苏州市区，其他的在昆山、张家港、常熟各一所；13 所属市区龙头学校，乡镇学校仅仅我们一所。

代表昆山参加这样高规模的展示，是机会更是挑战，是荣誉更是声誉。我校充分利用这个机会，既要展示学校艺术教育的成就，又要展示好美学校的建设成果。

我校以“百年千小：好美的学校”为主题，一是展现学校艺术教育的丰富性。如学校在长期的办学中形成的“千小六艺”教育特色。二是展现学校艺术教育的独特性。千灯镇是昆曲的发源地，以本土戏曲艺术为代表的文化传承正是培养人文素养、审美素养的有效途径。要展示以昆曲为代表的教育成果。三是展现学校艺术教育的乡土性。我们的展品不是最精美的、不是艺术成就卓著的，但我们的展示是实的：朴实、真实、实在。我们的展示是主题最鲜明、内涵最丰富的，不但展示学校，还展示了学校艺术教育生存的土壤，在大朴大美中，呈现中华民族传统美学，展示我们乡村学校对艺术教育的自我解读及自信。

苏州市教育局金色大厅的展示活动，使我校的“好美学校”广为人知，提升了项目的品牌度。

四、展望未来，信心满怀

通过前一阶段的项目建设，我们充分认识到苏州市义务教育改革项目学校对学校发展的意义，进一步坚定了投身改革、坚定改革、勇于创新、着力发展的信心与决心。

近期，我们将组织好全国新教育年会现场展示活动，将一个又好又美的新教育学校呈现在全国代表面前，为苏州市义务教育改革项目学校形象地做了注解与表述。

假期，我们会精心规划新建的南校区的学校定位与文化建设。初步拟定以“高雅的学校”为基调，一方面在巧妙投入上做文章，达到办学的教育装备设施标准高；另一方面在放大昆曲文化上下功夫，达成办学的文化内涵雅。南北校区的“好美”“高雅”，相互呼应，刚柔相济，将成为“新苏式乡村学校”的美丽一景，在文化自觉、文化自信、文化自强中彰显特色文化办学的力量。

我们也期望各级行政部门能进一步对我们这样原来底子薄弱、缺少影响力的乡村学校给予更多的关注，加大政策、经费的保障力度，让学校改革能更加放开手脚。作为区域教育的短板，当我们这样的乡村学校通过改革得到提升，短板不短，那我们的区域教育就能真正成为中国的教育高地了。

从“美丽建构”到“华丽转身”

——“转型升级”打造“大好千小”

面向“十三五”，千灯镇党委政府提出了新时期以“五个发展理念”来创建“五个千灯”（即活力千灯、幸福千灯、秀美千灯、文化千灯、尚善千灯）的发展策略及思路。顶层设计先进，实践价值极大，对我们学校也有着重要的指导意义。我校要积极响应镇党委政府的号召，在“十三五”期间，齐心协力，共建“优质千小、幸福千小、美雅千小、文化千小、文明千小”，从前两年“大美千小”的“美丽建构”，向下一阶段的“大好千小”进行“华丽转身”，最终要打造成老百姓口碑相传、普遍认同的“家门口的好学校”。

一、用创新发展理念引领教育创新，打造“优质千小”

千灯镇党委政府提出加速建设教育高地，这是民生工程高地，也是为经济高速发展奠基。

千灯镇毗邻上海，经济上接受上海的溢出效应，选择优质产业，优化经济结构，加快产业转型，保证社会经济可持续发展。这是千灯镇的区位优势，也是千灯镇发展的巨大潜能。而优质的教育，是发挥这个潜能的重要保障。教育是当下老百姓最关注的话题，优质的教育会吸引并留住优秀的人才，区域教育优质，会增加区域招商引资的美誉度。

千灯镇要引入上海外迁的好企业，也要让流动的高素质人才有上海的同城感。因此，我们千灯镇的学校发展既要盯紧昆山的一亩三分地，又要放眼上海，跟紧上海教育发展的步伐，要办出不输给上海的乡村教育。

千灯镇党委政府高度重视学校的硬件建设，在硬件设施配置齐备的情况下，一所普通学校如何快速成长为一所优质学校？一所新的优质学校又如何进一步加强软件管理，快速发生脱胎换骨的变化，成长为百姓心目中真正的“旗舰校”？

近年来，上海成立“新优质学校推进项目”，重点研究一批名不见经传的学校如何走向优质学校的轨迹，以“办好每一所家门口的学校”为目标，通过课程改革的推进、教学过程的优化、师生关系的和谐，让家长和社会从学生的健康成长中看到实实在在的教育进步，得到实实在在的教育利益。

我们就是要以上海“新优质学校”为目标，以上海首批公布的“新优质学校”为参照，旗帜鲜明地建设“优质千小”，立场坚定地推动“教育创新”。

首先，我们要有新的教育观。回归教育的原点，对人作为生命个体的重新打量和深度审视，真正关注到人的发展，“关注每一个孩子的学业进步和精神成长”，关注如何让教育过程更丰富、师生关系更和谐、多样化学习需求更充分满足。

其次，我们要有新的质量观。单一的分数指标已无法反映出学校对孩子的关注程度，也无法反映出学校在改变孩子内心世界过程中所做出的贡献。如果我们学校能真正对不同起点的孩子通过不同的教育方式对其不同的发展路径起到推动作用，那我们就是一所优质的学校。尽管每个孩子的家庭背景、生活经历各异，学习基础、学习习惯不同，但只要他走进学校，就能够促进其内心世界的发展和学习习惯、学习能力的形成，当他走出学校面对社会的时候，能够充满自信，我们就是一所优质的学校。

最后，我们要有新的管理观。高水平办学和高质量教学的责任心和使命感需要根植于从校长到教师、员工的心灵，让变革的理念成为大家内生的动机，每个人以主人翁意识让教育充满想象力和创造力。一所好学校应该与时俱进，能够根据学生的发展和社会的需求不断地进行研究，如何来改进我们的教育教学，如何为学生提供丰富的课程，使他们能够在丰富的学习经历中得到较好的成长。同时学校在探索的过程中，应该不断提高学校的办学水平，成为周边老百姓满意的学校。

二、用协调发展理念引领学校均衡发展，建设“幸福千小”

我们学校推行的新教育实验倡导“过一种幸福完整的教育生活”，这一理念要落实渗透在学校文化中、在学校课程中。

建设“幸福千小”，就要根据“好学校文化生成”的顶层设计，协调学校、学生、教师、家长、社会几方面关系，从而系统建设适宜于学生的“千小儿童成才课程”，适宜于教师的“相约发展课程”，适宜于父母的“亲子成长课程”。

建设“幸福千小”，要坚持做到三大课程同步开发实施，相辅相成。学生“成才课程”以“六艺”为中心，从杂乱纷呈的兴趣小组活动中，提炼出“千小六艺”项目，新学年又成立了“六艺课程中心”，集中人力、财力、物力进行重点课程的开发与实施，保障特色的可持续发展。教师“发展课程”以“相约”为链条，相约每一天，成长每一天。父母“亲子课程”以“亲子”为纽带，聚焦“好父母”“好家庭”，全方位、多层次构建了“家校立交桥”。

建设“幸福千小”，重点是建设适宜孩子们的课程。在保障国家课程实施的基础上，关注学生个体发展需求，充分挖掘学校的独特资源，开发校本特色课程，培育学生独特的个性气质，让学生能够获得全面而具个性的发展，把学校办成有品牌、有特色的学校。我们的“六艺”特色教育，已经从起步阶段的兴趣小组，发展到自编教材，有相应的活动计划、内容、活动地点及固定人员，基本上具备了课程的形态。在此基础上，我们又以比较规范的课程理念，对教材进行了重组编写，《一曲一世界》《一乐一世界》《一笔一世界》等，力求使校本教材系统化，并对教材按课时编写，在此基础上形成课程计划，已经奠定了良好的课程实施基础。我们在课程中心下规划了千小发明创造课程、千小江南曲乐课程、千小国学传统课程、千小书法绘画课程、千小田径球类课程、千小读绘科绘课程。这六大课程中心将全面落实到我们的每一个孩子，让每一个孩子有一种才艺。小学校，大目光；小学校，大课程。我们要扎实走好每一步，我们小学校就能与课程改革同步，我们乡村小学校就能与世界大教育同步。

建设“幸福千小”，就要关注到每一个孩子，把特别的爱给特别的孩子，让残缺的生命因课程而璀璨。我们坚持以“单独编班与随班就读相结合”为核心的特殊教育模式，自主研发适合校情、学情的“资源教室”课程与教学模式。有了融合教育的理念，有了资源教室的载体，有了丰富的课程，有了个别化的教学策略，更有了全纳型的师资，让特殊学生回归到普通教育形态，就会从可能变成现实。“资源教室”课程，让每一盏特殊的生命之灯因之而明亮。

三、用绿色发展理念引领生态教育，建设“美雅千小”

“文化立校，课程育人”，这就我们学校的绿色发展观。在建设特色文化的实践中，把内涵发展、特色发展的重点放在“好学校”文化的“美”“雅”核心特色的构建和核心精神的培养上，形成鲜明的校园文化风格。

建设“美雅千小”，就是要让昆曲文化课程为学校塑“美”立“雅”。昆曲文化课程建设有助于增强学生的文化认同，提升学生的人文素质。昆曲艺术蕴含着宝贵的学校教育资源，应该通过课程建设来挖掘和利用昆曲艺术的教育因素，促进学生在知识、情感、价值观等方面得到全面发展，特别是通过昆曲文化课程，增强文化认同感。我们将昆曲文化课程定位于文化素养类校本课程和综合实践课程。课程实施中着眼于昆曲文化，通过丰富多彩的课程内容，使学生在参与、感受中提升艺术素质，提高审美情趣，在对昆曲文化内涵的理解中培养文化自觉，形成对昆曲文化的认同感、自豪感，在文化的浸润下完成对乡土的归依。通过本课程的教学，无论是学生还是教师，都获得了一定的昆曲艺术知识，形成对昆曲文化的关注和热情，从而达到保存和发展民族优秀传统文化的目标。这样的课程设计既有现实的需求，又有课程资源，得到了政府的支持，学生、家长的积极参与，课程建设日新月异、硕果累累。

四、用开放发展理念引领教育开放，建设“文化千小”

“文化千小”就是以“好”为核心，以北校区的“好美学校”、南校区的“好雅学校”文化建设为抓手，用文化浸润人、用文化感染人、用文化引领人、用文化改变人、用文化发展人，全面促进学校管理模式的转型，从原来的“强化管理推动型”转型到“文化建设成长型”。着力于学校特色提升，从原来的“特色活动开展型”升级到“特色课程开发型”。通过“转型升级”，进一步整合优化原有的办学特色，在规范办学行为、实施素质教育上有新举措，在优化教师队伍建设上有新成效，在提升教育质量上有新进展，不断营造学校文化发展新的闪光点和增长点，全面开创学校文化建设的新局面。

“文化千小”的根本在于培养“好学生”，学校将舞台还给学生，让全体学生拥有充分展示自己的平台。

五、用共享发展理念引领教育贡献，建设“文明千小”

我们要进一步加强建设“好家庭”，造就“好父母”。结合“好学校家庭教育直通车”项目和“中央专项乡村少年宫”活动，在家庭教育上力求做到三新：观念新、模式新、实践新，最终达到以新模式开拓新渠道，获得家庭教育的新成效，全面提升好学校家庭中好父母的育儿水平。通过对“好人家庭”“书香家庭”“才艺家庭”“礼仪家庭”“健康家庭”“平安家庭”的评选活动，既对孩子们起到人格品性、健康安全、艺术陶冶等方面的教育与熏陶，又对父母的亲子教育起到专业引领的作用。我校“好家庭”建设活动要为父母们提供丰富的家庭教育培训和活动方式，携手“好父母”，为促进学生的全面发展、家庭教育水平的发展以及学校全面实施“好学校”素质教育注入新的活力。

我们以建设文明高地为指向，与千灯镇炎武小学签订了“共建好学校”协议，从“共读一本书”到“共研一节课”，广泛开展两校的“1+1”活动。还与全国第一所希望小学金寨县希望小学签订了“共建新希望工程”，进一步弘扬我校全国精神文明标兵周火生老师希望助学的精神，全面帮助金寨县希望小学进行文化规划与建设，提高办学品质。

我们要继续加强“德善书院”“昆曲文化课程基地”等文明阵地的建设，做到出成果、出经验。

六、建设“五个千小”，最终打造一个“大好千小”

近两年来，我校获得了“全国新教育实验示范学校”“全国家庭教育基地学校”“全国足球先进学校”“江苏省艺术教育特色学校”“江苏省科学教育特色学校”“江苏省小学特色文化建设项目学校”“江苏省家庭教育优秀学校”“苏州市文明单位”“苏州市义务教育改革先进单位”“苏州市廉洁文化实践先进集体”等荣誉称号，成功申报了“中央专项乡村少年宫”“苏州市义务教育改革项目学校”“苏州市家庭教育课程化项目学校”，办学美誉度显著提高。

我们要通过“五个千小”的建设，全方位、多渠道、细节化地优化我们办学的每一个环节，突破乡村学校办学瓶颈，从认知、情感、意志的角度全方位培养学生的君子人格、美雅气质。打造拥有“好学生”“好教师”“好父母”“好课程”“好课堂”“好教室”“好舞台”“好家庭”“好伙伴”的中国乡村“大好学校”。

秀“大美昆曲”，建“大好千小”，我们执着前行，庆典就在前方！

娄江好学校 九年早知道

——“好学校”教育行动手册

一、学校发展早知道

昆山市娄江实验学校创办于2010年9月，坐落在美丽的娄江河畔，是一所教育局直属九年一贯制公办学校。学校占地面积近8.2万平方米，总建筑面积近5.4万平方米，整个校舍各功能区布局合理，设施完备，功能齐全，建有家政教育中心、生活艺术中心、科学探究中心、生态教育中心、中华文明中心、世界文明中心、STEM科技中心、合唱艺术中心、昆曲艺术中心、国学馆、农耕馆、德善书院等先进馆室，实现了建筑风格艺术化、校园环境园林化、功能布局科学化、使用功能人性化的目标。学校现有小学部38个班1953名学生，初中部36个班1802名学生。专任教师213名，其中研究生学历21名，本科学历190名，本科及以上学历教师占99%，其中江苏省特级教师1名，苏州市名教师1名，苏州市学科带头人5名，昆山市名校长1名，昆山市学科、学术带头人21名，教学能手24名，教坛新秀36名。

学校全力遵循“优质发展、育人为本、改革创新、促进公平、提高质量”20字工作方针，遵循“重视知识、培养兴趣、提高能力、发展特长”的办学思路，努力把学校办成素质教育的示范学校，基础教育的窗口学校，家长满意、学生向往的优质学校。学校积极实施二次创业战略，以“从优到品，从品到名”为目标，进一步提升学校的办学品质，实现教学质量有提高；进一步提升学校的办学品位，实现学校文化有影响；进一步提升学校的办学品性，实现教育服务有贡献，从而打造昆山教育改革的名片，赢得社会优品办学的名声，塑造昆山好学校的名牌。我们的策略是“以文化立校，以课程育人”，从单一关注课堂教学的“以课堂为中心”，转型为全面推动课程建设的“以课程为中心”；从过于考虑时间分配管理的“时间管理型”，升级到综合考虑投入产出比的“时效管理型”，以“重组与创新”为核心，实现学校的二次创业。

1. **优质发展**

学校在改革发展过程中立足现实，着眼未来，尊重学生的主体地位，发挥教师的主力作用，积极探索符合自身特点的发展方向与道路，使学校在原有基础上向优质化、个性化发展。

2. **育人为本**

学校以学生为主体，以教师为主导，关心每个学生，尊重教育规律和学生的身心发展规律，充分发挥学生的主动性和积极性，把促进学生全面健康成长作为学校一切工作的出发点和落脚点。

3. **改革创新**

学校正确处理继承、发展与创新的关系，随着社会经济的改革与发展，不断丰富和发展办学内涵和外延，在办学目标、管理体制、人事改革、培养人才等诸方面进行改革。

4. **促进公平**

学校坚持走以促进公平和提高质量为重点的内涵式发展道路，努力办出让人民满意的基础教育。

5. **提高质量**

学校最大程度做到校内外结合，通过家校合作实现学校教育与家庭教育的统一；深入推进素质教育，促进全体学生全面发展；既讲公平又求效率，全面提升教育质量和办学效益。

二、学校文化早知道

学校逐步构建了以“娄江水文化”为主题的典雅灵动的校园文化，通过开展师德教育和学习培训促进教师专业发展，积极打造一支师德修养好、业务能力强、科研潜力足、发展后劲大的师资队伍；通过开展形式多样的特色课程和综合实践研究性学习、社团活动，积极拓宽学生知识渠道，不断挖掘学生潜在能力，培养学生健康向上的精神和自主管理的能力；通过积极探索有效的教学路径，开展以高效课堂为导向的教学研究，以重组与创新来推动与深化教育教学改革，并积极开展国内外校际交流合作，拓宽师生的国际视野，提升学校办学品质。办学质量始终处于昆山初中教育的领先地位，争当昆山教育改革的领航人。

1. **办学宗旨：只为润泽一生**

润泽。父爱如山，母爱如水。娄江是昆山的母亲河，娄江实验学校的命名天赋母爱基因，弘扬母亲大爱情怀，以温馨、柔和的教育形态关爱一切的人，关怀人的一切，润泽人的一生。

“润泽的娄江”追求的是“润物细无声”，又是“万类霜天竞自由”，更是“静待花开会有时”；“润泽的娄江”，“时时灌溉，常令润泽”，处处皆教育，时时皆教育，人人皆教育。

“润泽的教育”源于全球通识，国家推广十年的新课程改革的理论著作之一——日本教育家佐藤学的《静悄悄的革命》，书中聚焦“润泽的教室”，提出学习共同体的理论。

“润泽的娄江”是一个学习共同体，是一个发展共同体，是一个“过一种幸福完整的教育生活”的生活共同体。

2. **办学理念：每滴都最美**

“一滴水中见太阳”，这滴水可以是雪的化身，是沙漠的希望，是生命的源泉，因为水，世界将变得不一样，这滴水的重要意义不言而喻，因此说“手握一滴水，就是握着一个世界”。然而，这滴水往往很难握住，一不小心就会跌落，以上种种美好也会随即化为泡影。我们要认识它、理解它，更要学会呵护、珍惜、慎重对待，否则将一无所有。“每滴都最美”，是娄江至道，寂然无物、无形、无名、无体、无象，“广被万物而无或遗，中应万事而无不当”。

我们将以水滴的形态设计两个学校卡通形象，女娃就叫润润，男娃就叫泽泽，见娃思义，让娄江的教育有温度、有高度、有深度、有广度。

3. **发展目标：一所新教育好学校**

“过一种幸福完整的教育生活”，这是我们的办学愿景，更是我们的行动指南。说到教育生活，就要提到陶行知先生的“生活教育”。生活即教育，社会即学校，教学做合一，这是生活教育的三大核心理念。生活教育的理论是新教育理论的源头之一，新教育所倡导的“过一种幸福完整的教育生活”，当然也需要我们理解、消化、实践陶行知先生的这些真知灼见。因此，要过一种幸福完整的教育生活，就要打破当下的唯教学论，推行全面为了孩子好的真教育；就要打开校门，让孩子们走出去，让孩子父母们走进来；还要延伸课堂，社会处处即学校，社会就是大课堂。

一周有七天，周一到周五，学生在校的五天，应该充满“歌声与微笑”；周六与周日，学生在家的两天，应该享受“书香与自然风”。这样的七天，是幸福完整的七天。

在歌声与微笑的校园里，每个孩子都有自己意属的社团，××队、××社、××团，从学科类到兴趣类，从才艺类到公益类，从校门里到校门外，现在的社团活动会让孩子们铭记终生，甚至决定孩子们人生的走向，影响他们一生。在娄江，孩子们有班级的荣耀，还有社团的荣光。

在歌声与微笑的校园里，每天都有为了孩子们全面发展而研究开发的特色课程，从响彻《娄江赋》的国学中心，到歌声飞扬的综艺中心，到陶泥飞溅的陶艺中心，直到饭菜香气扑面而来的家政中心，总有一节特色课叩响孩子那根潜能的琴弦，让孩子找到知音，让孩子沉醉其中、乐在其中。在娄江，语数外是学习，生活技艺也是学习。

在歌声与微笑的校园里，每个月都有属于孩子们的节日，从亲子节、阅读节、运动节、书画节、演讲节、发明节、舞蹈节直到合唱节，学校里总是洋溢着节日的快乐，孩子们总是享受着节日里的愉悦与欢欣。在娄江，过节就是教育，上学就是过节。

在书香与自然风的家庭里，应该有亲子共读的场景，共读一份报，共读一本书，直至众多家庭聚在一起，组织起班级读书会、邻里读书会，甚至楼道读书会，让共读共写成为娄江学生家庭的常态，让书香环绕着娄江学子。

在书香与自然风的家庭里，应该有亲子共游的场景，共一次骑行，共一次乡间体验式劳作，共一次社会公益性服务，让孩子们亲近大自然，让孩子们走进大社会，让双休日变成家庭生活教育的修行日，让清风善行伴随着娄江学子。

4. 办学策略：文化立校，课程育人

校训：上善若水，自强不息。

校风：以水为镜，正德修身。

教风：以水为范，厚生求真。

学风：以水为师，笃学有恒。

三、成长目标早知道

娄江实验学校的办学理念，与千灯小学校一脉相承，成长目标也延用了千灯小学校的成功经验，所以本部分内容详见第 11 页“好千小成长目标早知道”。

四、卓越课程早知道

娄江全人课程源于新教育课程建构，以生命课程、公民课程、艺术课程、智识课程、特色课程、亲子课程为六大板块。在这样的课程建构中，以生命课程为基础，以公民课程、艺术课程、智识课程、特色课程作为主干，并以亲子课程作为必要补充。在这样的课程意蕴中，起点处是每一个学生，关怀的是“娄江每一滴”的各种可能性；终点处是交给孩子一生有用的东西，促进孩子一生的发展。

我们学校在特色课程开发建设中，也有“一带一路”策略，还加上“一个中心”。“一带”是由通道文化、廊道文化、楼道文化等组构而成的上善娄江学校文化带。比如中华文明带、世界文明带、传统文化带、乡风乡情带、核心价值观带、综合素养带等。

“一路”则是各个通道、各个廊道、各个楼道所呈现的各具特色的主题文化路。比如一楼大通道的昆山乡情文化主题，二楼大通道的道德文化教育主题，三楼大通道的中华文明世界文明主题，还有一楼廊道的法律法规文化主题，科技楼道的科技教育主题。无论是走通道，还是走廊道、走楼梯，一面墙就是一页书，一路文化主题就是单元色彩鲜明的活教材。

“一中心”则是指各个特色课程中心。目前已经重新定位规划完成的有位于小学部的国学文化中心、生活教育中心、家政教育中心；有位于初中部的中华文明中心、世界文明中心、生态文明中心；有位于艺体馆的综合艺术中心；还有在建中的融合教育中心、实践活动中心；并且我们还在联系城投公司，想在悦丰岛生态农场建立娄江实验学校的农耕文化实践中心。这些中心是特色课程的教学场所，也是各类特色社团的活动场所。

“一带一路”与“一中心”是相互关联、彼此呼应的。“一带”与“一路”是感受，是体验，是走马观花；“一中心”是学习，是研讨，是全面了解掌握。“一带”与“一路”激发了兴趣，激发了热情；“一中心”则是培养了技能，培植了感情。

“一带”与“一路”又可以各自成章，课堂天成。一条文化带就是一本书，一条路就是一个章节一个单元，一面墙就是一页教材，师生完全可以面壁而学，学在情境中，学得有情趣。这样，学校处处是课堂，处处是课程中心。

“一带一路一中心”不是纸上规划，而是已经在我们学校开花结果了。德善书院娄江学校启动仪式上，专门进行了首课展示教学，教学内容是《弟子规》，老师就是在课前带领同学们在二楼《弟子规》文化墙下不断诵读，直到熟记，再到课堂中以故事、音乐、绘画、表演等各种表达方式来交流对吟诵内容的理解感悟，真正做到了空间上的互联，内容上的互通。一节课听完了，嘉宾们意犹未尽，又纷纷来到二楼细细参观起道德文化主题路。

让课程呈现在墙壁上，让墙壁上的课程活起来。娄江的“一带一路一中心”正是学校文化建设的课程化，正是课程走出课堂、又从墙壁走到教室的最新写照。“一带一路一中心”是创新，是创举，是学校文化建设的“转型升级”，是学校特色课程建设的“转型升级”，从这个意义上说，娄江在领航。

五、百书阅读早知道

一个人的精神发育史就是阅读，经典的阅读会成就一个人精神的高度。

阅读最关键的阶段在小学，但是中学是连接小学和大学的桥梁，也是培养一种兴趣和阅读习惯的最后机会。越是基础薄弱的学生，越是需要阅读，阅读是改进学生学习过程和学习品质最有效的方式。

新教育实验在书目研制的过程中提出了自己独特的三大文本类型（科学、人文、文学）和阅读参照维度。具体可展开为横向与纵向两个维度。横向维度从人与现实世界的关系维度来看，主要有八个价值领域，分别是人与自我、人与家庭、人与社会、人与国家、人与自然、人与世界、人与历史、人与未来。这些关系分别体现了一个人的人生观、家庭观、群己观、国族观、自然观、国际观、历史观和宗教观。纵向维度包括人应该追求的品质与美德、人应该具有的态度与作风、人应该遵循的准则与秩序、人应该了解的科学知识及应具备的科学精神等四个方面，有机地构成了新教育阅读的坐标系。

初中阶段是培养一个人阅读习惯最关键的时期

西方的经济学家几乎在所有人面临心理问题的时候都会追溯到他的童年，都会追溯到他的经验，都会追溯到他的阅读生活。所以青少年时期，尤其是中小学义务教育阶段的阅读具有特别重要的意义。对中学生来说阅读收获的不仅仅是经典本身的价值，阅读事实上是提高学生能力最根本的路径。在小学阶段受心智水平、年龄的限制，很多经典著作是无法理解的，也无法进行真正的对话，而初中阶段则是阅读经典最好的时期。

娄江初中三年共读共写书目

类别	序号	书名	作者/译者/编者/绘者	出版社
文学	1	唐诗三百首	蘅塘退士/编，顾青/注	中华书局
	2	水浒传	施耐庵、罗贯中/著	人民文学出版社
	3	三国演义	罗贯中/著	人民文学出版社
	4	朝花夕拾	鲁迅/著	人民文学出版社
	5	边城	沈从文/著	中国青年出版社
	6	月牙儿·我这一辈子：老舍短篇小说选	老舍/著	湖南文艺出版社
	7	男生贾里女生贾梅	秦文君/著	作家出版社
	8	伊索寓言全集	（古希腊）伊索/著 李汝仪/译	译林出版社
	9	古希腊戏剧选	（古希腊）埃斯库罗斯等/著 罗念生等/译	人民文学出版社
	10	简·爱	（英国）夏绿蒂·勃朗特/著 祝庆英/译	上海译文出版社
	11	契诃夫短篇小说选	（俄国）契诃夫/著 汝龙/译	人民文学出版社
	12	生如夏花：泰戈尔经典诗选	（印度）泰戈尔/著 郑振铎/译	江苏文艺出版社
	13	最后一片叶子：欧·亨利短篇小说选	（美国）欧·亨利/著 黄源深/译	上海译文出版社
	14	绿山墙的安妮	（加拿大）露西·蒙哥马利/著 马爱农/译	人民文学出版社
	15	假如给我三天光明	（美国）海伦·凯勒/著 王家湘/译	北京十月文艺出版社
	16	我的心只悲伤七次：纪伯伦经典散文诗选	（黎巴嫩）纪伯伦/著 （美国）约翰·辛格尔·萨金特/绘 冰心/译	江苏文艺出版社
	17	老人与海	（美国）海明威/著 吴劳/译	上海译文出版社
	18	布鲁克林有棵树	（美国）贝蒂·史密斯/著 方柏林/译	译林出版社
	19	海鸥乔纳森	（美国）理查德·巴赫/著 何贵清、夏杪/译	南海出版公司

（续表）

类别	序号	书名	作者/译者/编者/绘者	出版社
人文	20	论语译注	杨伯峻/译注	中华书局
	21	名人传	（法国）罗曼·罗兰/著　傅雷/译	译林出版社
	22	汉字王国	（瑞典）林西莉/著　李之义/译	生活·读书·新知三联书店
	23	苏菲的世界	（挪威）乔斯坦·贾德/著　萧宝森/译	作家出版社
	24	你一定爱读的极简欧洲史	（澳大利亚）约翰·赫斯特/著　席玉苹/译	广西师范大学出版社
	25	杰出青少年的七个习惯	（美国）肖恩·柯维/著　陈允明等/译	中国青年出版社
科学	26	科学的旅程	（美国）雷·斯潘要贝格，黛安娜·莫泽/著　郭奕玲等/译	北京大学出版社
	27	数理化通俗演义	梁衡/著	湖北少年儿童出版社
	28	发明的故事	（美国）布里奇斯/著　张青民/译	陕西人民出版社
	29	数学家的眼光	张景中/著	中国少年儿童出版社
	30	海底两万里	（法国）凡尔纳/著　沈国华等/译	译林出版社

娄江初中三年拓展阅读书目

类别	序号	书名	作者/译者/编者/绘者	出版社
文学	1	镜花缘	李汝珍/著　洪小如/改写	人民文学出版社
	2	浮生六记	沈复/著　朱奇志/校译·点批　钱海燕/绘	中国青年出版社
	3	朱自清散文选集	蔡清富/编	百花文艺出版社
	4	骆驼祥子	老舍/著	人民文学出版社
	5	文心	夏丏尊、叶圣陶/著	生活·读书·新知三联书店
	6	呼兰河传	萧红/著　侯国良/绘	中国青年出版社
	7	射雕英雄传	金庸/著	广州出版社
	8	俗世奇人	冯骥才/著	作家出版社
	9	撒哈拉的故事	三毛/著	北京十月文艺出版社
	10	平凡的世界	路遥/著	人民文学出版社
	11	我与地坛	史铁生/著	人民文学出版社
	12	顾城的诗·顾城的画	顾城/著	江苏文艺出版社
	13	海子的诗	海子/著	人民文学出版社
	14	诗歌读本（初中卷）	钱理群、洪子诚/主编　西渡/编	广西师范大学出版社
	15	格列佛游记	（英国）斯威夫特/著　张建/译	人民文学出版社
	16	少年维特的烦恼	（德国）歌德/著　杨武能/译	人民文学出版社
	17	傲慢与偏见	（英国）简·奥斯汀/著　王科一/译	上海译文出版社
	18	普希金抒情诗精选集	（俄国）普希金/著　穆旦/译	当代世界出版社
	19	基督山伯爵	（法国）大仲马/著　蒋学模/译	人民文学出版社
	20	汤姆叔叔的小屋	（美国）斯托夫人/著　王家湘/译	人民文学出版社
	21	茵梦湖	（德国）施托姆/著　施种等/译	上海译文出版社

（续表）

类别	序号	书名	作者/译者/编者/绘者	出版社
文学	22	猎人笔记	（俄国）屠格涅夫/著 力冈/译	浙江文艺出版社
	23	茶花女	（法国）小仲马/著 王振孙/译	上海译文出版社
	24	格兰特船长的儿女	（法国）儒勒·凡尔纳/著 陈筱卿/译	人民文学出版社
	25	狄金森诗选	（美国）艾米莉·狄金森/著 蒲隆/译	上海译文出版社
	26	小妇人	（美国）路易莎·梅·奥尔柯特/著 刘春英、陈玉立/译	译林出版社
	27	哈克贝利·芬历险记	（美国）马克·吐温/著 张万里/译	上海译文出版社
	28	爱的教育	（意大利）亚米契斯/著 储蕾/译	上海译文出版社
	29	莫泊桑短篇小说选	（法国）莫泊桑/著 赵少侯/译	人民文学出版社
	30	道连·格雷的画像	（爱尔兰）王尔德/著 黄源深/译	人民文学出版社
	31	青鸟	（德国）梅特林克/著 郑克鲁/译	上海译文出版社
	32	月亮与六便士	（英国）毛姆/著 傅惟慈/译	上海译文出版社
	33	茨威格中短篇小说选	（奥地利）茨威格/著 张玉书/译	人民文学出版社
	34	飘	（美国）玛格丽特·米切尔/著 戴侃、李野光、庄绎传等/译	人民文学出版社
	35	动物庄园	（英国）乔治·奥威尔/著 荣如德/译	上海译文出版社
	36	蝇王	（英国）威廉·戈尔丁/著 龚志成/译	上海译文出版社

（续表）

类别	序号	书名	作者/译者/编者/绘者	出版社
文学	37	毛毛：时间窃贼和一个小女孩的不可思议的故事	（德国）米切尔·恩德/著 李士勋/译	二十一世纪出版社
	38	芒果街上的小屋	（美国）希斯内罗丝/著 潘帕/译	译林出版社
	39	天蓝色的彼岸	（英国）艾尼克斯·希尔/著 张雪松/译	新世界出版社
	40	圣经故事	（美国）玛丽·巴切勒/著 约翰·海森/绘 文洁若/译	华夏出版社
	41	追风筝的人	（美国）卡勒德·胡赛尼/著 李继宏/译	上海人民出版社
人文	42	中国近代史	蒋廷黻/著	岳麓书社
	43	傅雷家书	傅敏/编	江苏文艺出版社
	44	地图的发现	杨浪/著	生活·读书·新知三联书店
	45	培根人生论	（英国）弗兰西斯·培根/著 何新/译	湖南文艺出版社
	46	甘地自传	（印度）莫罕达斯·卡拉姆昌德·甘地/著 钟杰/译	吉林出版集团有限责任公司
	47	人类的故事	（美国）房龙、约翰·梅里曼/著 胡允桓/译	生活·读书·新知三联书店
	48	人性的弱点	（美国）戴尔·卡耐基/著 李晨曦/译	译林出版社
	49	渴望生活——梵高传	（美国）欧文·斯通/著 常涛/译	北京十月文艺出版社
	50	牛奶可乐经济学	（美国）罗伯特·弗兰克/著 闾佳/译	中国人民大学出版社
	51	365种改变世界的方法	（英国）迈克尔·诺顿/著 刘亦然等/译	生活·读书·新知三联书店

（续表）

类别	序号	书名	作者/译者/编者/绘者	出版社
人文	52	最美的音乐史：从巴赫到“摇滚之王”普雷斯利的故事	（德国）鲁道夫·赫富特纳/著　王泰智、沈惠珠/译	山西人民出版社
	53	人类群星闪耀时	（奥地利）斯蒂芬·茨威格/著，高中甫、潘子立/译	译林出版社
科学	54	科学发现纵横谈新编	王梓坤/著	北京师范出版社
	55	科学是美丽的：科学艺术与人文思维	（美国）沈致远/著	上海教育出版社
	56	物理世界奇遇记	（美国）乔治·伽莫夫、（英国）罗素·斯坦纳德/著　吴伯泽/译	科学出版社
	57	探求上帝的秘密	赵铮/著	北京师范大学（微博）出版社
	58	视觉之旅：神奇的化学元素	（美国）西奥多·格雷/著　（美国）西奥多·格雷、尼克·曼/摄影　陈沛然/译	人民邮电出版社
	59	趣味天文学	（俄罗斯）别莱利曼/著　刘玉中/译	中国青年出版社
	60	笔记大自然	（美国）克莱尔·沃克·莱斯利、查尔斯·E·罗斯/著　麦子/译	华东师范大学出版社
	61	趣味动物学	谢乐恩/编著	中国青年出版社
	62	眷恋昆虫——写给爱虫或怕虫的人	（美国）托马斯·艾斯纳/著　虞国跃/译	外语教学与研究出版社
	63	人类基因的历史地图	（美国）史蒂夫·奥尔森/著　霍达文/译	生活·读书·新知三联书店
	64	生命的多样性	（美国）爱德华·欧·威尔逊/著　王芷等/译	湖南科学技术出版社
	65	寂静的春天	（美国）蕾切尔·卡森/著　吕瑞兰、李长生/译	上海译文出版社

（续表）

类别	序号	书名	作者/译者/编者/绘者	出版社
科学	66	大自然的文字	（俄罗斯）伊林、谢加尔/著　沈念驹/译	浙江文艺出版社
	67	发现之旅：历史上最伟大的十次自然探险	（英国）托尼·赖斯/著　林洁盈/译	商务印书馆
	68	大科学家50	（德国）贝恩德·舒/著　张社蚕/译	生活·读书·新知三联书店
	69	时间机器·隐身人	（英国）威尔斯/著　叶旭军、庄建华/译	辽宁少年儿童出版社
	70	火星编年史	（美国）雷·布拉德伯里/著　陶雪蕾/译	四川科学技术出版社

“美好学校”是这样打造的

教育作为最大的民生，是美好生活最重要的组成部分，“美好教育”是昆山教育人矢志不渝的追求目标。

“美好教育”的基石是“美好学校”。什么是“美好学校”？三个评价标准：一是美好适切；二是人民满意；三是社会认同。坚持这样的标准来办学，“美好学校”才能努力达到让教育带着温度，达到让学生喜欢、教师幸福、家长满意、社会认同的美好境界。

一、办“美好适切”的教育

办“美好适切”的教育需要我们有大视野，着眼于师生个体的生命丰盈，坚持“办学自强”，用“文化立校，课程育人”实现转型升级，让学校达到“学生喜欢、教师幸福”的境界。

没有一个校长不想把学校办好，校长的梦想都是办一所“好学校”。自强才能自立，做得好才能办好学校。但“自强”是有讲究的，最大的讲究就是不能蛮干，要巧干，关键是会干。一味地苦干，只知埋头拉车，不知抬头看路，只会越拉越累。这就需要我们有教育大视野，及时更新教育理论，及时应对教育变化，实现转型升级。

初到千灯中心小学校时，我就在苦思冥想如何“软”“硬”兼施，突破乡村学校的办学瓶颈，办出一所“好学校”。我的抉择是坚持“文化立校、课程育人”，一是实现办学策略转型，从原来的“强化管理推动型”转型到“文化建设成长型”；二是着力于学校特色提升，从原来的“特色活动开展型”升级到“特色课程开发型”。通过“转型升级”，提升了学校的办学品质与品位，快速成长为一所美誉度较高的“好美学校”，文化建设影响广泛，办学质量显著提高，受政府指派接收了一所新建学校作为南校区，事业规模成倍放大，学校被誉为“新教育试验田的千灯标杆”。

校长在“文化立校，课程育人”的大戏中绝对是主角，地位无法被替代，更不能假唱。校长可以适当借助外力，比如外请专家学者帮助规划设计，但校长必须始终知道自己要做什么，用什么途径方法来做；校长必须知道每一个细节，掌握每一个过程。只有一校之长真正投入到学校的文化与课程建设中，这所学校的文化与课程才能发挥“强校”的作用，否则只是徒有其表，强校也会变成弱校。

办学过程中，我坚持“文化立校，课程育人”的办学策略不动摇，积极主动地寻找办学突破。2013 年经过艰苦卓绝的努力，学校被补充成为苏州市义务教育改革“学校特色文化建设项目”十所学校之一。论项目基础和实施条件，我们确实为项目学校中最薄弱、最差的。知耻而后勇，我全力以赴，在校长室的沙发上睡了几十天，一门心思思考如何进一步发挥苏州市义务教育改革“学校特色文化建设项目”学校的示范作用，如何进一步推动学校的内涵发展、特色发展、可持续发展；全面建设文化高地、文明高地，树立苏式学校的千灯标杆。我前后写了近 20 万字的规划方案，反复与行政人员、教师们讨论，征求大家的意见，最终制定了《昆山市千灯中心小学校文化建设纲要》（2015—2020 年），全方位、多渠道、细节化地优化我们办学的每一个环节，从认知、情感、意志的角度全方位培养学生的君子人格、美雅气质，让一盏灯点亮另一盏灯，过上新教育提倡的幸福完整生活。打造拥有“好学生”“好教师”“好父母”“好课程”“好课堂”“好教室”“好舞台”“好家庭”“好伙伴”的中国乡村“好学校”。我可以毫不迟疑地说，《昆山市千灯中心小学校文化建设纲要》（2015—2020 年）中的每一个字都出自我手，更源于我心，每一个字包括标点都是呕心沥血写出来的。正是有真付出，才会有大收获。两年后，千小在专家组项目验收中成为本组 10 所学校中得分最高的项目学校，我因此作为昆山的唯一代表、乡村学校的唯一代表，参加了苏州市教育局举办的“好学校大家说”活动。面对苏州 500 所小学、初中的校长及各市区的局长、科长，与新苏附小、平江学校、张家港实小、常熟实小、太仓实小这些传统名校同台交流，我校在新教育理念指导下“文化立校，课程育人”的经验做法得到了广泛好评，被大家誉为名副其实的“好学校”。《江苏教育报》头版头条以4000字长篇专题报道介绍了我校“如何用特色文化提升学校教育品质”；我校还承办了2016年江苏省小学特色文化建设推进研讨活动，分管教育的厅长、处长，各大市分管局长、科长，106个县市区的局长会聚千小，如此“高大上”的会议由一所乡村小学全程经办，被行内人士称为“会议奇迹”。活动全过程努力做到尽善尽美，取得圆满成功，展示了文化千灯的美妙美好，树立了昆山教育的正面形象。

好的文化再加上好的课程才能让“学生喜欢、教师幸福”。如果说在千小我更多实践的是文化立校，到了娄江，我就加大了课程育人的探索力度。教育，要生长在学生的心里，学校课程一定是最重要的滋养。娄江全部的课程研发都坚持儿童立场、本土立场，与我们学生、教师、家长的生命、生活紧密相连，“一枝一叶总关情”，让知识拥有生命的温度，通过一天天教育生活体验的过程，让我们成为具有德行、审美、情感、智慧和能力的人。生命课程尊重、爱护、激发每一个生命，生命在场，实现知识与生命的深刻共鸣；生活课程着力的是“善”，科学课程着力的是“真”，艺术课程着力的是“美”，娄江培养的就是“真善美”的人；国学与国际课程是娄江的办学特色，满足了社会各界对学校高品质办学的期盼与要求。

二、办“人民满意”的教育

办“人民满意”的教育需要我们有大情怀，着力于教育就是为人民服务，坚持“办学自信”，全面构建“家校一体”的教育生态圈，让学校达到“家长满意”的境界。

人民满意中的“人民”，最直接的是谁？一个孩子俩父母，两边长辈加一块，一个孩子不少于六个大人，这是学校要直面的人民主体。这个主体范围广、体量大，需求多元、标准不一，因此，要让人民满意，就要先了解人民满意什么。

首先，让人民满意的当然是传统意义上品学兼优的孩子。这就需要学校把保障孩子健康成长，促进孩子全面发展的各项办学举措，通过各种渠道及时告知大家。同时，及时听取大家的意见，不断优化教育教学行为，最大化地满足人民的教育愿望，成就大家的教育梦。其次，随着社会经济的快速发展和文明程度的提升，积极参与、依法办学已经成为一种社会共识，这就需要学校尊重家长的知情权、参与权，建立家长进入学校教育体系体验参与的机制。

关闭校门装聋作哑，这只能激化矛盾，不能让人民满意。堵不如疏，疏不如纳，我们应该不怕面对、不怕应对，以携手共建的“办学自信”，打开校门，走进家门，将家庭纳入教育链，构建学校、家庭、社会“三位一体”的现代教育新格局。

经过反复的论证设计，我们规划了“娄江第三课堂”，这是面向父母的学堂，是亲子社团落实课程的课堂，是学校、家庭、社区共构的生态圈。切实贯彻“创新、协调、绿色、开放、共享”五大发展理念，以建构家庭教育课程体系、强化家校沟通为重点，建成社会、家庭、学校“协调共享生态圈”，形成可以借鉴的“娄江经验”。

我们开办新父母学堂智慧领航。为了更好地帮助家长解决教育孩子过程中遇到的难题，更科学、更规范地教育孩子，我们每天为家长推送一条“家教宝典”。在“家教宝典”内容的编写上，根据各年级学生的年龄特点，大量搜集资料，在各大教育网站、教育名家专著、教育报刊中摘录语句，编写成适合各年级家长阅读的“家教宝典”。除了在内容上精挑细选，在发送信息的时间选择上，我们也是经过斟酌考量的，除了每天整理到学校网站，我们会提前一周设定好家长手机短信的发送时间——每天18：00，选择家长与孩子共进晚餐的时间，让这条“家教宝典”成为孩子与家长饭桌上的话题，让家长在孩子的教育问题上不断充实，在反思中成长，在学习中进步，从而思考出适合孩子成长的教育方法。我们特别注重父母撰写育儿心得，鼓励家长订阅《江苏教育报》《苏州家庭教育家长读本》《关心下一代周报》等。通过对案例的学习和心得体会的分享，家长除了获得更多的教育方法，还可以带动更多的家长一起思索、探讨如何应对教育过程中出现的问题。我们还根据家长的阅读情况，及时上传家长与孩子一起读报、学习的照片，定期发送他们撰写的读书读报心得，由学校德育处负责，每周进行评选，并将评选出来的优秀亲子读报心得放到学校网站上，与其他父母们及时分享交流。引领家长正“三观”，即全面的教育观、科学的育儿观、正确的教育消费观，通过各种方法途径来逐步促进家长教育观的转型升级。

我们兴办亲子社团，成效显著。制定了“设立‘娄江家长义工团之社团活动小组’方案”，发动各班成立特色亲子社团，明确班级特色社团主要有以下六大类：读书会社团、才艺类社团、亲子游社团、亲子劳作社团、公益志愿社团、社会实践社团，除此之外各班也可以创造性地开发一些其他有益于孩子健康成长的特色社团。指导各亲子社团设计会标，绘制社团旗。小学部 38 个班级就成立了 38 个特色亲子社团，设计了 38 个会标，绘制了 38 面亲子社团旗。我们建立了亲子社团的微信群、QQ 群。家长，活动前在群里发布亲子社团的活动计划、方案，听取组员的建议，不断修改完善方案；活动后在群里发布活动照片、简讯等。校方，由相关科室在活动前对活动的组织策划进行指导，活动后及时点评、搜集、发布活动简讯。一个学期下来，学校通过这两个平台搜集整理了 50 多条活动报道，多数社团养成了活动前制订方案、活动后自发撰写活动报道的习惯，个别社团还设立了微信公众号。学校尽最大可能为各社团提供免费的活动场所，并与家长义工协商制定了关于借用学校场所开展亲子活动的“免责协议”，协议中对各教室开放的时间和家校双方的职责做了具体的说明。社团借用学校场所开展活动须提前向学校递交活动申请，并由双方代表签好“免责协议”。

我们整合社区力量共同成长，用好社会公益性资源，加强对父母的教育能力与素养的提升。“昆山市娄江实验学校智慧父母课堂”是昆山市文明办专项公益活动，由昆山市宣传部文明办、昆山市娄江实验学校、昆山慧哲文化传播有限公司（以下简称“慧哲文化公司”）三方合作，由慧哲文化公司承办的以家庭教育和家长成长为核心的实地课程，旨在提升家长对家庭教育的关注，建立正确的家教理念，同时通过课程解决一般教育讲座中存在的“知易行难”的问题，让家长能够掌握一定的方法，有技巧地把家庭教育理念在陪伴孩子成长的过程中进行落实，并做出效果来。“智慧父母课堂”活动培训了一批骨干父母，还带动了全校家长关心了解心理健康教育。我校还结合学校的六大课程建设，依据学校教育的实际情况，不定期地组织家长参加课堂学习活动。通过“智慧父母课堂”的推展，让家长懂得如何更轻松、更规范地教育孩子；让孩子成长得更快乐；让父母和孩子一起享受成长的喜悦与幸福。

随着“第三课堂”的逐步完善和一系列家校活动的开展，在学校、家庭、社区之间搭建起了一架教育的桥梁，三方形成了一股教育合力，家长们积极响应学校号召，家校同心共建“上善娄江”。在我们的大力倡导下，娄江父母正在努力做好“三大员”，即当好八小时外孩子的教导员，学习亲子知识，建设亲子课程，开展亲子活动；当好八小时内学校的督导员，通过参加班委会、校委会，参与健康管理、安全管理，通过父母义工团等融入学校的常规管理与教学工作中；当好学校发展的宣传员，爱校如家宣传娄江，人人有责个个有份。有参与就有认同感，有参与就有成就感，家长的满意度不断提高，学校的声誉也在不断提升。

三、办“社会认同”的教育

办“社会认同”的教育需要我们有大格局，着重于学校就是社会文明高地，坚持“办学自觉”，让学校成为社会事业发展的“窗口”“示范”，让学校达到“社会认同”的境界。

我们常说“社会各界”，包括各党政事业机关、各人民团体、各级主管部门，这就是“社会认同”的主体。有不少校长认为只要做好校内的事就行了，或者只要做好教育主管部门要求的事就行了，其他的事与我无关，多一事不如少一事，不多做事更省事。这是校长办学中最大的误区，一个眼光只盯着学校的校长，办学不会有大气候，学校也不会有大发展，事业更不会有高规格。我们的教育观应该是教育为人生、为社会服务，学校是地方的文化中心，更是地方的文明中心，教育文明社会，教育引领社会。我始终将学校与脚下的一方土地联系在一起，始终将学校的事业规划放置在区域社会事业发展大局的背景下，始终坚持学校与地方党委政府一起美好，与昆山教育一起美好。

现今在娄江，我旗帜鲜明地提出“与昆山教育一起美好”。

一是做好昆山教育“五个校园”综合实验区。通过对娄江进行深入研究，分析校情、学情，加强顶层设计，规划实施路径，落实具体措施。在市教育局提出的“五大校园”基础上，结合“江苏省文明校园”创建的相关标准，结合昆山教育的政策导向，结合学校工作的重点、特点，进一步提出“智慧校园”“科学校园”“艺术校园”“亲子校园”“全纳校园”。这“十大校园”涵盖了学校工作的方方面面，而且提纲挈领、纲举目张，使适合教育落实在每一个工作板块，渗透到学校每一个角落，并且贯穿了校内校外。积极探索了实施路径，以“十大项目”与“十大工程”作为“十大校园”的实施渠道。“十大项目”进一步突出了“十大校园”的阶段性工作重点：“品质校园”有“完美教室项目”，“书香校园”有“晨诵午读项目”，“优美校园”有“物型课程项目”，“健康校园”有“健康场所项目”，“平安校园”有“法制建设项目”，“智慧校园”有“未来教室项目”，“科学校园”有“STEM科创项目”，“艺术校园”有“昆曲艺术项目”，“亲子校园”有“家校合作项目”，“全纳校园”有“资源教室项目”。每一个项目都成为相应的校园建设的重要载体，指向精准，可操作性极强。这“十大项目”与学校的少年宫建设，与娄江课程建设密切关联，为每一个娄江学子有选择地参与、有特长地发展奠定了坚实的基础，使适合教育“因材施教”成为可能。

二是做好“五个关键词”窗口展示区。昆山教育正在努力打造“优质、均衡、公平、开放、全纳”的教育现代化“昆山形态”。娄江以落实这五个关键词为己任，全面呈现“昆山形态”。项目展示“昆山形态”：“九年制特教生资源教室”项目成功申报为苏州市初中课程基地；“构建娄江第三课堂”项目成功申报为苏州家庭教育课程化项目学校，开拓了娄江以高端项目建设引领学校发展的新渠道，“全纳娄江”正成为我市全纳教育的一张名片。家校合作的“娄江第三课堂”建设也十分顺利，该项目成果与昆山市教育局的区域成果一起被2017年全国家庭教育国际论坛评为三十个优秀案例，是苏州大市的唯一入选案例。父母义工团被市委宣传部评为2017年优秀志愿者团队，亲子社团建设也影响深远。

正是娄江把自己融入了昆山教育的大海，才从海纳百川中汲取力量，使娄江的“每滴都最美”。以“大视野”来实现“办学自强”，以“大情怀”来实现“办学自信”，以“大格局”来实现“办学自觉”，最终实现的是“办学自立”。

储老师心语：见证成长

今天我谈的话题是：论证

为了学校的科学发展，为了保障决策的有效性，避免不应有的战略上的失误，周六我们召开了“昆山市千灯中心小学校事业发展规划论证会”。与会专家实地考察了将建的南校区，即原淞南小学，视察了我校博育楼的相关专用教室及正在进行培训活动的各社团，翻阅了相关材料，对我校的现状、规划等各抒己见，从不同专业角度进行了评价与建议，给了我们很多指导性意见，值得我们重视、消化。

著名咨询公司总裁沙先生，对千小校园文化建设系统性深化的问题进行了全面阐述。他结合曾经参与规划的杭州第十三中学学校文化整体建设工程，从战略规划、战略实施、后期过渡等方面，对我校的行动手册、六大定位、五年规划等提出了相当中肯的专业意见，其关于千小教育集团的操作思路，更给我们提供了新的规划空间。他的具体建议是“战略牵引，逐步推进，目标考核，全员参与”。在学校层面，要有一个《千小校园文化建设五年发展规划》为引领，引导学校创建各项工作，尤其是大政方针的决策，并以此为导向贯穿五年工作的始终。同时，要考虑给发展规划留一到两年时间的调整期，并给学校下一届领导班子继承和升级千小的发展留有足够的接口，从而避免一任校长一任思路的颠覆性现象出现。为做好该项工作，建议千小成立“五年规划专业委员会”（非常设机构），邀请外部领导、专家、学校中高层人员以及相关的优秀教师参与委员会，先做好各个层面的调研工作，再设计出规划的大纲，进行第一轮研讨；然后拿出初稿，向有关领导汇报，并组织校内中层以上人员进行深度研讨；最后形成终稿，对全体老师进行宣贯。使千小的建设做到上情下达、下情上达、内情外达，取得方方面面的共识，达成意识和价值观的一致，形成凝聚力。学校的总体发展规划完成后，学校的二级部门要以此为纲，编制《某某落实学校总体发展规划的配套方案》（亦称子规划）。编制过程，其实就是第二轮的意识统一和价值趋同的过程，并细化为各个环节的落地执行方案。系统工程的特点决定了执行和落地要具有阶段性，因此，建议千小发展规划的实施分为“一年打基础，两年出成果，三年成标杆，后期做完善”四个阶段完成。学校各个层级和各项工作，都要设定目标，并对目标进行考核，建议组成一个“千小发展规划执行委员会”（常设机构），负责规划的落地执行和考评，做到“措施科学、执行有力、奖惩分明”，树立典型，奖优罚懒。

对学校文化有深入研究的倪研究员等，对我校如何用好校本文化资源，提供了更具体的操作意见。他们对我们用好“二顾”给予了充分肯定，并赞同用相关名句关键词或经典作品关键词来作为楼名，从而使学校的文化系统既一致，又可具有地方文化特色的张力。在如何用足、用好地方文化资源的问题上，专家们还从与古镇旅游文化资源一体化等许多方面提出了相关建议，比如在校内关键路段补建石板路等。

海门市政协副主席郁先生更从宏观角度对我校的城乡教育一体化等重大问题进行了深度剖析。他介绍了海门市的相关做法，海门市以“让每个孩子都接受高水平的教育”为目标，在加大教育投入的同时，坚持公共教育资源向农村、向薄弱学校倾斜，全市组建了 11 个义务教育管理集团，促进共同发展。有 300 多名教师参与了 1—2 年的支教定岗活动，扎实推进了城乡交流活动。郁先生给我校办学开出了三贴良药：一是争取上级支持，促进办学条件不断改善。二是优化教职工队伍，重点是教师的业务成长空间，一方面关心他们的职业发展规划，即所谓事业留人；另一方面，关心他们的生活，调动好他们参与校园文化建设的积极性，使大家都按照新教育的理念，在各自岗位朝着一个方向努力。三是让学生开心、家长满意。新教育的核心理念是“为了一切的人，为了人的一切”。学校应该以学生为本，让学生健康快乐成长，让乡村孩子感觉不到与城里孩子的差别，让家长满意、安心、自豪。这样就没有城乡差别了。按照“过一种完整幸福的教育生活”的理念，在乡镇同样可以让学生活得有尊严、有自豪感。让在乡镇的家长，对学校满意，感觉在乡镇孩子也享受到了优质教育，享受到同样的国民待遇，那么学校就为社会和谐做出了贡献。

对美学有深入研究的施教授对“中国乡镇最美学校”的内涵做了专题解读。他重点讲了四个方面：

首先，从校容校貌的整体风格来看，具有苏南水乡古镇的悠然、古朴特征，使得“中国乡镇最美学校”美在道路、校门、校内各类建筑物上。这是外观之美。

其次，从校园文化的审美价值取向来看，凸显儿童文艺的审美趣味。校本文化应该符合少年儿童的身心发展特征，审美性是其特性之一。儿童文艺有不同于成人文艺的独特的审美特点，这些特点主要表现为纯真美、质朴美、稚拙美、荒诞美、喜剧美等。要想提高校本文化的效果与艺术品位，就要求设计者合理地运用美学原理及艺术设计法则，并且遵循儿童的审美规律进行巧妙设计制作。

1. 用鲜艳的颜色吸引儿童。除了色相对比，还可以在颜色的明度与纯度上进行精心的设计搭配，从而产生良好的视觉刺激来吸引儿童，还要注意在色彩搭配方面的节奏感，运用同类色调或中性色调和等色彩构成方法，对视觉进行色彩协调。

2. 用生动的形象吸引儿童。少儿喜欢生活中喜闻乐见的事物，可以在校园的长廊、壁报或教室里的黑板报等地方布置生动可爱的形象，以便充分调动少儿的视觉和想象空间。

3. 用真挚的感情打动儿童。校本文化的设计者只有在对校本文化充分理解的基础上，怀着对孩子的炽热爱心和充满童趣的心态，体味儿童心理感受和审美心理的特点，才能创作出精彩的少儿学习环境。

再次，从教育教学过程看，重点建设美妙课程和美味课堂。探寻“中国乡镇最美学校”的内涵，必须重点抓住千小的课程建设。从本次简短的考察中，发现千小人从美妙课程到美味课堂，再到完美教室，对于课程建设已经勾画出了精彩的图画。这样的课程建设，就是成就“中国乡镇最美学校”的奥秘。

最后，从全面实施素质教育来看，重点彰显以昆曲为代表的吴文化魅力。毫无疑问，昆曲艺术是组成“中国乡镇最美学校”内涵的主要元素。建议在全校实施普及与提高相结合。普及，即人人会唱三首昆曲；提高，即举办昆曲特长班进行重点培养。

其他与会专家还对学科建设、教师专业发展、学校与社区等诸多方面给予了专业的指导。我一定会把各位专家的意见融入我校的五年发展规划中，我更相信全体教职员工会以加倍的努力来让规划的蓝图成为美好的现实。

论证已然结束，规划正在完善，而前行的脚步从未停止。让我们齐心协力，朝着认定的目标迈进！

今天我谈的话题是：9110

9110是一组数字，是我校校园网昨天的点击数字。一个学校的校园网，有这样的点击数字，显然除了校内的师生关注外，还引起了校外的广泛关注。

之前学校的网站，点击数也就几百，网站成了偶尔展示学校的“窗口”。重新设计改版的新网站自启用以来，每天的点击数都能破千，最近更是奔万而去。

我们的新网站，首先是一个大展馆。在一级栏目的设置中，我们特地设置了新教育展厅与集灵堂史馆，把现实中的展厅与史馆搬到了网上，让关注新教育、关注学校发展的人们可以比较全面、方便快捷地了解新教育、了解学校的历史和现状，增强认同感，直至产生归属感。除了展厅、史馆，我们的主要实验项目卓越课程、理想课堂、完美教室，我们的办学特色“千小六艺”，我们学校最美的“小昆班”都在网上通过项目介绍，通过过程记载，直观地展示，真实地呈现，吸引了越来越多校外的目光。我不断接听到主管部门、兄弟学校的询问了解电话。到了市教育局与领导谈事时，领导也会冒出一句：“我从你们网站上看到的。”网上看千小，已经成为了解千小最直接的方式，我们的新网站天天是“窗口”，时时在展示。

我们的新网站，更是一个档案馆，是学校的新教育实验档案馆，是学校“中国乡镇最美学校”建设档案馆，是班级建设档案馆，是学生和教师个人发展的档案馆。一天又一天，每一个项目、每一个课程、每一间教室、每一个学生、每一位老师，天天在创造书写，一部成长史在生成、在演绎。

就在这几天，我校老师们正行动起来，把自己的读书随笔和听课随笔，纷纷上传到卓越课程的书香课堂，上传到理想课堂的观课、评课。只要你肯用心去看，就会发现老师们写得越来越真实可感了，写得越来越有自己的味道了，写得越来越有“内容”了。

老师们其实最关注、投入最多的是完美教室板块中自己的那间教室。碰到有意义、有意趣的事，马上用手机拍下来，第一时间上传到自己的教室，这已成为我们不少老师的习惯。就是那不经意的一拍，就是那忙里偷闲的一传，却给学生和家长留下了美妙的一刻，带来了无言的惊喜。

昨天早上，一位母亲目送孩子进入校园后，特意向我招手，一副有话要说的急切模样。我连忙走过去，这位母亲有些激动地说，她要感谢学校、感谢老师，一是孩子文明多了，讲安全、讲礼貌，习惯比以前好了；二是在班级主页里看到了孩子的照片和老师的文章，觉得老师真用心、老师真不易，也让她放心与安心，她请我一定要代她转达对老师的敬意与谢意。

家长的认可是最大的认可，父母的夸奖是最可贵的夸奖。其实，我们只要用心，可以做得更好。比如我们可以在教室叙事中，每天关注一个孩子，为这个孩子写篇短文，记录下这个孩子的一天，这是多么好的一件事呀！特别是六年级毕业班，这将是给孩子一份多好的毕业礼物呀！每天关注一个孩子，每天关注一个教室细节，真实地呈现出美好的一面，这就是我们过一种幸福完整的教育生活的鲜活档案。

当然，一个教室的完美，不能单纯依靠班主任，每一位老师，包括艺体科老师，应做到人人有责、人人参与、人人有心。我建议由班主任牵头开个碰头会，全班所有科任老师有个分工，每个教室有七个栏目，在主页面上直接显现的是教室叙事、共读共写、教室掠影三个主栏目，要做到各个栏目有责任人，不求每天一更新，两天一更新还是能够做到的。当孩子与孩子的家人满怀期盼打开班级页面时，不要让他们失望了第一天，还要失望第二天，甚至失望好几天。

每个办公室都配置了公用电脑，请大家养成每天三看的习惯，一看学校网站，了解学校最新动态，了解身边同事的最新做法；二看学校 QQ 群，了解最新工作要求、工作安排；三看兄弟教室主页，了解教室建设最新最美的动态。

我还期望教室主页建设有创新举措，成为家校共建的平台，成为学业辅导的平台。人的潜能是无穷的，人的智慧是无穷的，只要想做到完美，大家就一定能够创意无限，打造出自己的完美教室。美在现实的校园，更美在虚拟的网上。

今天我谈的话题是：管理美学

接到苏州市教育局关于组织申报义务教育改革项目学校的通知，细看通知内容，见到项目四是“学校特色文化建设”，不由大喜过望。揣摩相关文字，连呼“深得我心，深得我心”。这段文字中提到“学校像学校”，要强化常规管理水平，求规范、有序 、文明，又提到“学校是学校”，要遵循教育规律，促进学生健康成长，更提到要有“此校非那校”的理想追求。

好一个“此校非那校”，这正是德国古典哲学家黑格尔提出的“这一个”哲学命题。

人常说学校管理是一门科学，其实，学校管理更是一门美学。如果说管理科学是为学校塑形，那么管理美学则是为学校养神。科学加美学，一个学校才能形神兼备，活灵活现。

一所学校如何成为“这一个”？对照通知精神，我们不妨来对照审视一下自己学校的文化建设。

通知指出，要“寻找与确立文化主题”。到校以来，我一直在寻找一个能够作为学校愿景的中心词、中心句，最终找到八个字：中国乡镇最美学校。以“美”作为核心词来定位，是因为学校原来在文化改造工程中，已经以“美丽千小”为中心词。千灯镇党委政府也以“美丽千灯”来进行形象宣传，因此，沿袭原有形象定位，丰富提升品牌形象，就是一个必然的选择。经过深入调研思考，进一步整合优化原有办学特色，做到“艺术塑美，科学创美，运动健美”，携手新教育，积极推进新教育实验，实现“研发美妙课程，构建美味课堂，打造完美教室”，这样就全方位构成了一个“美”的系列，直指“中国乡镇最美学校”。

通知提出，学校文化建设需要有文化理念、精神气质。我们千灯中心小学校正是有百年历史的学校，我也在思考如何呈现百年历史。百年传承是活的，不仅仅是历史而已。突出昆曲教育，这是传承的一种方式，但不是学校百年传承的全部。当有人提到百年前的课程，让我心中猛然一动。小学文化有三种：一是传承型的，有历史的资源调动起来做；二是学校文化的传承链接；三是文化的主体是学生。学校的文化，一个是人和文，一个是文和人。而学校文化，校长是关键，校长要做听得进自己内心声音的人，这几乎是生命的一种品质。

通知指出，学校文化建设的关键在于推动教育教学发展，我认为，第一步是形成共同愿景。愿景就是把握学校发展的走向和定位，将办学理念校本化和具体化，形成超越教师个人愿景的共同价值的追求。我们在开学初反复研讨确定了“教育点亮人生”的办学理念，提出了建设“中国乡镇最美学校”的共同愿景。在此基础上进行学校文化的深度建构，一方面全员参与重新设计校徽校标，确立学校文化标识，营造学校文化景观；另一方面强化礼仪文明教育，建立校园规范，培育学校精神，塑造学校形象。第二步是研制发展规划。共同愿景要通过规划来落实和体现，我们确定了从千灯镇到海内外的六大定位，并为此制定了行动手册，供全体教职员工学习讨论。在此基础上，又组织了一次专家论证会，对六大定位进行了全面的解读与修正，进一步体现了最美学校的基本理念与要求。第三步是形成制度、有效活动。我们设计了相约星期一的“每周一汇”、相约星期三的“共读共写”、相约星期五的“共研共写”等活动，将其制度化、规范化、可操作化。积极建立和完善激励机制，通过组织促进学习，引导教师在组织中学习，培养有创意的教师和学习组织，逐步形成特色鲜明的学习团队。第四步是减负增效、着眼课程。着眼课程即盯牢课堂，把学习、研究、实验贯穿于课程、课堂改革的始终，以引进海门“学程导航”教学模式为契机，以培养学生自主学习能力、增强教学效能为重点，改革教学结构和过程，改革教学方法和手段，扎扎实实地提高课堂效率和水平。第五步是走进社区、促进共建。发挥学校教育的优势，参与和指导社区的文明建设，同时开发社区教育资源，融入学校的校本课程。规划与实施“家校一体化”的六大项目，以班级与家庭为点，以学校与社区为片，点对点，片连片，小手牵大手，学校连校区，推动学习型社区建设，为教育均衡发展、城乡一体化发展做贡献。

通知指出，四个要素包括独特文化主张、完备文化体系、丰富文化内涵、卓越文化成就。对我们千灯中心小学校而言，如果说“美”是一个中心词，那么“品”就是一个核心词。“中国乡镇最美学校”，这是我们的办学愿景，“美”是我们学校的文化特征，卓越课程、理想课堂、完美教室、艺术塑美、科学创美、体育健美，这“六美”是我们学校最美的具体表现。而“美”的指向是什么？“美”的目标是什么？是“品”，即品质，品位，品性，这是我们办学的终极目标。一是有效教学，追求品质。二是特色办学，提升品位。三是融合教育，彰显

品性。（本部分内容详见第86页“丰富的文化内涵”部分）

有句话大家耳熟能详：机遇总是留给有准备的人。我们在全心全意地思考并建构学校的文化事业，而这次苏州市“学校特色文化建设”项目，就是为我们这样的学校而准备的，我们当然自觉自愿积极申报，并把参加这个项目作为推动我们学校文化建设的最好平台。

10天前，我接到昆山市教育局的通知，在本月下旬将举行全市校长会，要我在会上就学校文化建设做一个专题发言，我拟定的题目是“文化立校，建构校魂”。开篇我就写道：“学校，是校长的文化事业；文化，是学校的灵魂所在。”现在，我再加上一句：“文化成为校魂，这是学校管理的美学所在。”

今天我谈的话题是：改革

今天我们“每周一汇”的主题是改革，聚焦的是义务教育改革项目学校。为了进一步促进义务教育内涵发展、特色发展和创新发展，促进建设基础扎实、内涵丰富、品质优异、充满活力的苏州义务教育，苏州市教育局专门下发了《关于组织申报义务教育改革项目学校的通知》，确定了集团化办学、基础教育课程改革、教育质量综合评价改革、学校特色文化建设以及苏派课堂教学五个义务教育改革项目，每个项目共10所学校。我们学校积极申报了“学校特色文化建设”项目并获得成功，与苏州景范中学、苏州平江实验学校、太仓明德初中、张家港塘市小学、常熟十梅小学、吴中苏苑、太仓二小、吴江汾湖小学、昆山城北小学等九所学校结成改革共同体。改革项目的实施周期初定为3年，每年都有考核评价。根据苏教基〔2014〕2号《关于公布义务教育改革项目学校的通知》文件精神，我们已经在第一时间成立了项目工作小组，组成工作网络，启动项目实施，从工作计划、工作总结，到研究方案、研究成果，我们都将派专人负责，团队协作，全力做好校本研究、专家指导、学习研讨等各项工作。

我们在推进项目实施的过程中，要努力追寻并建构教育的文化价值。早在2012年10月20日至22日，美国“有效教学方法”专家加里·鲍里奇博士、日本“学习共同体”倡导者佐藤学教授、华德福教育的本·切瑞先生、中国“新教育实验”团队就聚集在中国宁波举行了新教育国际论坛，通过对话、研讨，对教育的文化价值与使命达成了共识，在发布的《宁波宣言》中强调：教育在本质上是对于人类所创造的思想文化的自觉传承活动，教育必须服务于社会进步和人的精神发展。我们要为当今时代“失魂落魄的教育”重新召回神圣的灵魂，使人类不断走向崇高。我们的学校特色文化建设，就是要充分张扬并践行这样的理念。在我们初步建构的学校文化核心话语中，体现我们文化价值的中心句、主题词比比皆是。无论是“过幸福完整的教育生活，做德才兼备的千小好人”，还是“一灯一世界，教育点亮人生”；无论是“弘扬好人文化，铸造美育品牌”，还是“百年千小：好美的学校”，都构成了我们特色文化的核心诉求。而“美妙课程、美味课堂、完美教室、艺术塑美、科学创美、运动健美”的“千小六美”，“自然美育、精神美育、文化美育、示范美育、才艺美育、立体美育”的“理想六美”，“曲、乐、绘、笔、作、球”的“千小六艺”，构成了我们特色文化的完备体系。

参加我们今天“每周一汇”的还有几位专家嘉宾，他们是华东师范大学课程所的沈晓敏教授与日本学习院大学诹访哲郎教授及同事。2009 年 4 月，上海 5000 位学生参加了第四次国际学生评估项目（PISA）测试。在阅读素养、数学素养和科学素养全部三项评价中均排在第一位。当时报道中特别提到诹访哲郎先生，他认为中国一直在推进培养学生创造力的“基础教育课程改革”，这一举措产生了效果。其实诹访哲郎教授是新教育的老朋友，9 年前他曾走访过我们的一些新教育学校，回去后写了一本书《沸腾的中国教育》，其中有专章介绍新教育实验。今天这些教授来到我们学校，走进课堂了解我们的阅读教学，走进教室了解我们的艺术教育，当然还要了解我们的新教育实验的进展。我想，如果诹访哲郎教授这次回去再写本书，书名应该是《质变的中国教育》。

近十年，中国的教育已经发生了深刻的变化，如果十年前是沸腾的教育改革，那么十年后的今天则是内涵式的教育提升。无论是国家行政层面的新课程改革，还是源于民间草根的新教育实验，都已经从口号到行动，深耕细作，从课程、课堂、学校生活诸多方面在改变、优化、提升着教育的素质。就新教育而言，已经由十年前的六大行动，细化到卓越课程、理想课堂、完美教室，已经扎根于学校的每一个角落，在引领、改变着学校。

我们还要请几位专家提出他们的真知灼见，为我们学校进一步把好脉、指好路。坚持改革开放，我们的办学之路就会越走越宽广。

今天我谈的话题是：新希望工程

新学年我们要建设文化高地与文明高地，打造苏式教育的千灯标杆。我们文明高地建设的主体就是“新希望工程”。

金寨县希望小学创建于1990年5月，是由共青团中央、中国青少年发展基金会援建，由徐向前元帅亲笔题写校名，是全国第一所希望小学，也是我校退休老教师周火生的助学根据地。

暑假期间，被称为“希望老人”的周火生进行了第89次金寨助学之行。7月20日上午，他带领40个家庭86位爱心人士到金寨县希望小学开展捐资助学，我也专程从湖北辗转到安徽参加了这次活动。昆山希望工程志愿者与33名受助学生及家长进行了助学结对活动，向受助学生捐赠了价值800元的图书、棉被、衣服、文具和10多万元的助学金。

捐赠仪式上，金寨县希望小学校长王宇代表师生对周火生老人和昆山爱心人士关爱老区教育、扶贫济困的善举表示衷心的感谢。他简要回顾了全国第一所希望小学——金寨县希望小学在团中央、青基会和各级政府以及昆山市爱心人士的关心下建立、发展的历程和取得的成绩。

我边听边看边思考，在社会各界的关心支持下，学校的硬件建设已经达到一个规模学校的基本水平，教学楼、办公楼、宿舍楼等一应俱全，各项教学设施也基本具备。从学校所在地的市镇建设及参加活动的学生、家长的穿着打扮来看，当地社会经济已经快速发展，比我看到的不少贫困地区要好很多了。金寨这个革命老区，这个闻名天下的将军县，已经昂首走在致富的道路上。

周火生老师的希望之行还将进行，昆山还有更多的爱心人士加入其中，如何将这项有意义的事情做得更好？那就要凝聚大家的智慧，规划助学行动的升级版。

我在王校长的陪同下，仔细察看了校园文化建设，对学校做好全国第一所希望小学校园文化提出了一些意见，并通过网络展示等方式全面介绍了我们千灯中心小学校文化建设的情况，得到王校长及到校的县教育局领导们的高度认同。他们希望两校能够结对共建，携手发展。

在金寨期间，我与王校长等进行了深入的交流研讨，初步确定了共建思路。回到昆山后，又及时向千灯镇党委李文书记做了专题汇报，得到李书记的肯定。他指示要建“新希望工程”，成为千灯镇文明高地建设的一张亮丽名片。

“新希望工程”这个提法好。“希望工程”重在改善农村办学条件、对失学孩子进行救助等硬件投入；“新希望工程”重在提升学校办学水平等软件升级。从原来单纯的“救助”模式，发展成为“救助——扶助——发展”的立体模式。“新希望工程”以既往救助项目为基础，在学校文化、特色课程、教师培训、学校管理等各方面大力发展，从使学生“能上学有学上”到使学生“有品质上好学”。

结合两校的实际情况，我们确定了以“特色学校文化”建设的传帮带为共建工作重点。我们千灯中心小学校将把先进学校的教育观念、课程设置、教师培训、教学改革等手把手、点对点、一对一地传授给金寨县希望小学，必能有效地提高他们的办学品质，提升他们办学品位，打造办学品牌，让每一个师生做最好的自己，过一种幸福完整的教育生活。

经过反复酝酿，我们将规划实施六大工程。

1. **希望好人助学工程**。千灯中心小学校退休老师周火生，89 次金寨爱心助学，被评为“安徽好人”，被称为“希望老人”。甲方继续弘扬周火生精神，建设好周火生爱心工作室，凝聚爱心，确保对乙方贫困学生进行助学，不让一个孩子因贫困而失学。

2. **希望文化立校工程**。借鉴甲方“新教育学校”文化建设的成功经验做法，由甲方负责乙方的“希望学校”文化建设规划，并与乙方一起，通过开展“文化植根”“文化塑形”“文化育人”“文化强师”“文化立品”等方面的学校文化实践，将希望文化的精神、理念渗透到学校建设的各个领域，让学校环境、教育行为的细微处浸润文化精神。

3. **希望课程育人工程**。突出课程育人，通过研发丰富多彩的儿童课程，让希望文化在校园里生根，在活动中创新。一是书香课程，二是公民课程，三是艺体课程，四是节日课程，五是聆听课程，六是演讲课程，七是共育课程，八是特色课程。

4. **希望教师发展工程**。通过实地参观学习、听课观摩、在线交流等方式，由甲方加强对乙方老师的专业培训，提升乙方老师的教育教学水平。通过“底线＋榜样”的管理方式，让那些优秀的教师个体成为学校的英雄与榜样，成为最有力的教育力量，最终成为学校里值得流传的故事。

5. **希望少年成长工程**。以“弘扬‘希望’文化，铸造‘希望’品牌”为办学方针，以“做德才兼备的希望少年，过幸福完整的教育生活”为办学目标，大力培养希望少年。“德”就是以“知爱、有爱、会爱”“自尊、自信、自强”为主要内容的“有爱自立”的德行的养成，“才”就是在全面发展基础上的“希望才艺”。

6. **希望教室建设工程**。最大限度地挖掘“班级”“教室”的教育意义，培养学生全方位的素质发展。通过班级文化的营造，读书活动的开展，良好习惯的养成，将教室打造成“图书馆、阅览室、实践场、探究室”，将教室建设成“操作间、展览室、信息资源库”，让教室成为“教师的办公室、学生的习惯养成地和人格成长室”，使班级所有成员朝着美好的共同方向，拥有积极的生命状态，每一个班级成员都能成为最优秀的自己。

为了加强共建工作的保障性，及时宣传双方共建成果，我们已经在千灯中心小学校网站一级栏目中设置了“新希望工程”专题，为共建双方工作互动搭建快捷平台。

凡事成都要用心规划、全心投入，我们将增强责任感、使命感，集中人力、物力、精力做好共建工作，为彼此的“新教育文化”“希望文化”增添光彩。

今天我谈的话题是：五大校园

昆山市教育局提出大力建设五大校园：平安校园、健康校园、优美校园、书香校园、品质校园。必须对此点个赞，因为这五大校园是学校管理的关键所在，是当务之急。抓好了五大校园，就会纲举目张，管理见效。

市教育局有具体的实施细则与工作安排，我根据校情，也提出我校现阶段的五大行动，以五大行动来推动五大校园的建设。

第一大行动是远离栏杆行动。到校以来，在每日巡查中常常发现学生在楼道栏杆附近追逐打闹，有个别学生甚至反身依靠栏杆，因为栏杆偏低，总是为学生们捏一把汗。前几天我专门带着小学部的几位行政人员一层层地查看讨论防范措施。加高栏杆很不现实，因为产业是城投公司的，当初也是按标准设计建造的，从建筑规范来看高度并没有问题，因此，只能采取强化教育的策略。不管是小学部还是初中部，都要反复教育孩子们远离栏杆，对各种危险现象要及时加以制止并加强批评教育。

第二大行动是营养光盘行动。要健康讲营养，虽然每餐只有七元，也要让学生吃饱，更要让学生吃出营养吃出好。这就要求食堂后勤精打细算，合理搭配。吃饱不过量，一次吃个光，养成光盘的用餐好习惯，也是健康行动的内容之一。10 月份我们的“每月一事”主题已经确定：学会吃饭，效果怎么样，光盘来见证。

第三大行动是欢歌笑语行动。一个学校优美不优美，一要环境氛围好，二要人好，甚至可以说人是最主要的风景。出了校门我们三人成队，讲规则讲秩序；进了校门，应该是如一首歌曲所描绘的：充满了歌声与微笑。人美不美看气质，歌声与微笑就是我们的特质，终将形成娄江人优美的气质。

第四大行动是书屋筑巢行动。我们要实行废物利用，将直饮水柱子改造成鸟巢状室外书屋，将它们安装在校园各处的休闲木椅处，让师生随手就能取到书，处处可读书，处处有书读。我们将开展图书漂流活动，来解决室外书屋的图书来源，倡导每个家庭拿出一本已经读过的图书参加漂流活动。我们更倡导一个家庭认领一个室外书屋，以家庭来命名书屋，这个书屋的二三十本图书就由一个真正读书、懂书的家庭来建设与管理。

第五大行动是百团大战行动。这儿的团指的是社团，这儿的百团是虚指，强调社团之多。品质学校就是能够挖掘每一个孩子的潜能，让每滴都最美，这就需要因材施教，而社团活动是顺应学生、发展学生的有效载体。让每一个孩子都有一个自己心属的社团，这是可以变成现实的梦想。我们不但要让孩子有社团归属，我们的老师甚至我们的家长，也应该有自己的社团归属。我们要盘活学校的教育教学资源，为我们的社团活动提供空间、提供舞台。

新教育一直倡导有行动就有收获，有了五大行动，五大校园的建设必将成果丰硕。

今天我要谈的话题是：十大项目

2010 年，娄江实验学校在昆山城西拔地而起，本着一流学校的办学宗旨，硬件设施可以说是一步到位，真的是“高大上”。六年过去了，现在一些设施设备已经落后，使用价值不高了，最突出的问题是大量的多媒体教学设备已经到了组件失效期，修复非常频繁而且配件价格也高，有的甚至已经没法找到配件修复，正常的教育教学秩序受到严重影响。再加上学校的班级规模及班额数不断扩张，当初五轨的小学部已经扩张到了七轨，当初小学与初中每班只有 30 多人，现在每个班级都突破了 50 人。3000 人的学校一下子就成了 4000 人。警报频频响起，硬件十分告急。

从优到品，从品到名，娄江二次创业正在进行，二次创业急需以设施设备的二次升级为基础。在广泛调研，听取师生家长及主管部门意见、建议的基础上，学校党政联席会在众多项目中反复讨论，确认了 2016—2017 学年昆山市娄江实验学校十大急需项目，将按部就班地组织实施。

一是初中部一体机更换项目。六年前的电脑与触控屏已经天天出故障，有的老师夸张地形容今天修了明天又坏。这是使用大限已到，更换是合理选择，全校

70 多个班，一次性更换投入太大，有的设备还能使用，也不必全部废弃。10 月份刚更新初三年级的所有一体机，计划再更新初中部一、二年级机器，更换下的设备中选择功能完好的，将与小学部相关损坏设备进行调换。

二是学校监控系统更新升级项目。六年前的监控系统安全隐患严重，首先是当初的安保标准比较低，监控设备设施配置严重不足，不少公共场所都是监控盲区；其次是设备故障率太高，现有设备连正常使用都不能保证。新学年在市教育局组织的开学安全工作大检查中，检查组明确要求我们立即更新监控系统，达到最新的安全标准。

三是小学部录播教室改造项目。昆山新建的几十所学校全都建有录播教室，从实际使用情况看，录播教室在精品课堂研讨、教师教学情态分析等项目中还是发挥了重大的作用，是当下学校的必备。我们计划将原劳技教室改造成录播教室。

四是初中部未来教室改造项目。近几年昆山新建的学校，已有一批学校建有未来教室。未来教室采用交互式电子白板或触控平板一体机组成电子双板展示系统，以多台触控平板一体机或学生个人学习终端进行分组学习，实现不同的教学与学习模式。为了满足我校翻转课堂等课堂教学形态研讨的需要，我们急需将原通用教室改造成未来教室。

五是改建四个综合教室项目。今年小学又扩了两个班占用了美术等专用教室，如何解决这个难题呢？经过不断的现场察看，请来了主管部门的领导、专家现场认证，决定将四个教学楼一楼的停车库进行标准化设计，全部改建完成后，一个作为资源教室的康复训练中心，两个作为综合艺术中心，一个作为通用技术应用中心。

六是体育馆舞台改造项目。我们学校现在小学部一个年级就有 300 多个学生，初中部一个年级也有 600 多个学生，可学校的报告厅仅能容纳 280 人。学校急需改造使用 600 人以上的会议培训活动场所，根据现有条件，只能在室内体育馆内搭建综合性舞台，并进行适当的环境布置，发挥体育馆的多功能作用。

七是报告厅舞台改造项目。学校的报告厅要改造成“会议中心 + 研课中心 + 演出中心”，能够满足 300 人研讨会的会务课堂教学需求，还要能够作为学生“天天演”的演出场所。主要是增设报告厅的 LED 屏，增设舞台灯光与音响，大幅提高综合使用效能。

八是阶梯教室 LED 屏项目。小学部与初中部各一个阶梯教室，将增设 LED 屏，从而满足电影课程与公开课教学需要。

九是娄江梦想剧场改造项目。将综合楼二楼的阅览区改造成多功能的梦想剧场，增设成为一个新的公开教学场所，也成为小学部学生“天天演”的主舞台。

十是资源教室设备设施项目。“上善娄江”立志于“每滴都最美”，那些残障的孩子是最需要我们关爱、最应该投入的天使。我校规划了专门面向残障学生、在全国都具有开创性的九年制资源教室建设方案，现在已经申报苏州课程基地以及“十三五”省课题，必须按照专家认证会的设计方案，从教室软包布置到康复器材、康复教具的采购，都要立即一一落实。

作为经济发达地区，历来注重民生事业的昆山在教育投入上都是大手笔的，但我们娄江要把每分钱都花在刀刃上。2016—2017 学年十大项目，基本上是近三年最主要的升级项目，早投入早收益，投入后五年不更新。总预算 400 万元左右，市教育局项目专项中列支 200 万元，学校商品服务费列支 200 万元。学校商品服务费用每年总共 650 万元左右，即使一半用于十大项目，也是可行有效的。

十大项目已经向市教育局领导做了专题汇报，得到了领导们的认可。我们一定要精心规划，精打细算，打造精品工程，十大项目必助娄江扬帆远航。

今天我要说一个流行语：重组盘活

如果说校长应该经营学校，那么开学至今两个月，我就在做一件事：重组盘活。重组的当然是学校原有资源，盘活的当然是学校现有资产，产出的当然是办学的新效益。

首先是人力资源重组，着力的是软件的优化。学校最大的财富是什么？是人，要通过制度重建、组织结构重组等来优化组合，发挥整体人力资源优势。校级管理层面，我实施了总校项目校长协调制度与分部执行校长责任制相结合的管理创新，做到统分有度，协调高效。各部门、年级组、学科组实现分级聘任制度，做到层级分明，管理有序。九年制学校有其用人的特殊性，针对初中部编制超出、小学部编制不足的现状，合情合理地调配师资，做到全校均衡，力求事事有人做，人人有事做。今后人力资源重组的重头戏，应该是妥善解决办学过程中遗留的人岗不符的难题，以及初中部严重超编、小学部严重缺编的难题。要坚持以人为本，也要切合实际需要，在与相关老师充分协商的基础上，分别采取内部调动、内部兼职及调出流动等方式，将难题尽快解决。

其次是文化资源重组，着力的是软件的升级。“文化立校，课程育人”是我校的办学策略，而文化的建构不能割断历史，不能另起炉灶，要在继承中发展，在发展中完善。我们从校徽的进一步完善开始，根据创校时确立的“上善若水，自强不息”的校训，提炼出“上善娄江”的核心元素，已经基本建构了从学范老师、榜样父母到卓越课程、美感课堂、完美教室、梦想舞台、亲子家庭、成长伙伴直至自强学生、美好学校的文化系统。

再次是设备资源重组，着力的是硬件的优化。一是原有设备设施的新功能定位与重组使用，二是新增项目的功能性补缺。娄江二次创业需要以设施设备的二次升级为基础，学校党政联席会在众多项目中经反复讨论确认了 2016—2017 学年昆山市娄江实验学校十大急需项目，这些项目正在按部就班地组织实施。

最后是课程资源重组，着力的是发挥硬件的优势。不久前正式提出的“一带一路一中心”就是课程重组成果。（本部分内容详见第 41 页“卓越课程早知道”部分）

从管理学的理论来说，经营侧重指动态性谋划发展的内涵，经营好了就需要通过进一步的管理使其正常合理地运转。重组盘活的过程就是用心淘宝的过程，而管理就是要做到物尽其用、人尽其才，无限相信师生的潜能，齐心协力办一所真正美好的学校。

第二辑

新教育好文化

——文化如何为校园立魂

2010年7月，新教育人齐聚桥西，借“学校文化”这个概念，重新审视学校生活，阐明有哪些因素会让新教育共同体日渐变得黯淡，而又有哪些因素能使得这个共同体趋向明亮与辉煌。

我们看到——当下，缺失文化的教育已将儿童带入了一个他们倍感陌生、抽象、片面和异己的地带。精神的失落带来的是精神世界的浮躁、迷误、幽暗甚至荒芜，教出来的孩子可能是一些有知识没灵魂、有技艺没根底、有智力没情怀的“怪物”。而解决这一危机的关键，就是真正地让学校重新发现生命的意义和文化的价值。学校是有生命的，是由充满灵性的人所汇聚的。“教育”“文化”“生命”这三个词在其本质上意义相同，讨论学校文化，就是寻找一种培育年轻生命、塑造未来社会的最佳途径，让学校真正拥有灵魂。

我们认为——一种成熟的学校文化，总是有一个明确的理念统摄着学校生活的一切领域。这个明确的理念就像一轮太阳，照射到学校生活的每一个角落，无论是学校管理、班级文化、教研风气，乃至于各种活动，总是这个灵魂的体现与实现，是朝向这个灵魂的一种努力。没有这个统一的学校文化之魂，无论多丰富的学校生活也都是一种华丽、零乱的碎片。对于新教育学校来说，应该对“我是谁”“我要抵达何处”等使命、愿景、价值观的问题有一种明晰的意识，而不应让自己处于一种文化的瞑睡状态。只有这样的文化自觉，才能使学校共同体和其中每一个个体的生命都处于舒展的状态，趋向明亮与辉煌。

我们强调——校风，是学校已经形成的文化；校训，是学校想要拥有的文化，是学校借一句警言，把自己带往一个理想之境。一个好的校风校训总是完全地属于一所学校自己的，甚至是只属于自己的——因为只有越属于自己，才能越鲜明地启迪其他学校，越能够完美地实现具有普世意义的教育理念。教育的目的，就在于让每一个生命、每一个共同体成就为他自己，实现在特定环境中的最大可能性，而不是简单复制别人的基因。所以，新教育实验，并不是千校一面的实验，而是共同理念下的百花齐放、百校争鸣。如果说“过一种幸福完整的教育生活”是一轮高悬的明月的话，那么每一所学校就是一道河流，它映照着这一轮明月于自身之中，而形成属于自己的独特风景。

我们发现——仪式、节日、庆典是新教育学校的文化“节气”。在每一个节日的背后，是这所学校的一个传统，是这所学校教育理念的一个侧面。而一年年、一代代师生们把这些重要的理念转化为行动、行动积淀为传统，再一次次地用节日、庆典的形式来加以复活。基于新教育理念，我们认为开学日、师生生日、毕业日、阅读节，以及学校自己的节日，才是教育生活中最重大的日子，郑重地对待这些日子，擦亮它们，装点它们，将使得教育生活不再平淡而充满神奇。

我们希望——学校作为师生共同建筑、装点、生活的世界，它的设计，它的粉饰，它的绿化、美化，都应该由师生们来共同完成。真正美妙的教育场所，就是师生亲自创造的空间，一棵树，一棵草，一堵墙壁的粉刷，一个标志的设计，都是师生漫长生活的结果。学校建筑不应该是一次性完成的工程，而是一个不断雕塑、不断积淀的文化沉积岩层。走进学校，我们能够感受到历史的厚度、文化的厚度，以及活生生的生活气息。所以，新教育的学校应该同时是一个历史博物馆，一个珍品收藏所，是美好事物的集散地，是传奇故事曾经发生过的地点。民族文化的精华，当地文化的精髓，本校历史的叙事，脚下这片大地的特色，都应该在学校里被显现出来，成为学校文化活的语言。

我们期待——作为人类文明成果的传递之所，作为人类知识的创造之地，学校应该拥有这样一种氛围，它弥漫在整个校园，仿佛身居其中的每一个人，都渴望着去了解宇宙和人心的奥秘，去了解社会运行的规律，去明白道德和梦想在其中的价值。这种氛围应该浓郁到这样的程度：学校会为又一个新知识的发现，一个课程的创新，一次教研的突破而欢欣鼓舞，以至最平凡的日子里，也洋溢着一种节日的快乐。

我们相信——学校文化，就是讲述为了讲述一个关于我们自己的传奇故事。这是学校文化建设的关键。没有自己的英雄叙事，没有自己学校里值得流传的故事，没有这所学校里走出来的英雄，就是这所学校还没有自己成熟的文化。它的故事还没有真正开始。学校文化，就是讲述和为了讲述一个关于我们自己的传奇故事。应该通过“底线 + 榜样”的新教育管理方式，让那些优秀的师生个体，成为学校的英雄与榜样，成为最有力的教育力量，成为学校叙事中的绝对主角。

亲爱的新教育同仁，我们正在进入一个文化的世纪，让我们用文化的自觉，努力打造群星璀璨的学校文化景观，担当起“过一种幸福完整的教育生活”的共同使命！

一灯一世界

一、项目背景与实践价值

当前，世界教育的竞争已从表面的物质方面的竞争，转向更深层次的文化方面的竞争。德国教育家斯普朗格早就说过：“教育也是一种文化活动，这种文化活动指向不断发展着的主体的个性生命生成，它的最终目的，是把既有的客观精神（文化）的真正富有价值的内涵分娩于主体之中。”只有以文化解读教育，才能为教育创造一个更为广阔的发展空间。

追寻并建构教育的文化价值是当下教育的核心，也是教育的未来目标。教育必须服务于社会进步和人的精神发展，教育在本质上是对于人类所创造的思想文化的自觉传承活动，教育的终极目的是以文化人，培养具备理想追求和高尚道德的优秀人类。当今时代的教育“失魂落魄”，我们要重新认识教育的文化使命与文化价值，以文化为学校召回神圣的灵魂，使人类不断走向崇高。

学校特色文化建设是学校综合办学水平的重要体现，构建学校新文化已成为品牌学校崛起的应有之义。在大量同类型学校相互竞争的态势中，只有注重开发自我的特有能力，在办学理念、校本课程设置、优势项目强化、学生素质、教师教学技能等方面办出特色，办出成就，才能提升学校文化力，提高学校的社会知名度与美誉度。

新教育实验提出“文化为学校立魂”的主张，通过开展“文化植根”“文化塑形”“文化育人”“文化强师”“文化立品”等方面的学校文化实验，将新教育文化的精神、理念渗透到学校建设的各个领域，让学校环境、教育行为的细微处浸润文化精神，凝练生命精华。

千灯中心小学校是一所有着深厚历史文化积淀的百年老校，在长期的办学历程中，始终坚持“以质量求生存，以特色求发展”“在传承中发展创新”。在历任校长和教职员工的努力下，学校形成了“以昆曲、科技创新、体育教育见长，学生素质多元发展”的办学特色。在新时期，坚决贯彻镇党委政府大力创办优质教育、一流教育，推进生活城市化的工作目标，抓内涵建设，走品牌发展的道路。学校的小昆班、科技创新教育、体育教学特色蜚声省内外，学校现有全国戏曲小梅花15朵，在国际发明展览会上获4金、6银、10铜，在江苏省创新大赛以及小发明家比赛中屡获一等奖和金奖，受到前来参观交流的海内外教育同行的一致好评。学校连续四年在昆山市中小学教育质量综合考评中荣获优秀奖。近年来，学校被授予“全国艺术教育先进单位”“全国校园文化先进单位”“江苏省艺术教育特色学校”“江苏省科学教育特色学校”“江苏省平安学校”“江苏省发明家摇篮学校”“江苏省绿色学校”等众多荣誉称号。“建设有特色的昆山市优质学校，办人民满意的教育”的短期办学目标已初步完成，需要进一步加强特色文化建设，以新教育理论为指导，以新教育文化为核心，追求卓越，缔造完美。

学校特色文化建设是实施素质教育、提高育人质量的需要。新教育倡导一种积极的、阳光的、向上的生命样态。《国家中长期教育改革与发展规划纲要》指出：“充分发挥学生的主动性，把促进学生健康成长作为学校一切工作的出发点和落脚点；关心每个学生，促进每个学生主动地、生动活泼地发展；尊重教育规律和学生身心发展规律，为每个学生提供适合的教育。”全面发展、主动发展、生动发展是素质教育的基本要求，要根据每一个学生不同的兴趣、爱好和特长生动地、充分地发展。我们要通过新教育文化建设，培养“合格＋特长”的学生。“合格”，就是要培养学生的基本素质；“特长”，就是要充分发展每一个学生的个性品质、才艺技能。我们提出培育德才兼备的“千小好人”就是着眼于每个人的基本素质与个性特长。

学校特色文化建设是彰显学校个性、提高办学品位的需要。法国思想家涂尔干在《教育思想的演进》一书中指出：“教育本身不过是对成熟的思想文化的一种选编。”也就是说，教育对文化的传承是自觉的并且有选择性的。当前，学校发展自主权明显增大，个性化办学已成为学校之间竞争的重要因素。这是特色学校建设的机遇，也是挑战。在当今办学形式多样化、办学目标多元化、办学机制自主化的形势下，如果不奋起改革，不注重彰显学校办学的个性，提高学校办学品位，学校就难以在今后的办学竞争中立于不败之地。以新教育文化作为学校的生命与灵魂，就体现出独特的处世态度和做事方式，是“这一个”的生命特征所在，是一所学校卓尔不群的应然与必然。

学校特色文化建设是帮助学校坚守崇高、实现教育梦想的需要。“只有文化，才能让学校拥有灵魂。”朱永新教授说。然而，当今的中国教育，过去的文化传统已经丢失，新的文化尚未建立。于是，“无所着力与眼花缭乱并存，我们必须重新思考探索与重建精神家园的路径”。必须用文化的自觉，努力打造群星璀璨的学校文化景观，担当起“过一种幸福完整的教育生活”的共同使命！

二、项目含义与特色

新教育学校文化，是学校组织成员认同的信念、观念、语言、礼仪等的聚合体。“过一种幸福完整的教育生活”决定着人们的使命担当、价值追求和发展目标，同时显现在学校的一切教育行为、各种物质载体和全部的符号体系之中。

（一）文化植根

新教育文化主张文化立魂，坚持教育回归首先是一种文化立场的回归，那就是回归中国优秀的传统文化。新教育文化体现了中国传统文化的根本精神，通过文化建设，促使学校有文化自觉，清晰地意识到自己该秉承中国优秀的传统文化，用新教育理念影响师生生活，促进教师与学生的生命在学校中得到舒展、成长，让普通人的潜力得到发挥、个性得到张扬。

（二）文化塑形

新教育文化倡导特色塑校，正如荷兰著名文化哲学家皮尔森所说的那样：“‘文化’不是一个名词，而是一个动词。”在明确了“过一种幸福完整的教育生活”的学校使命以后，强调学校文化建设的过程性、渐进性和历史性，打造属于自身特色、彰显个性生命的学校文化，建成新教育文化品牌学校。

（三）文化育人

新教育文化突出课程育人，倡导“共读共写共同生活”，并通过研发丰富多彩的儿童课程，让中国文化在校园里生根，在活动中创新。新教育的校园是书香的校园，践行的是学校在图书馆中、教室是阅览室的思想，并努力推动书香社会的建设，使学校逐步成为一个地区的文化中心。

（四）文化强师

新教育文化强调榜样老师，新教育的学校文化能否真正形成，取决于新教育的教师能否书写自己的生命传奇，能否拥有真正属于新教育的故事。通过“底线＋榜样”的新教育管理方式，让那些优秀的教师个体成为学校的英雄与榜样，成为最有力的教育力量，成为学校叙事中的绝对主角，最终成为学校里值得流传的故事。

（五）文化立品

新教育文化着力学校品质，在新教育文化浸润下的学校是一所有品质的学校，是真正美好的教育场所。学校能够体现出历史的厚度、文化的厚度以及浓郁的生活气息。学校就是一座历史博物馆，一个珍品收藏所，一个美好事物的集散地，一个传奇故事曾经发生过的地方。民族文化的精华，当地文化的精髓，本校历史的叙事，脚下大地的特色都能够在学校体现出来。

三、项目内容

（一）目标

学生：有德行　有文化　有才艺

教师：有思想　有情感　有技能

学校：有品质　有品位　有品性

（二）主要内容

1. 独特的文化主张

新教育认为，应当坚持学校文化建设的价值追求，以追求卓越之精神为动力，以富有最高价值指向的文化精神为引领，努力促进学校文化的国际性、现代性与民族性的高度协同，挖掘一切可以利用的文化资源，将它的精华融注到学校文化中来，建构一种积淀厚重、情理交融、充满活力、风貌独特的学校文化，为学生、教师和学校的长久发展打下坚实的精神底蕴。

在这个思想的指导下，重新梳理学校的特色及取得的成果，明确把新教育实验的核心理念“过一种幸福完整的教育生活”作为学校的使命，打造属于自身特色、彰显个性生命的学校文化。以“一灯一世界”为办学理念，以“教育点亮人生”为办学价值，以“好美的学校”为办学特色，以“弘扬‘好人’文化，铸造‘美育’品牌”为办学方针，以“做德才兼备的千小好人，过幸福完整的教育生活”为办学目标，以“全国理想美育的窗口学校，海内外昆曲传承的示范学校”为办学愿景，全面阐述有意味、有个性、有深度、有广度的文化主张。

“一灯一世界”强调学校的每一个学生就是一盏明亮的灯，有其独特的光亮与发展；学校的每一个教师都是一盏明亮的灯，有其独特的教育特色与做法；学校的每一处景物都是一盏明亮的灯，讲述着学校文化，熏陶着每一个学子。“一灯一世界”与《一千盏明灯》的校歌一起，成为我们办学理念的形象写照。

2. 完备的文化体系

（1）好人文化

我们学校退休教师周火生为安徽“希望工程”助学数十年，被评为“安徽好人”及“最美江苏教育人”，退休教师徐允同义务教学小昆班十多年，被评为“昆山好人”。两位千小退休教师的行为彰显着“千小好人”文化的精髓：好学上进，好善乐施。这“两好”，是社会主义核心价值观的真实体现，也是我们千小每一位师生学习、生活的努力目标。

做好人，就要大力弘扬好人精神。经过反复研讨，我们以“弘扬‘好人’文化，铸造‘美育’品牌”为办学方针，以“做德才兼备的千小好人，过幸福完整的教育生活”为办学目标。“德”就是以“好学上进，好善乐施”为核心的好人文化，“才”就是全面发展基础上的“千小六艺”。

我们专门开设好人讲坛，组织教师中的“党员志愿者”“巾帼志愿者”“青年志愿者”三支队伍，学好人，做好事；传美德，承文化。开展“好人家庭”评选等系列活动，践行社会主义核心价值观，就从弘扬好人文化，培育最美德性着手。

（2）理想美育

依据朱永新教授倡导的“理想的美育”，实现多切入点、多途径实施美育。通过自然美育，“江南神韵，花园学校”，做大自然之美的鉴赏家；通过精神美育，“匹夫有责，炎武精神”，培养爱乡爱国意识；通过艺术美育，“昆曲源地，千小六艺”，增强对个性美的感受；通过创造美育，“发明制作，创新摇篮”，培养学生的想象力和创造力；通过示范美育，“乐仁福地，好人文化”，培养德行之美；通过立体美育，“家校一体，尚美育人”，实现学校美育、家庭美育和社会美育的协调统一。

（3）千小六美

我们在学校原有特色的基础上进一步整合优化办学特色，做到“艺术塑美，科学创美，运动健美”；携手新教育，积极推进新教育实验，实现“研发美妙课程，构建美味课堂，打造完美教室”。

美妙课程（卓越课程）

一是书香课程。以新教育必读与选读书目为基础，拓展科学阅读、数学阅读、历史阅读等学科阅读或主题阅读领域，逐步形成比较成熟的适合学生需要的晨诵与午读课程。将阅读与写作相结合，唤醒学生心中的美好与神奇，让“共读共写共同生活”真正成为师生的生活常态。

二是公民课程。以深入实施“每月一事”项目为抓手，积极倡导“日行一善，月习一德”，从一个个日常生活的细节入手，把公民基本道德养成与主题课程实践活动有机融合，探索符合不同年龄段身心发展规律的道德人格成长机制，从而不断丰富“每月一事”的课程体系，把“交给学生一生有用的东西”的新教育理念落到实处。

三是艺体课程。广泛开展艺术类、科学类、运动类社团，保证社团活动时间不被挤占与挪用。通过团队研发，逐步让每一个社团活动都能有校本化的课程来支撑。积极为学生搭建艺术节、科技节、体育节等展示平台，让学生的体质状况得到全面的改善，让学生的艺术审美素养、动手实践能力、创新合作意识得到全面的提高。

四是节日课程。把开学仪式、成人仪式、期末或毕业庆典、阅读节、艺术节、科技节、体育节等教育生活中的重大日子，进行全方位设计，系统策划，生动演绎，使之成为学生生命成长的重要时刻，形成学校特有的节日文化。同时，积极鼓励教师以教室为阵地，与学生共同编织更加丰富的班级节日活动。

五是聆听课程。充分利用校内外资源，组织教师、学生聆听名师、大家、教授的专题报告，参加社区实践，参与志愿者活动。规划实施聆听名师、聆听专家、聆听大师三大系列，助力教师专业成长。引导学生学会关心社会，放眼世界，树立理想信念，形成正确的人生观、价值观。拓展师生的生活视野，丰富师生的知识结构，提升持续发展的学习力。

六是演讲课程。自信的人生应当从演讲开始。要为每一位师生提供表达的机会，搭建交流的平台。设立“每周一汇”，教师通过“我的梦想”等专题演讲来提升自我，学生通过讲故事、演讲、辩论、课本剧表演等，让每一个学生愿说、敢说、会说，从而形成终身受益的自信心、沟通能力与表达能力。

七是共育课程。有效整合学校、家庭、社区的教育资源，通过家长开放日、新父母讲坛、亲子共读、家校书信、家长志愿者等多样的方式，丰富家校共育课程，家校密切协同，形成教育合力。

八是特色课程。以完善的课程体系为依托，在保证学生全面发展的基础上，充分挖掘学校的独特资源，开发校本特色课程，着力于艺术、科学、运动三大特色课程的建设，培育学生独特的个性气质，让学生能够获得全面而具个性的发展。

九是相约课程。“相约系列”是新教育特有的共同学习、共同生活的代名词，相约星期一，“每周一汇”，汇聚正能量，促进校本教研的常态化、生活化；相约星期三，“与名著面对面”，有效开展共读共写活动；相约星期五，“与名师手牵手”，共同研讨理想课堂。

美味课堂（理想课堂）

课堂是学校进行教育活动不可或缺的重要场所，是学校教育活动的主要形式，是一切教育理念的出发点和归宿。新教育实验提出“构筑理想课堂”，是指通过创设一种平等、民主、和谐、愉悦的课堂氛围，将人类文化知识与学生的生活体验有机结合起来，追求高效课堂与个性课堂。这样的课堂是理想的，这样的课堂当然是美味的。实施美味课堂，理论上加强修养，实践中充分利用新教育团队的资源，向教育质量水平位列全省前茅的南通海门市学习，由海门市教育局统筹安排，每月 6 人次左右到我校开展专项教学观摩指导活动，并将先进的“学程导航”教学模式引进我镇。由我校负责落实海门名师，负责相关费用，炎武、石浦两校全员参与，三校教务部门协调落实，使培训效能发挥到最大化，为推动我镇教育一体化做贡献。

完美教室（本部分内容详见第15页“好千小完美教室早知道”部分）

（4）千小六艺

“千小六艺”包括一曲、一乐、一绘、一笔、一作、一球，彰显的正是学校的办学特色，是对每一个孩子兴趣特长培养的关注，是对每一个孩子综合素质培养的担当。

昆曲是六艺之首，这突出了昆曲传承教育在我校的地位与作用。在学校文化的整体规划设计中，昆曲都是最重要、最突出的元素，从校园小景到路名、校花甚至学校的基本色调，都洋溢着昆曲的气息。在硬件提升的同时，更要注重软件的升级。我校在原来的基础上加强了周雪峰昆曲工作室的建设，在加强专业指导教师职责、增强专业指导教师稳定性上做了大量工作。注重学校专职教师的培养，选拔青年教师为小昆班专职科任教师，并且将选派教师到省昆曲院学习最实用的训练知识。要在一、二年级选材组建小昆班，将专业化的训练之路走得更为扎实。

学校民乐有过辉煌时刻，也有一定的群众基础，因此，继续办好民乐队是我们的必然选择。要进一步对民乐队的办队目标进行清晰定位，对表演形式、表演

曲目进行整体规划，继续优化扬琴、二胡、琵琶等小组的课余专业训练。

书法教育是艺术教育重要的组成部分，学校有一批热爱书法且专业特长比较显著的教师，这是开展书法教育的重要基础。学校专门成立了硬笔书法协会，在各年级进行了师生作品的整体展示，营造了良好的习创氛围。同时又改造建成了多个硬笔书法教室，将硬笔书法纳入下午的自主学习课程，让学生走进硬笔书法教室，让千小一支笔写出锦绣文字。

相比之下，“一绘”是薄弱科目，学生国画的基础不牢固，参与的学生群体年龄太小，同时科学幻想画也没有得到足够的重视，在相关比赛中名落孙山，与学校“江苏省科学教育特色学校”的称号不相吻合。美术组老师一要更新观念，围绕学校重点工作、重点项目组织才艺培训；二要增强自身的技能，提高专业水平就从科学幻想画开始。

科学发明创作，是学校一颗耀眼的明珠，要坚持已有的成功做法，在激发兴趣、培养能力、有效组织、精心制作上精益求精。特色项目必有特色教师，要加强科学组青年教师的培养，在专心、专长上选拔人才，实现发明创作的传承与发展。

田径运动也是学校的传统项目与优势项目，“一球”更是着眼于全体的特长定位。要处理好田径和球类的教学与训练的关系，使球类特色能够名副其实。

“千小六艺”要求人人一艺在手，更要在校园里，时时听得到，处处看得到，人人感觉到。大家凝心聚力，群策群力，让“千小六艺”扎根开花，让“千小六艺”千灯璀璨。

3. 丰富的文化内涵

学校要重新发现教育的意义和文化的价值，找到体现学校文化内涵的核心词。对我们千灯中心小学校而言，如果说“美”是一个中心词，那么“品”就是一个核心词。品质、品位、品性，这就是我们办学的终极目标。

一是有效教研，追求品质。作为一所普通的义务教育小学阶段学校，我们必须深化教育教学改革与创新，全面提高管理水平，全面提高教学质量，全方位、多渠道、细节化地优化我们办学的每一个环节，突破乡村学校办学瓶颈，围绕“质量”二字，大做升级文章。我们要坚定不移地坚持“两条腿”走路攀升，一是教师专业发展，二是学生习惯养成。通过每周一汇、相约星期三、相约星期五，教师们已经行动起来，教学品质正在优化提升。而学生的养成教育，是我们工作的重中之重，平时的行为习惯要常抓不懈，特别要注意抓反复。对于一些不良家庭生活习惯养成的行为，要联系家长一起矫治；至于课堂学习习惯，更要一抓到底，从学具摆放，到听课姿势，每一个细节都要强调规范，保障课堂教学秩序，提高课堂达成率。

二是特色办学，提升品位。一个特色，形成有年，可要丢弃，只需短短时间。艺术、科学、运动这三大特色六大项目，是我校在长期的办学过程中的宝贵积淀，来之不易，必须万分珍惜。我们要紧跟形势，适应发展，注重传承，统筹规划，集中调配人、财、物，着力特色课程建设，通过校本课程建设，通过管理制度的创新，在软件上下功夫，使特色教育走上可持续发展的正轨。

三是融合教育，彰显品性。办学讲良心与人性，最要看的不是如何对待大多数，而是如何对待那少数甚至个别，特别是弱势群体。在我们学校，最弱势的当然是特教班的学生，其次就是随班就读的孩子。如果我们扩大化来看，那些家庭贫困的孩子，那些刚刚从外省、外市移居而来的孩子，他们有些智力上弱，有些经济上弱，不同的家庭背景、不同的区域习惯甚至不同的民族，一班之间，孩子们在学业上、经济上、习惯上的差异性非常大。我们要正视并深思我们的教育原则与教育策略，保障每一个孩子应有的受教育权利，同时，我们要尽量发展他们在学业上及学业以外的潜质，这就是我们学校要大力倡行的大融合教育，真正着眼于每一个孩子，为了每一个孩子的成长，这是我们学校彰显办学力量的行为选择，是我们学校文化的价值观体现。

4. 卓越的文化成就

（1）新教育文化“活”在校园每一处

新教育文化的建构必须赋予校园环境以文化的特质和教育意识，增强环境育人的功能。学校的每一个角落散发出来的应该是浓郁的新教育文化气息，体现的是“过一种幸福完整的教育生活”的价值追求。从学校文化标识系统，到学校每一面墙壁的设计，从学校长廊、路标等展示方式到校内媒体的设计，这些蕴含着内在的情感体验或视觉符号的学校文化元素会形成一种相对稳定的、特殊的“新教育文化场”，使学校文化主体在体验中理解、接受并认同学校文化，最终共享学校文化。

（2）新教育文化“活”在师生生命里

新教育文化更多的是通过人来呈现，以完美教室为载体，落实新教育的文化追求。一所学校，学生和教师所展现出来的气质就代表了学校的文化。师生的道德水准、课堂的氛围、师生的阅读生活以及师生的行为方式，都展现出新教育学校应有的气质。

（3）新教育文化“活”在特色课程里

新教育人让每一个生命、每一个共同体成就为他自己，实现在特定环境中的最大可能性。新教育文化倡导研究开发与生活接轨、与学生无限接近的课程，特别是在现有课程基础上，进入二度挖掘、改造、创新，做到与儿童的生活实践紧密结合，让学生在参与中培养其主体精神。新教育学校的仪式、节日和庆典更是新教育文化的活标本，是学生生命中最值得关注的重要时刻。

（三）重点与难点

1. 重点

（1）新教育文化建构的研究与实施

新教育文化在学校的全面融入与深度实施，是学校发展的重要转型，必然有艰难的创新过程。它应该立足于学校历史积淀之上，实现于师生的共同探索、创造过程之中，需要“继承融合”，又需要“改革创新”；需要“凝固呈现”，又需要“生成展示”。只有将新教育文化作为学校文化的精神源头和文化根本，才能使新教育文化充分体现在学校师生的生活生命中，才是有生命力、有感染力的学校文化。

（2）新教育项目对学校文化的完美提升

从卓越课程到理想课堂、完美教室，新教育的项目活动要突出多样性、自主性、实践性、趣味性、教育性、成长性。项目的实施过程中要做到弘扬传统文化，涵养人文情怀，塑造文化人格，提升人格境界，特别是要强化经典诗文教育、传统节日教育、文明礼仪教育和艺术文化教育，让中华优秀传统文化与孩子们相伴，为孩子道德观念养成、文化基础的奠定做出贡献。

（3）“理想美育”特色校本课程的建设

我们学校有美育的坚实基础，作为“江苏省艺术教育特色学校”与“江苏省科学教育特色学校”，已经众美纷呈，应该在此基础上，在美学理论、教育理论指导下，进一步围绕美育主题，完善与德育、智育、体育协调实施的美育工作体制，创新美育载体，丰富美育内涵，打造特色鲜明的美育文化。实行全员美育、全程美育、全面美育，使朱永新教授倡导的“理想的美育”梦想成真。

2. **难点**

（1）“好人文化”如何在师生中弘扬

（2）“理想美育”体系的建构与完善

（3）“千小六艺”评价体系的制定

四、项目实施的预期成果

（一）阶段成果

1. 开发“千小六艺”校本教材
2. 创建中华优秀传统文化教育传承学校
3. 全国新教育年会学校特色文化建设成果展示

（二）终期成果

1. 全国新教育学校文化建设窗口学校
2. 全国美育教育特色学校
3. 海内外昆曲艺术传承示范学校

昆山市千灯中心小学校“好学校”文化建设纲要

（2015—2020 年）

为进一步建设新教育乡村“好学校”，进一步发挥苏州市义务教育改革“学校特色文化建设”项目学校的示范作用，进一步推动学校的内涵发展、特色发展、可持续发展；全面建设文化高地、文明高地，树立苏式学校的千灯标杆，特制订《昆山市千灯中心小学校“好学校”文化建设纲要》（2015—2020 年）。

一、文化背景

（一）历史沿革

学校创建于清光绪三十一年（1905 年），里人李传鉴、顾积和等集资在城隍庙宾馆（集灵堂）内，开办了千墩第一所新式小学，时名千墩初等小学堂，招生 40 余名，设 2 个班，教师 3 名。

民国四年（1915 年），由乡经理员（乡长）顾子渊主持，汇集各乡（镇）庙田、学田的租赋，利用古刹延福寺旧房数间，翻建校舍 1 幢，面积 212 平方米，设 3 个班，学生 150 余名，教师 4 名。之后，又分设千墩镇男子初等小学堂和女子初等小学堂。民国八年（1919 年），经昆山县劝学所同意，茜墩开设“昆山县第三高等小学”，建东、西两幢教育大楼，建筑面积 700 多平方米，设教室 4 间及师生宿舍、炊事房、饭厅、图书室、实验室、乐器室、标本室、仪器室等。增添大量教学设备，并有大量图书。翌年 2 月，三校合并，分设高级部和初级部，取名为茜墩镇完全小学，设 6 个班，学生 220 余名，教职员工 18 名。民国十九年（1930 年），学校管理体制变动，茜墩镇完全小学更名为茜墩中心国民小学校。民国二十六年（1937 年），学校校舍被日机炸毁，教学设施全遭破坏，学生锐减，仅40余人。后学校更名为今市（日本警备队队长之名）小学。民国三十四年（1945年），抗战胜利，学校更名为昆山县茜墩中心国民小学校。

1949年5月12日，中国人民解放军解放茜墩，学校更名为昆山县茜墩中心校。1958年，成立人民公社后，学校改称茜墩人民公社中心小学校，1966年4月，经省政府批准“茜墩”改为“千灯”，学校改称千灯人民公社中心小学校。1966年6月，“文化大革命”开始，学校更名为千灯红卫小学。1969年，小学下放到大队办，学校更名为千灯胜利小学。1979年8月，恢复中心校建制。1989年，昆山撤县建市，学校改名为昆山市千灯中心小学校。1997年9月1日喜迁现在的新校址，建导育楼、培育楼、养育楼、孕育楼、善育楼、艺育楼，面积9614平方米。2004年，为创江苏省实验小学，准备铺设塑胶跑道、球场，建小公园，配置多媒体教室设备，博育楼竣工，建筑面积2814平方米。

现在学校有南北两个校区，2000多名师生正致力于新教育实验在乡村学校的全面实施，“文化立校，课程育人”，让新教育“好学校”梦想成真。岁月更迭，新时代教育乐章在这片文脉绵延的土地奏响、回旋。

（二）发展态势

学校先后荣获“全国科技教育示范单位”“苏州市科技特色学校”“苏州市文化特色学校”“苏州市体育传统项目学校”，成功申报“苏州市义务教育改革项目学校”“中央专项乡村少年宫”。学校以打造“中国乡村好学校”为目标，进一步整合优化了原有办学特色，做到“艺术塑美，科学创美，运动健美”，携手新教育，积极推进新教育实验，实现“研发美妙课程，构建美味课堂，打造完美教室”，全方位构成了一个“好美”的系列。在此基础上进行学校文化的深度建构：全员参与重新设计校徽校标，确立学校文化标识，营造学校文化景观；强化礼仪文明教育，“亲子活动”如火如荼展开，建立校园规范，培育学校精神，塑造学校形象；建立了“千小六艺课程中心”，开发了富有特色的校本教材；进一步精细管理，在规范办学行为、实施素质教育上有新举措，在优化教师队伍建设上有新成效，在提升教育质量上有新进展；弘扬好人文化，携手好伙伴，共建好学校。不断营造学校文化发展新的闪光点和增长点，全面开创学校文化建设的新局面，以“好学校”为核心的文化体系基本构架成型。

“小昆班10周年系列活动”在社会上获得了良好反响，“新教育年会第十四届研讨会现场会”在千小成功举办，艺术教育成果在苏州市教育局金色大厅成功展示……全校师生同心同德、群策群力，新教育实验正在开展，千小文化建设新一页的华章正在谱写。

（三）发展瓶颈

学校在开展文化建设工作时，仍存在一些问题，如学校文化建设的鲜明性有待彰显；“好人文化”在全体师生中的推进还不够深入；“千小六艺”课程体系还未完善；学校文化体系建构的严密性还有待加强。

二、文化根脉

（一）文化传统

昆山千灯，一个拥有2500多年历史的文化古镇，这里是“人类口头和非物质文化遗产”昆曲的发源地，是昆曲鼻祖顾坚的故乡；这里是爱国学者顾炎武的故里，是江南丝竹创始人陶岘的出生地，有着悠久的历史和文化传统。千灯中心小学校是一所百年老校，坐落于千灯古镇区东隅，紧邻秦峰塔、顾炎武故居和千年石板街。长期以来，学校受古镇传统文化和“炎武精神”的熏陶和浸染，孕育出千小独特的文化底蕴和乡村气息。在长期的办学历程中，始终坚持“以质量求生存，以特色求发展”“在传承中发展创新”。在历任校长和教职员工的努力下，学校形成了“以昆曲、科技创新、体育教育见长，学生素质多元发展”的办学特色，学校的小昆班、科技创新、体育教育特色蜚声市内外。

一百一十载风雨历程，一百一十载文化传承，成就了学校典雅精致的文化传统。

（二）文化坐标

从我校向西10公里，是苏州甪直，叶圣陶先生曾在这里执教甪直镇吴县第五高小，他与志同道合的同事开展了一场轰轰烈烈的“为人生而教育”的乡村教育改革实验。“教育的一切目的，就是使人人受到充实自己、发展自己的教育”“成为一个个自由的人”。从“生生农场”到“开明书店”，从“教为不教”到“自我历练”，教育为人生就是“宜为学童开发心灵”，就是“使学生有自由发展思想的能力”，就是“要特别注意引导他们知变，求变，善变，有所改革，有所创新”。立足叶圣陶先生生活工作过的土地，恪守“教育为人生”，牢记“教是为了达到不需要教”“教育就是为了培养习惯”“学校教育应当使受教育者一辈子受用”，这是我们应有的操守与担当。我们学校的校标有两句话，“一灯一世界”，正是让每一个人得到发展；而“教育点亮人生”，更是对“教育为人生”的响应与致敬。

从我校向东10公里，是徐公桥。黄炎培发起创办了“中华职业教育社”，在徐公桥创设了“徐公桥改进区”，在乡村做了一系列改革事业，包括教育卫生等社会事业。我们的“好学校”文化建设，就是切切实实的精神文明建设，是丰富办学内涵、提升办学品位的文明之举。

向西10公里向东10公里，教育“为人生，为社会”，这就是我们千小的文化坐标。教育点燃希望的宗旨未变，为了希望，我们要努力向上，这种精神、这种意识一脉相承永远不会变。这也是我们千小的教育基因，我们继承并弘扬。“像叶圣陶一样做老师，像黄炎培一样为社会”，我们珍惜并努力践行。

三、文化愿景

学校特色文化建设是帮助学校坚守崇高、实现教育梦想的需要。“只有文化，才能让学校拥有灵魂。”朱永新教授说。必须用文化的自觉，努力打造群星璀璨的学校文化景观，通过开展“文化植根”“文化塑形”“文化育人”“文化强师”“文化立品”等方面的学校文化实验，将“好学校”文化的精神、理念渗透到学校建设的各个领域，让学校环境、教育行为的细微处浸润文化精神，凝练生命精华。

我们要全方位、多渠道、细节化地优化我们办学的每一个环节，突破乡村学校办学“瓶颈”，从认知、情感、意志的角度全方位培养学生的君子人格、美雅气质，让一盏灯点亮另一盏灯，过上新教育提倡的幸福完整生活。打造拥有“好学生”“好教师”“好父母”“好课程”“好课堂”“好教室”“好舞台”“好家庭”“好伙伴”的中国乡村“好学校”。

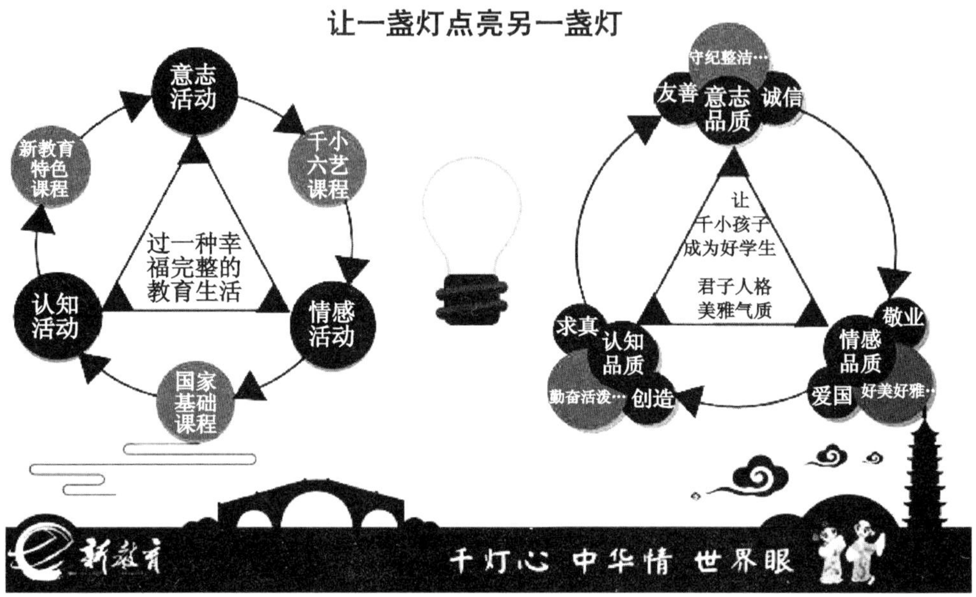

（一）“好学校”成长目标

我校致力于“文化立校，课程育人”，让新教育“好学校”梦想成真。在建设特色文化的实践中，要尊重教育规律，以人为本，为学生提供适切的教育，努力把教育与人的需要、发展、尊严、价值、幸福有机联系起来。把内涵发展、特色发展的重点放在“好学校”文化的“美”“雅”核心特色的构建和核心精神的培养上，形成独特的文化思想、完备的文化体系、丰富的文化内涵、卓越的文化成就，使文化建设深入师生内心，渗透课堂，影响家长、社会，不断积淀、丰富和张扬特色文化，形成鲜明的校园文化风格，建设具有“品性”“品质”“品位”“品牌”的“四品”好学校。

（二）“好教工”成长目标

“好学校”首先要有“好教工”，我校要在文化建设过程中促使教师的知识从单一化向多元化发展，并逐步形成有一定个性特长的教师群体，并使特长教师的能力得到有效发挥。通过新教育把更多的教师凝聚起来，通过聆听以及“相约系列”，让老师在这个过程中磨砺、锤炼、蜕变。通过“聆听名师”“聆听专家”“聆听大师”，让老师在借鉴、模仿、克隆中找出好方法、好技能；拓宽眼界，领略学科专业的高峰之美；开阔心胸，提高职业认同，培养事业情感。努力形成以研究为基础的教育教学工作方式，打造一支具有校本追求的教师队伍。通过“相约系列”践行新教育特有的共同学习、共同生活的理想，汇聚正能量、提升专业发展水平，建设有理想信念、有道德情操、有扎实学识、有仁爱之心的“四有”教师。我校有传统的“好人”文化，全校教职员工要在自己平凡的岗位上尽职尽责，好善乐施，培养乐于合作、宽容并包、平和安适的团队精神，做甘当燃灯者的千小“好教工”。

（三）“好学生”成长目标

“好学校”的根本目标是要发展“好学生”。“一灯一世界”强调学校的每一个学生就是一盏明亮的灯，有其独特的光亮与发展。学校要促进学生精神的成长，让中国文化的根本精神“活”在学生的生命里，促使学生的实践能力、健康人格和个性特长得到培养和彰显。要以“好”为核心，以北校区的“好美学校”、南校区的“好雅学校”文化建设为抓手，以“千小六艺”为核心课程，以“完美教室缔造”为载体，用文化浸润人，用文化感染人，用文化引领人，用文化改变人，用文化发展人。通过倡导“共读共写共同生活”并研发丰富多彩的儿童课程，建设书香校园，用书香浸润孩子们的心灵，努力培养勤奋、守纪、活泼、整洁的“四要”千小好学生。

（四）“好父母”成长目标

“好学校”必定拥有紧密的家校合作，学校要以构建“家校立交桥工程”为基础，全面培养“好父母”。通过亲子课程、主题式短信、新父母学校、亲子共读共写、形式多样的父母会、邀请父母主动参与学校活动甚至是决策等，全面全员培训学生父母，促进全面建成学习型家庭、学习型社区，促进学生父母转变家教观念、提高家教水平，促进构建青少年全方位、全天候、和谐健康的成长环境，促进家庭、学校相互合作，共同建设道德高地，培养注重家风、善于家教、关爱学校、亲子成长的“四能”好父母。

四、文化策略

（一）构建“好学校”文化

教育在本质上是对于人类所创造的思想文化的自觉传承活动，教育必须服务于社会进步和人的精神发展。我们要为当今时代“失魂落魄的教育”重新召回神圣的灵魂，使人类不断走向崇高。

我校明确把新教育“过一种幸福完整的教育生活”作为学校的使命，以“一灯一世界”为办学理念，以“教育点亮人生”为办学价值，以“好美的学校”为办学特色，以“弘扬‘好人’文化，铸造‘美育’品牌”为办学方针，以“做德才兼备的千小好人，过幸福完整的教育生活”为办学目标，以“全国理想美育的窗口学校，海内外昆曲传承的示范学校”为办学愿景，全面阐述有意味、有个性、有深度、有广度的文化主张。

“教育应该是文明复兴的新动力，学校应该是文化发展的新中心。”朱永新教授说，“没有教育对于文化的自觉选编，就不可能有真正意义上的文化复兴和重建，也就不可能拥有真正的精神家园。把中国文化作为新教育的根基和创造之源，已经成为新教育人的文化自觉。”我们的学校特色文化建设，无论是“做德才兼备的千小好人，过幸福完整的教育生活”，还是“一灯一世界，教育点亮人生”；无论是“弘扬‘好人’文化，铸造‘美育’品牌”，还是“百年千小：好美的学校”，都构成了我们特色文化的核心诉求。

（二）实施“好课程”

在保障国家课程实施的基础上，关注学生个体发展需求，充分挖掘学校的独特资源，开发校本特色课程，培育学生独特的个性气质，让学生能够获得全面而具个性的发展，把学校办成有品牌、有特色的学校。

1. **新教育课程**（本部分内容详见第 83 页“美妙课程”部分）
2. **“千小六艺”课程**（本部分内容详见第 14 页“‘千小六艺’课程”部分）
3. **昆曲文化课程**（本部分内容详见第 14 页“昆曲文化课程”部分）
4. **“资源教室”课程**（本部分内容详见第 14 页“‘资源教育’课程”部分）
5. **亲子课程**（本部分内容详见第 15 页“亲子共成长课程”部分）

（三）培养“好教工”

全校教职员工对“好学校”的解读，与我们的“相约系列”“好教工”培养工程密切相关。学校的教师文化是教师的价值追求、教育理念、职业道德以及行为方式的统一体，直接决定着学校文化的结构与水平。我校教师的专业发展以“相约”为链条，周一到周六，相约每一天，成长每一天。“相约课程”具体如下：相约星期一，每周一汇；相约星期二，德育微课题活动；相约星期三，共读一本书；相约星期四，教学微课题活动；相约星期五，共研一节课；相约星期六，青年教师研修活动。如果说周一到周五是学校整体规划主管实施，那么周六与周日，就让青年教师们发挥主动性、创造性，组建自己的研讨性组织、学习型组织、社会活动型组织，用好双休日进行学习与实践。除了周一到周日，我们还要有个星期八，这就是八小时之外的学校网络型研讨。老师成长的速度，就是千灯中心小学校发展的速度；老师成长的高度，就是千灯中心小学校办学的高度。相约系列，就是相约未来，就是相约成功！我们要争取让相约活动取得良好的成效，让相约课程点亮教师。

全校在“好人”文化的影响下，从校长到教师、从后勤到门卫不分职务高低、不辨岗位重要性，均能平等友爱，在自己的岗位上尽职尽责、全力以赴，确立自由、平等的学校组织观念，创新开放、融通、高效的学校组织架构，打造人人参与、民主、和谐的展示舞台，实现学校从制度走向文化的管理模式转型。以学校的发展为第一要旨，倡导“好学上进，乐善好施”的好人品质。学校以周火生、徐允同等退休老教师的感人事迹为榜样，以“好人徐阿姨”等平凡尽责的好员工为示范，进行榜样教育，评选“千小好教工”，弘扬正能量，创造友善尽责、充满温情的校园工作环境。

（四）打造“好课堂”

要始终着眼课程、盯牢课堂，把学习、研究、实验贯穿在课程、课堂改革的始终，以培养学生自主学习能力、增强教学效能为重点，改革教学结构和过程，改革教学方法和手段，扎扎实实地提高课堂效率和水平。以“让每一个学生成为热爱学习的天使”为价值取向，打造新教育“活课堂”。通过观课、研课夯实有效教学基本框架与底线，形成课堂教学改革成果。

我校“好课堂”要做到“学科求趣”“教学求品”“课堂求活”。“学科求趣”重点追求“情趣语文”“理趣数学”“乐趣英语”；“教学求品”追求“品性”“品质”“品位”；“课堂求活”则要追求“生活”“活动”“活力”。我校每周开展“相约星期五”分学科课堂教研活动，与海门教育人结缘，每两周举行一次同题开课的教科研活动。由我校教师定课题，由海门名师设计方案，届时同时开课。学习海门先进的教学理念，学习他们不同的课堂教学环节。同题异构，形成特色，加速我校教师教学能力的快速提升。

学校要坚持“请进来，走出去”的办法，提供教师交流的机会，每学期组织1—2 次有规模的学校观摩活动，让青年教师得到展示的机会，提高教师的知名度，打造千小名师工程。对薄弱学科的教学，学校将请教研室及有经验的名师来校指导，通过观摩指导，外树形象，内强素质，达到教师和学生共同发展的“双赢”，形成千小带有独特乡村个性的“好课堂”。

（五）建设“好教室”（本部分内容详见第 15 页“好千小完美教室早知道”部分）

（六）搭建“好舞台”（本部分内容详见第 16 页“好千小精彩舞台早知道”部分）

（七）共育“好家庭”

我校在创建“好学校”文化过程中，要加强建设“好家庭”造就“好父母”。结合“好学校家庭教育直通车”项目和“中央专项乡村少年宫”活动，在家庭教育上力求做到三新：观念新、模式新、实践新，最终达到以新模式开拓新渠道，获得家庭教育的新成效，全面提升好学校家庭中好父母的育儿水平。

通过对“好人家庭”“书香家庭”“才艺家庭”“礼仪家庭”“健康家庭”“平安家庭”的评选活动，既对孩子们起到了人格品性、健康安全、艺术陶冶等方面的教育与熏陶，同时对父母的亲子教育也起到了专业引领的作用。我校“好家庭”建设活动要为父母们提供丰富的家庭教育培训和活动方式，携手“好父母”，为促进学生的全面发展、家庭教育水平的发展以及学校全面实施“好学校”素质教育注入新的活力。

（八）携手“好伙伴”

我校以建设文化高地与文明高地为指向，与千灯镇炎武小学签订了“共建好学校”协议，从“共读一本书”到“共研一节课”，广泛开展两校的“1+1”活动。还与全国第一所希望小学金寨县希望小学签订了“共建新希望工程”，进一步弘扬我校全国精神文明标兵周火生老师希望助学的精神，全面帮助金寨县希望小学进行文化规划与建设，全面帮助希望小学提高办学品质。

“炎武好学校工程”建设主要包含“昆曲文化课程项目”“好文化立校建设项目”“好课程育人建设项目”“好教师发展建设项目”“好学校教室建设项目”等几个主要共建子项目。我们以“好学校”建设为中心，以学校文化建设为引领，以特色课程建设为载体，以师资队伍建设为着力点，开展与炎武小学的校际共建活动，共同提高教育质量，打造“好学校”教育品牌。

金寨“新希望工程”建设主要包含“希望好人助学工程”“希望文化立校工程”“希望课程育人工程”“希望教师发展工程”“希望少年成长工程”“希望教室建设工程”等几个主要共建子工程。从原来单纯的“救助”模式，发展成为“救助——扶助——发展”的立体模式。“新希望工程”以既往救助项目为基础，从使学生“能上学有学上”到使学生“有品质上好学”。我校在学校网站一级栏目中设置了“新希望工程”专题，为共建双方工作互动搭建快捷平台。以“新希望工程”建设为中心，以学校文化建设为引领，以特色课程建设为载体，以师资队伍建设为着力点，我校与金寨县希望小学开展校际共建活动，共同提高教育质量，打造“新希望工程”教育品牌。

（九）校园环境优化

学校的校园环境要以育人为导向，以服务学校发展为中心，以提升文化品位为重点。我校北校区以“好”为环境布置的重点，古镇的历史赋予了千灯中心小学校深厚的文化底蕴，那就是爱国学者顾炎武与昆曲始祖顾坚的“二顾”校园。走进千小，映入眼帘的是左手边路牌“顾坚曲径”和右手边路牌“顾炎武大道”，它们时时刻刻在讲述着百年办学史，整个校园洋溢着一股江南水乡特有的典雅精致气息。而这些蕴含着内在情感体验和视觉符号的学校文化元素，则形成了一种相对稳定的、特殊的“文化场”，使学生们在体验中理解、接受并认同了学校文化。

民族文化的精华，当地文化的精髓，本校历史的叙事都在千小的土地上一一展现出来。在千小每间教室的外墙壁上，都挂着一张扫描版的老课本。为让孩子们记住乡愁，我们用孩子爷爷奶奶辈的老教材——1932年出版的《开明国语课本》，来留住乡村记忆。该课本由叶圣陶编写、丰子恺编写并绘插图，它恰恰成了延续传统文化的最好载体，还有一些有趣的老游戏，通过一幅幅充满温情的情景漫画展示出来，让孩子们在爷爷奶奶辈的游乐当中自然产生学习的兴趣，无形之中传承了中华文化。

南校区要以“雅”为校园环境布置的重点，外部建设大气时尚，高雅现代，内部设计精细典雅，将传统文化与古典建筑设计风格完美融合，充分体现了“千灯心、中华情、世界眼”的理念。专门设计了“石板街”等凸显“千灯元素”的校景，让师生们一踏进校园就知道自己的“根”在哪里。总体设计体现人与自然、科技与人文、传统与现代，经典时尚与现代多元的和谐统一。学校秉承“好雅”的设计理念，利用特色凸显校园人文景观，创设具有千灯“好学校”特色的环境文化氛围，发挥“润物细无声”的育人作用。同时，南校区设有“昆曲馆”“国学馆”等传播学校文化理念和国学文化传统的重要场所，要充分发挥其作用，增强师生的集体荣誉感和对传统文化的热爱。

（十）文化符号系统

办学理念：一灯一世界（本部分内容详见第12页“好千小文化符号早知道”部分）

办学价值：教育点亮人生（本部分内容详见第12页“好千小文化符号早知道”部分）

办学特色：“好”“美”“雅”的学校

内涵阐释：“好”作为我校文化建设的关键词，“好学校”应包含“好学生”“好教师”“好父母”“好课程”“好课堂”“好教室”“好舞台”“好家庭”“好伙伴”。学校通过昆曲艺术、民乐、国学等传统“美”“雅”艺术和文化形式对孩子进行熏陶，陶冶心灵，净化灵魂，培养对“美”的鉴赏能力和激发对美好事物的向往和追求。

办学方针：弘扬“好人”文化，铸造“美育”品牌

内涵阐释：弘扬“好人”文化，就是要通过“底线＋榜样”的方式，让那些优秀的师生个体，成为学校的英雄与榜样，成为最有力的教育力量，成为学校里值得流传的故事。弘扬好人文化，培育最美德性，彰显千小好人文化的精髓：好学上进，好善乐施。学校追求理想美育：

自然美育：江南风韵　花园学校

精神美育：匹夫有责　炎武精神

艺术美育：昆曲源地　千小六艺

创造美育：发明制作　创新摇篮

示范美育：乐仁福地　好人文化

立体美育：家校一体　尚美育人

办学目标：做德才兼备的千小好人，过幸福完整的教育生活

内涵阐释：以周火生、徐允同等甘于奉献的“千小好人”为楷模，从德育和才学两方面培养孩子们的人格品性和艺术修养。过上朱永新教授所提倡的“过一种幸福完整的教育生活”。“幸福完整的教育生活”是教师、学生和学校整体发展的教育生活，是教师专业阅读、专业写作和专业共同体发展的教育生活，是学生全面自由发展的教育生活，是学校有品位、有特色、高质量的内涵发展的教育生活。只有幸福的教育生活，才是完整的教育生活；只有完整的教育生活，才是幸福的教育生活。

办学愿景：全国美育的窗口学校，海内外昆曲传承的示范学校

内涵阐释：昆曲等传统艺术教育是我们学校最大的特色，以“艺术塑美，科学创美，运动健美”，在继承和发扬传统文化以及学校的传统优势项目上应具有远大的教育追求，成为全国美育的窗口学校和海内外昆曲传承的示范学校便是我们努力和奋斗的目标。

校徽：（本部分内容详见第 13 页“好千小文化符号早知道”部分）

卡通形象：美美和雅雅（本部分内容详见第 13 页“好千小文化符号早知道”部分）

校歌：《一千盏明灯》

一千盏明灯

金 慎 词
杨瑞庆 徐允同 曲

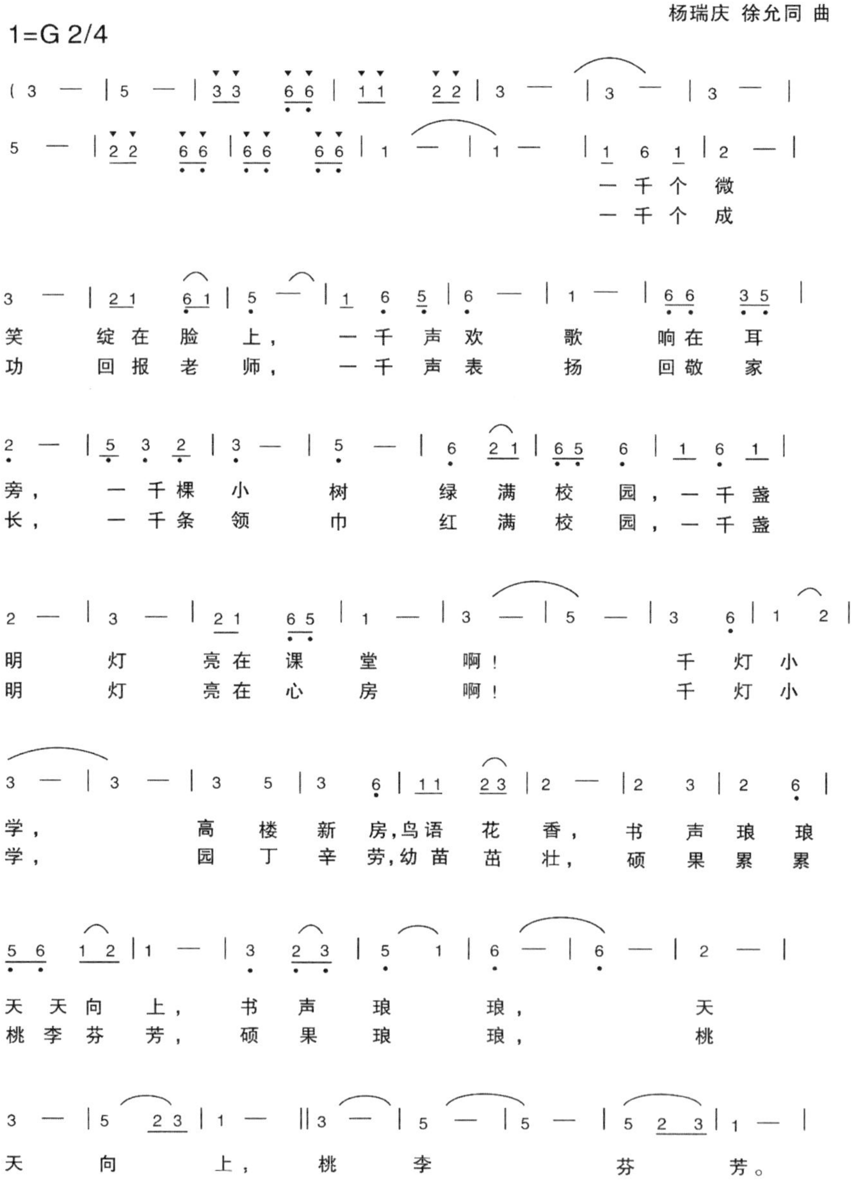

内涵阐释：一棵树撼动另一棵树，一朵云推动另一朵云，一个灵魂唤醒另一个灵魂，一盏灯点亮另一盏灯。

昆歌：《千灯双绝》

校刊：《千小教育》

五、实施路径

（一）推进思路

转型升级策略。坚持“文化立校，课程育人”，以“转型升级”建设乡村“好学校”。一是实现办学策略转型，从原来的“强化管理推动型”转型到“文化建设成长型”。二是着力学校特色提升，从原来的“特色活动开展型”升级到“特色课程开发型”。

循序渐进策略。学校特色文化建设应该坚持走“优势项目——特色学校——品牌学校”之路。我校应首先从学校多个项目中找出自身发展的优势项目，并着力打造，形成特色项目，再努力发展成为特色学校，最终成为品牌学校。

因校制宜策略。要从学校实际出发，分析认识我校的优势和劣势，合理选择和打造本校特色项目，合理整合、支配相关资源，力求取得突破性成效。

科研孵化策略。充分发挥教育科研的先导作用，用课题研究孵化特色学校。

校际联动策略。以活动为载体，加强特色项目相同或相似学校之间的联系与交流，取长补短，共同提高，实现区域整体发展的目标。

（二）进度安排

为促进学校文化建设纲要的落实，使纲要中的学校理念、目标、任务和重点项目等得以具体实施，必须提出具体的行动计划。制定学校文化建设路线图，明确各阶段的具体任务。

1. **起始阶段**（2015 年 1 月—2015 年 3 月）

本阶段主要工作为：

成立校园文化建设项目领导小组，广泛收集资料，主要对学校历史与现实发展现状进行调查分析，为学校文化建设提供基点，分析学校特色文化建设已有的研究成果，找准切入点，在专家的指导下，研制出学校文化建设纲要初稿。

2. **启动阶段**（2015 年 4 月—2015 年 7 月）

本阶段主要工作为：

组织学校项目领导小组、教师代表对学校文化建设纲要进行专题研讨，对研究的价值、研究的内容、方法进行论证，根据教师提出的意见对文化建设纲要进行修改、完善。在全校教职工大会上加强对学校文化建设纲要的宣传，使全体教师明确学校文化建设的目标、任务等，从而为纲要的实施争取校内力量的帮助与支持。

3. **实践阶段**（2015 年 8 月—2019 年 12 月）

根据文化建设纲要精神，落实纲要中的目标、任务，对纲要中提出的重点工程进行全面实施。对学校文化建设纲要基本理念和实施情况进行校外宣传，让社区、家长和教育行政等部门对学校文化建设的特色有更多的了解。在不断的实践中反思、调整，探究相对优化的策略，总结阶段行动，研究经验。

本阶段主要研究任务：

（1）在大量实践中，提炼我校特色学校建设案例，编辑成集。

（2）通过现场会、观摩会、论坛等形式，巩固成果，推广经验，完善实施过程，实现共同提高。

4. **总结阶段**（2020 年 1 月—2020 年 12 月）

组织专家等相关人士对学校文化建设工作进行论证，对实施的过程性资料进行系统分析，形成项目成果报告，总结经验、反思问题、促进发展。并将专题论文汇编成集，为做好下一轮推进工作和研究奠定基础。

六、保障机制

“好学校”文化建设的研究及推进是一个长期探索、逐步形成的过程。在这个过程中难免会出现一些困难和不尽如人意的地方。为了保证本项目的顺利实施，我校制定了相关的保障机制，以此来全方位地调动学校师生的积极性、主动性与创造性，使学校文化建设的推进成为学校全体成员的自觉行动。

1. 成立千灯中心小学校校园文化建设领导小组，明确各成员的分工和职责，将各项工作分配到人。

2. 建立研究台账资料；采用文字、图片、音像等多种形式收集过程性资料；设立管理小组，定期检查研究进展情况。

3. 利用学校《教科信息》小报，及时收集整理教师研究过程中的实验随笔，定期编撰校刊《千小教育》，总结推广研究经验和成果。

4. 落实相关经费，建立专项基金，保证研究活动、教师培训和成果总结推广所需要费用的落实。

5. 积极争取昆山市教育局等相关职能部门的关心支持，邀请在学校特色文化建设方面卓有成效的专家和有经验的教师来校指导；积极向市内外有关学校辐射，与相关学校开展协作研究，取人之长，补己之短。

6. 明确各项规章制度，落实相关奖惩制度，保证文化建设研究的正常开展。

以“特色文化”建设乡村“好学校”

——昆山市千灯中心小学校

如何“软”“硬”兼施，突破乡村学校的办学瓶颈，办出一所“好学校”？一年多来，我校坚持“文化立校，课程育人”，以“转型升级”建设乡村“好学校”。一是实现办学策略转型，从原来的“强化管理推动型”转型到“文化建设成长型”；二是着力学校特色提升，从原来的“特色活动开展型”升级到“特色课程开发型”。通过“转型升级”，提升了学校的办学品质与品位，快速成长为一所美誉度高的“好美学校”。短短一年，文化建设影响广泛，办学质量显著提高，受政府指派接收了一所新建学校作为南校区，事业规模成倍放大，学校被誉为“新教育试验田的千灯标杆”。

一、以“好”为核心

以北校区的“好美学校”、南校区的“好雅学校”文化建设为抓手，用文化浸润人，用文化感染人，用文化引领人，用文化改变人，用文化发展人，全面促进学校管理模式的转型。

1. 对学校办学历史深度认识与尊重，这就是文化自觉。

学校特色文化建设是学校综合办学水平的重要体现，乡村学校要抓住机遇建设特色学校，以特色学校建设为切入口全方位提升办学质量，提升办学品位。特色学校文化建设的要义就是要有文化自省与文化自觉，建设中一定要注重历史性、渐进性，从而彰显个性生命，建成文化品牌学校。

一是要通过对以往办学特色的梳理，来提炼重组进行学校特色项目建设。

我们学校是一所百年老校，在长期的办学历程中，学校形成了“以昆曲、科技创新、体育教育见长，学生素质多元发展”的办学特色。对此我们进行了理性审视，对特色项目全面梳理，对各项目的合理因素和内在价值进行科学的分析判断，既深度认同，又优化组合，最终明确为“千小六艺”。

作为“江苏省艺术教育特色学校”与“江苏省科学教育特色学校”，“六艺”彰显的正是学校的办学特色，是对每一个孩子兴趣特长培养的关注，是对每一个孩子综合素质培养的担当。因为源自传统特色，“千小六艺”被广大师生认可，大家凝心聚力，群策群力，让“六艺”扎根开花，让“六艺”千灯璀璨，形成了时时听得到、处处看得到、人人感觉得到的可喜局面，实现了人人一艺在手，学校特色建设成效显著。

二是要根植脚下的土地，挖掘课程资源，来进行特色学校文化课程建设。

我们在规划学校的特色课程建设时，反复比较思考，最终确认昆曲文化课程为学校的主打特色课程。昆曲，被誉为“百戏之祖”，流传至今已有五六百年。当今，昆曲固有的精神文化价值已得到世人的承认和重视，2001 年，昆曲进入了世界级的非物质文化遗产名录。我们学校所在地就是昆曲的发源地，学校办学有责任与担当让昆曲这一“活化石”能够代代传承、延续。并且，每个民族都有一种高雅精致的表演艺术，深刻地表现出那个民族的精神与心声，意大利有歌剧，俄国人有芭蕾，英国人有莎剧，他们对自己民族的“雅乐”都极其引以为傲。昆曲正是我们中国人的“雅乐”，通过昆曲文化课程建设，在昆曲的大美至美中，彰显中华民族的传统美学。

2. 对学校发展前景的主动把握，这就是文化自信。

乡村学校的办学不能自我宽慰不求进取，也不能因循守旧、故步自封，更不能做井底之蛙自我陶醉。要以长远的眼光把握教育发展的潮流和趋势，以理性的态度和开放的胸襟，对先进文化兼收并蓄，辩证取舍，积极地吸纳其精髓为我所用，勇敢地推进现有文化体系的转型，从而打破乡村学校的办学瓶颈，在未来的发展中创造新的辉煌。

要以先进的教育思想为统领，形成朝向明确、意蕴丰厚的办学理念。

乡村学校应当以追求卓越之精神为动力，以富有最高价值指向的文化精神为引领，努力促进学校文化的国际性、现代性与民族性的高度协同。要挖掘一切可以利用的文化资源，将它的精华融注到学校文化中来，建构一种积淀厚重、情理交融、充满活力、风貌独特的学校文化，为学生、教师和学校的长久发展打下坚实的精神底蕴。

在这个思想的指导下，我们重新梳理了学校的特色及取得的成果，明确把“过一种幸福完整的教育生活”作为学校的使命，打造属于自身特色、彰显个性生命的学校文化。以“一灯一世界”为办学理念，以“教育点亮人生”为办学价值，以“好美的学校”为办学特色，以“弘扬‘好人’文化，铸造‘美育’品牌”为办学方针，以“做德才兼备的千小好人，过幸福完整的教育生活”为办学目标，以“全国理想美育的窗口学校，海内外昆曲传承的示范学校”为办学愿景，全面阐述有意味、有个性、有深度、有广度的文化主张。

要将先进经验、先进做法融入学校，系统构架并形成学校的办学特色。

乡村学校对待好的经验做法，不能简单地采取“拿来主义”，不能照搬照用，不能生搬硬套。要立足自己的实际，依靠自己的力量，突出自己的特色，形成自己的文化系统，做到具有自我特色、自我气派、自我风格的学校文化。

我们以“文化立校，课程育人，特色办学，又好又美”为方针策略，着力办一所又好又美的学校。好是好有品质、好有品位、好有品性。首先，科学管理有品质。其次，特色办学有品位。再次，关怀弱势有品性。

在“好”的基础上，我们进一步求“美”。建设富有江南神韵的花园式学校，发挥自然美育的作用；大力弘扬“匹夫有责”的“炎武精神”，发挥精神美育的作用；着力培养学校“六艺”，发挥艺术美育的作用；大搞发明制作，发挥创造美育的作用；宣传学校好人文化，发挥示范美育的作用；实现家校一体，发挥立体美育的作用。我校又好又美的特色文化建设，得到越来越多领导、专家的肯定及新闻媒体的关注，也增加了学校的吸引力与美誉度，受到了社会各界的广泛好评。

3．通过提升文化自觉，增强文化自信，最终实现文化自立自强。

要以形神兼具为目标，将学校自身的特色文化呈现在校园的每一个角落。

一所又好又美的学校，是每一个角落、每一个人都洋溢着好美文化的气息。学校的特色文化要活在校园里，必须赋予校园环境以文化的特质和教育意识，增强环境育人的功能。从学校文化标识系统到学校每一面墙壁的设计，从学校长廊、路标等展示方式到校内媒体的设计，这些蕴含着内在的情感体验或视觉符号的学校文化元素会形成一种相对稳定的、特殊的“文化场”，使学校文化主体在体验中理解、接受并认同学校文化，最终共享学校文化。这样的文化更要“活”在师生生命里。学校文化更多的是通过人来呈现，师生的道德水准、课堂的氛围、师生的阅读生活以及师生的行为方式，学生和教师所展现出来的气质就代表了学校的文化。

要礼敬一片乡土，在办学成果展示中分享成功的快乐、成长的喜悦。

只有扎根脚下的土地，才会有学校的成长；而学校的每份果实，应该回落生养的大地，分享收获的快乐。苏州市教育局大厅开辟成展示厅，我们在展示规划设计中，确认以“一方水土一方美”为主题，突出了千年古镇，百年老校，相依相偎，大美与共。我们重点展现学校艺术教育的独特性。古镇是昆曲的发源地，以本土戏曲艺术为代表的文化传承正是培养人文素养、审美素养的有效途径。以各种艺术形式来展示以昆曲为首的“千小六艺”的教育成果。我们还特别重视展现学校艺术教育的乡土性。以“美人之美，水乡艺韵”专题，展现学校艺术教育的乡土性。不但展示学校，还展示了学校艺术教育生存的土壤，在大朴大美中，呈现中华民族传统美学，展示我们学校对艺术教育的自我解读及自信、自强。

二、学生“成才课程”与教师“发展课程”同步开发实施，相辅相成

学生“成才课程”以“六艺”为中心，从杂乱纷呈的兴趣小组活动中，提炼出“千小六艺”项目，新学年又成立“六艺课程中心”，集中人、财、物力进行重点课程的开发与实施，保障特色的可持续发展。教师“发展课程”以“相约”为链条，相约每一天，成长每一天。

1. 六艺综合课程让每一盏灯闪亮。

一年中，我们围绕“千小六艺”，开展了丰富多彩的活动，取得相当大的成效，也受到各界的好评，成为学校办学的亮点。但是，课外活动就是课外活动，我们要用课程的方式让“六艺”规范化、科学化、可持续发展。

我们可以用简洁通俗的语言来解说课程，比如课程就是有计划的教学活动。我们的“六艺”特色教育，已经从起步阶段的兴趣小组，发展到自编教材，有相应的活动计划、内容、活动地点及固定人员，已基本上具备了课程的形态。在

此基础上，我们又以比较规范的课程理念，对教材进行了重组编写，《一曲一世界》《一乐一世界》《一笔一世界》等，已使校本教材系统化，并使教材按课时编写，在此基础上形成课程计划，已经奠定了良好的课程实施基础。

我们在课程中心下规划了发明创造课程、江南曲乐课程、国学传统课程、书法绘画课程、田径球类课程、科绘读绘课程。这六大课程将全面落实到我们的每一个孩子，让每一个孩子有一种才艺。

2. **让昆曲文化课程为学校塑“美”立“雅”。**

作为“六艺”之首，专门成立了“昆曲文化中心”，以昆曲文化课程建设来统率推动学校的课程改革。

昆曲文化课程建设有助于增强学生的文化认同，提升学生的人文素质。昆曲艺术蕴含着宝贵的学校教育资源，应该通过课程建设来挖掘和利用昆曲艺术的教育因素，促进学生在知识、情感、价值观等方面的全面发展，特别是通过昆曲文化课程增强文化认同。使学生在参与、感受中提升艺术素质，提高审美情趣，在对昆曲文化内涵的理解中培养文化自觉，形成对昆曲文化的认同感、自豪感。在文化的浸润下完成对乡土的归依。

3. **“资源教室”校本课程“让残缺的生命因课程而璀璨”。**

“一灯一世界”。那些特殊学生更需要我们点亮他们的人生。我校是特殊学生融合教育的积极探索者，20 世纪 80 年代初，开办了培智班，由此开始了对特殊学生教育的探索。一年来，我校在特殊教育课程改革中，坚持积极引入、自主创新，借鉴国际成功经验建设了“资源教室”。有了资源教室，还需要有“个别化教学”，就是承认并尊重学生的差异，根据学生的个别教育需要开展教学工作。这就要综合运用集体教学、分组教学、个别教学等组织形式，使资源教室中的每个学生都受到适合其特点的教学，都能在原有基础上获得进步，从而实现其个别化学习的目标。为此，我们坚持以“单独编班与随班就读相结合”为核心的特殊教育模式，自主研发适合校情、学情的“资源教室”课程与教学模式，包括：以阅读能力为目标的智识性课程，以开发潜能为目标的综合性课程，以缺陷补偿为目标的干预性课程，以生活体验为目标的实践性课程。

有了融合教育的理念，有了资源教室的载体，有了丰富的课程，有了个别化的教学策略，更有了全纳型的师资，让特殊学生回归到普通教育形态，就会从可能发展成现实。“资源教室”课程，让每一盏特殊的生命之灯因之而璀璨。

4.“教师发展课程”让老师们在“相约”中成长每一天。

什么是好学校？我们的老师会说好的学校是孩子的天堂，是润泽的场所，是快乐的地方。好学校就像美国教师雷夫在《第56号教室的奇迹》中展示的一样，“让每一个孩子成为天使”；好学校就像日本教育家佐藤学在《静悄悄的革命》中所形容的一样，“有润泽的教室”；好学校就像叶圣陶先生在《开明国语课本》中所吟唱的一样，“我们唱我们的学校，我们的学校样样好。先生同学在一起，大家用手又用脑。作工、读书和游戏，三面教育照顾到。教室常换新陈设，场上不断好花草。什么地方最快乐，要算是我们的学校。”

我们老师对“好学校”的解读，与我们的“相约课程”密切相关。去年我们学校有个“相约”课程，即相约星期一：“每周一汇”；相约星期三：“共读一本书”；相约星期五：“共研一节课”。一年实践下来，相约课程取得了良好的成效，尤其是相约星期三与相约星期五，对教师的专业成长起到了极大的促进作用。

新的一学年，我们增加了40多位青年教师，工作三年以下的青年教师占比已经超过50%，如何有效地帮助这些老师熟悉适应工作岗位，是当务之急。非常之事必须有非常的措施。我们增加了微课题研讨，相约星期二是德育微课题活动，相约星期四是教学微课题活动。

如果说周一到周五，是学校整体规划主管实施，那么周六与周日，就让青年教师们发挥主动性、创造性，组建自己的研讨型组织、学习型组织、社会活动型组织，用好双休日进行学习与实践。除了周一到周日，我们还有个“星期八”，这就是八小时之外的学校网络型研讨。

在经济快速发展、教育高位均衡的背景下，乡村不再是落后、积弱的代名词，而是标志着成长，标志着突破，标志着超越，标志着率先。当我们在办学中坚持文化自觉与文化自信，就能实现文化自立自强；当我们在办学中坚持开发课程实施课程，就能因材施教教有所长。“文化立校，课程育人”，我们乡村也能办出成长型的好学校，彰显学校文化与教育科学的力量。

让一盏灯点亮另一盏灯[①]

——千小的文化立校模式

一、千灯小学的文化建设背景

2013年，千灯小学启动“新教育实验”，以建设“好学校”为导向，以国家基础课程、新教育特色课程、“千小六艺”课程（特别是昆曲文化课程）等课程改革为手段，以培养“君子人格”“美雅气质”的好学生为育人目标，逐渐形成了独特而卓有成效的教育模式。

二、千灯小学“好学校”生成系统

千灯小学全体师生员工们认为，一所好学校应该包含几个基本要素，即好老师、好父母、好教室、好舞台、好课程、好课堂、好伙伴和好家庭等。虽然家长和家庭并不是学校的直接组成部分，但是，家庭对学校教育功能的实现有不可小觑的作用，因此建设好学校必须把家长和家庭纳入系统的架构中。

（一）“好学校”的生成过程

千灯小学认为，好学校是一个系统生成的过程，是学校各要素协同作用的结果（如图1）。

1. 好老师与好父母

好老师是一所学校发生和发展的根本条件，好的老师能让学校的各个教育要

① 本文系作者与南方科技大学副教授杨再勇合作撰写。

素如教室、舞台、课程、课堂和伙伴充满阳光与活力。千灯小学设计了针对教师专业发展的“相约课程”，帮助千小的老师成为有理想信念、有道德情操、有扎实学识、有仁爱之心的老师。

父母是孩子的第一任老师，家庭是教育发生的主要场所。有好父母，才有好家庭，学校教育才有最可靠、最稳定的基础。因此，千灯小学开发了“共育课程”，希望借此帮助家长成为称职的父母。

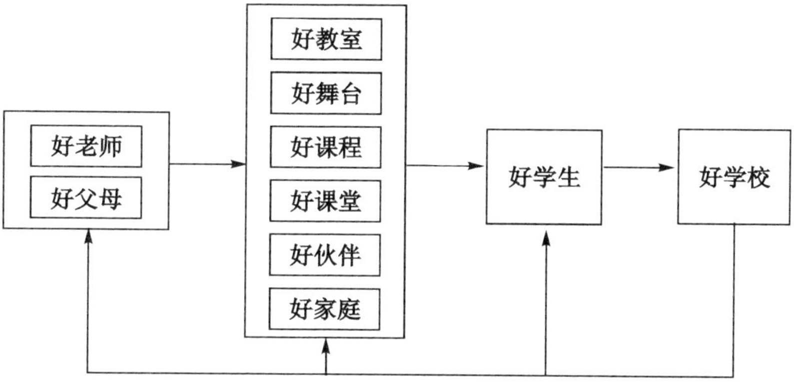

图 1　好学校系统生成过程

2. **好教育的载体**

在千灯小学，教育实践的展开，须借助于教室、舞台、课程、课堂、伙伴、家庭等基本的教育载体。千灯小学致力于将教室打造成“图书馆、阅览室、实践场、探究室”，将教室建设成“操作间、展览室、信息资源库”，让教室成为“教师的办公室、学生的习惯养成地和人格成长室”，成为班级共同体成员学习、生活、成长的共同的生命栖居室。

3. **好学生与好学校**

好学校的根本体现是培养出一批又一批的好学生。不管地域、师资配置、硬件设施、文化底蕴等条件如何，只要一所学校源源不断地培养出一批批的好学生，这所学校就是好学校。千灯小学秉承“一切为了学生”的办学理念，致力于通过提升办学质量来建设好学校。

（二）“好学校”的积极影响

建设好学校的目的，是借助好学校文化积极影响教师、父母、校园文化、教室文化、课程、课堂、社团活动、家庭等教育相关要素，并把它们整合成一个整体，从而服务于学生的成长。

1.“好学校”对老师和家长的影响

好学校对教师的积极影响是不言而喻的。千灯小学把提升教师专业水平放到了教育改革最基础的地位。为此，千灯小学设计了“相约课程”来点亮老师，营造了“天天有学习、月月有提升”的学习氛围。周一有“每周一汇”教学公开课，周二有“德育情境”班主任工作例会，周三有“而立读书会”学习活动，周四有“教学情境”学习活动，周五有“教研活动”，周六有“青年教师培训”。千小的老师，对教育有自己的理想信念，热爱教育、关爱学生，坚持学习、坚持研究。

千灯小学十分希望父母能够参与到学校的教育活动中，发挥他们对学校建设的积极影响。为此，千灯小学成立了“父母学校”，定期与家长交流讨论孩子教育的问题。还成立了各种父母会，定期组织各种活动，加强亲子之间、家校之间的交流，培育感情，共享智慧。千小通过各种活动对父母实施积极的影响，希望借此做到“科学育儿、亲子成长、关爱学校、参与共建”的目的。

2.“好学校”对各种教育载体的影响

千灯小学以建设“好学校”为抓手，经过反复的学习、讨论，逐渐明确了办学方向，形成了对各种教育载体的共同认识。

3.“好学校”对学生的影响

好学校通过教师、父母、课程、教学、课外活动这些途径，实施对学习系统的影响。千灯小学明确了“一灯一世界，教育点亮人生”的育人理念，积极营造“勤奋、守纪、活泼、整洁”的学风，从而培养学生的“君子人格”和“美雅气质”。

三、千灯小学育人模型

千灯小学的教育理念是“让一盏灯点亮另一盏灯”。“一盏灯”是“好学校文化”教育实践系统；“另一盏灯”是育人目标系统，即教师通过系列化的课程体系，将自身的教育智慧、教育情怀和教育梦想转化成师生共同参与的幸福完整的教育生活，从而培育千小学生的“君子人格”和“美雅气质”，实现“让千小孩子成为好学生”的根本目标。

（一）千灯小学育人模型的理论基础

千灯小学的教育改革以“基于心理结构的建构生成论”为理论基础，其基本内容包含三个方面。第一，心灵结构论，即教育改革和教育实践建立在学生的最基本的心理活动即认知活动、情感活动和意志过程的基础上。因为，所有的教育活动都必定通过学生的心理活动才能产生效果，而教育效果最终将表现为学生优秀的心理品质的形成。第二，人格建构论，即育人是一个建构人格的过程。这不同于传统建构主义所倡导的认知建构，而是以丰富和完善学生人格为导向的人的塑造过程。人格建构以人天性中的好奇心、依附性和自主性为教育原点，建构学生的“君子人格”和“美雅气质”。第三，品格生成论，学生的成长不仅是一个建构的过程，更是学生自我激励、自我成长的生成过程。建构是教师对学生生命的“刻写”，而生成则是学生对自身生命的期许，生成是学生在教育实践中潜移默化地自我教育和自我实现的结果。

（二）“一盏灯”：幸福完整的教育生活

新教育实验的理念是“过一种幸福完整的教育生活”。因为，教育生活的完整性和幸福水平，是决定教育效果的根本因素。

1. 幸福完整的教育生活的内在逻辑

幸福是一种相对主观的情绪体验，是道德感、理智感或美感的表现。学生在教育生活中体验到幸福感，有发现知识、领会知识的理智幸福，有接受关心、获得表扬的情绪幸福，有百折不挠、自我实现的抉择幸福，也有心旷神怡、如痴如醉的审美幸福。

完整是系统的各个要素健全且各个要素之间建立了有意义的联系。教育生活的完整性，取决于教育要素的健全性以及要素之间的关联性。通俗地说，完整的教育生活是全面发展学生“德智体美劳”的教育，也就是说教育的课程载体要全面观照学生“德智体美劳”的成长。

幸福完整，就是儿童当下的各种经历和体验是完整的、积极的，他们在“德智体美劳”等方面的发展是全面的、正常的。为了所谓的将来，剥夺孩子当下的幸福，是不合适的。为了考试成绩和排名，忽略孩子全面发展的做法，也是不合适的。

2. 幸福完整的教育生活的课程构成要素

课程是教育生活的根本载体。学生的幸福完整，主要取决于课程的完整性和趣味性。

国家基础课程是千灯小学“履行教育使命、办家长满意教育”的最根本的组成部分，包括语文、数学、品德与生活等课程。

新教育特色课程是“过一种幸福完整的教育生活”的重要途径，包括书香课程、公民课程、节日课程、聆听课程、演讲课程、共育课程等。

“千小六艺”课程是千灯小学为实现“君子人格”“美雅气质”的育人目标而研发的校本课程，是“过一种幸福完整的教育生活”的重要补充。主要包括发明创造课程、江南曲乐课程、国学传统课程、书法绘画课程、田径球类课程、读绘科绘课程。其中江南曲乐课程是千灯小学的根本特色，以传承昆曲为使命，培养千小孩子热爱艺术、热爱家乡的情怀。

3. 幸福完整的教育生活的建构原则

积极体验原则。即教育生活的表现形式是体验式的，学生参与其中的情绪体验是积极的。小学生的认知能力以形象感知为主，抽象思维能力水平不高，这就决定了教育生活应该是活动的、游戏的。另外，从教育效果的持久性和稳定性的角度来看，伴随着积极情绪体验的教育生活，对学生的影响是长远的。

全面观照原则。首先，教育生活要全面触发学生的认知活动、情感活动、意志活动，比如在昆曲文化课程中给孩子们讲解乐理知识、讲述昆曲大师的故事（认知），培养孩子欣赏昆曲的能力（情感），鼓励孩子为追求艺术兴趣而每天坚持练习（意志）。其次，教育生活要全面观照学生的综合素养，即“德智体美劳”的全面发展。

终极导向原则。即教育的终极目标是培养具有中华传统文化素养的“谦谦君子”与“窈窕淑女”，是培养具有“爱国、敬业、诚信、友善”等核心品质的社会主义建设者。千灯小学的课程改革，是要把这些元素自然地融入师生日常的教育生活中，让这些元素成为师生共同的思想信念和道德情操，进而内化为他们的个性品质。

（三）“点亮”：学生个性品质的生成机制

思想决定行动，行动决定习惯，习惯决定性格，性格（品格）决定命运。

千灯小学的“好人教育”课程改革，也遵循“思想—行动—习惯—品格”的基本逻辑。以下以培养“诚信”品格为例进行说明。

思想层面，注重主动性和深刻性。思想意识教育就是要让学生理解诚信、认识到诚信的价值和作用。说教式的诚信教育对学生来说是被动的。主动式的诚信教育可以让学生分组讨论“诚信是什么、诚信的作用和价值”等问题，然后教师组织学生代表发言和交流，教师给予点评等。随着学生年龄的增长和思想发展，也可以让学生讨论“善意的谎言是不是有违诚信”等更复杂的问题。

行动层面，注重实践性和体验性。比如可以让学生自主选择“领养一棵树”或“照看一片草坪”，让学生用行动兑现他们的承诺，这就是实践性，即行动与生活实践直接关联。体验性即行为要触动学生的情绪，比如引导学生体会失信于人的内疚，或是体会被人背信的失落。情绪体验给行为贴上“标签”，帮助学生形成一定的行为倾向。

习惯层面，注重坚持性和规律性。一般认为，习惯要经过大约 21 天不断的行为重复才能形成。坚持性就是要求给学生重复实践的机会（机械重复除外）。假如用“领养一棵树”的方式培育学生对承诺的坚守，周期至少是 1 个月以上。而规律性则是要求教师帮助学生找到具体行动的基本规律，避免不必要的行为重复。

品格层面，注重自发性和迁移性。品格形成的标志，是自发产生积极的行为。比如在无监考老师的情况下，学生自觉遵守考试纪律，就是“诚信”品格形成的表现。形成了“诚信”的品格，不仅在考试中会表现出诚信行为，在其他情境中也会表现出诚信行为，这是品格的迁移性。

从思想认识到个性品质，是学生内在素养逐渐生成的过程，也是教育要遵循的基本规律。

（四）“另一盏灯”：“君子人格”“美雅气质”

1. 千灯小学的育人目标

千灯古镇，文化悠远，昆曲发源，文教浓郁。千灯小学的育人目标既要体现千年古镇的文化使命，又要体现吴侬软语的灵秀隽美。千灯小学经过多次反复讨论，逐渐形成了“君子人格”“美雅气质”的育人目标。以“君子”为目标，体现了教育的成人之美，也体现了千灯小学希望把学生引入人生正道的成长之美。

“人格”是人的稳定的特质，“君子人格”就是人的积极品质，是学生成为“完整的人”的基本表现。如果说，“君子人格”体现了千小对“完整”的追求，那么“美雅气质”体现了千小对“幸福”的追求。让一盏灯点亮另一盏灯，是“幸福完整的教育生活”，点亮了“君子人格”和“美雅气质”，这是生生不息、薪火相传的文化育人过程。

2.“君子人格”与“美雅气质”的构成要素

从构成要素的角度看，“君子人格”与“美雅气质”包含很多具体的优秀品质。最根本的品质是由人的“真善美”的本性衍生出来，“真”（对应认知活动）衍生出求真、创造等品质，“善”（对应意志活动）衍生出诚信、友善等品质，“美”（对应情感活动）衍生出爱国、敬业等品质。

返璞归真，殊途同归。可以说千灯小学的育人系统是对“爱国、敬业、诚信、友善”的社会主义核心价值观继承和发展。千灯小学不仅在理论逻辑上，而且在行动上把社会主义核心价值观融入自身的课程改革之中。不仅如此，千灯小学还把“价值观教育”上升到了“品格教育”层面。价值观是人对事物重要性的判断标准的认识，价值观教育是针对思想认识的教育。有良好的价值观，不一定表现出良好的行为，因而仅有价值观教育是不够的。品格是经由不断重复的习惯而形成的优秀品质，品格教育就是“好人教育”，这也是千灯小学的根本追求。

四、小结

千灯小学以“让一盏灯点亮另一盏灯”为教育理念，强调“过一种幸福完整的教育生活”，借此来促进学生“爱国、敬业、诚信、友善”等社会主义核心品质的养成，从而实现“君子人格”与“美雅气质”的育人目标。

过一种幸福完整的教育生活

昆山市娄江实验学校创建于2010年9月，是一所教育局直属公办九年一贯制学校，4000多名在校师生。办学以来，坚持“过一种幸福完整的教育生活”的核心理念，以文化立校，以课程育人，“时时灌溉，常令润泽”，处处教育，时时教育，人人教育。学校成为一个学习共同体，发展共同体，“过一种幸福完整的教育生活”的生活共同体。

“过一种幸福完整的教育生活”融合在学校的文化建构中。我们以“教育润泽人生”为办学宗旨，以办一所“新教育好学校”为办学目标，用文化的自觉，努力打造“千川映月”的学校文化景观。在建设特色文化的实践中，坚持以人为本，为学生提供适切的教育，努力把教育与人的需要、发展、尊严、价值、幸福有机联系起来，形成独特的文化思想、完备的文化体系、丰富的文化内涵、卓越的文化成就，使文化建设深入师生内心，渗透课堂，影响家长、社会，不断积淀、丰富和张扬特色文化，形成鲜明的校园文化风格。通过开展“文化植根”“文化塑形”“文化育人”“文化强师”“文化立品”等方面的学校文化实验，将“新教育好学校”文化的精神、理念渗透到学校建设的各个领域，让学校环境、教育行为的细微处浸润文化精神，凝练生命精华。

“过一种幸福完整的教育生活”还融汇在学校的课程建设中。我们围绕核心素养十八条，以“生命、生活、科学、艺术、国学、国际”六个关键词组建了“娄江课程”，把原有的学校文化景观、专用教室装备等教育教学设施，通过重新进行功能定位，形成“一带一路一中心”，组合成一个个课程群纳入学校课程体系。

在课程建设中，我们把特别的爱给了特别的孩子。娄江致力于“每滴都最美”，尊重每一个生命，激发每一个孩子的潜力。娄江办学高度，不仅仅是培养出全市中考第一名的学生，更要体现出对每一个特殊生的因材施教，让每一个孩子的教育生活幸福完整，让每一个孩子成为最好。2016 年学校以“九年制特教生资源教室课程建设”申报“苏州市初中课程基地”一举成功，以此推动娄江的课程建设，打造娄江融合教育的品牌。围绕残疾学生的需求特点，我们千方百计实行保育、康复与教育相结合，优化重组校内教育资源，建立了“资源教室”资源区；建立校内各学科协作团队，对专业康复课程等采取购买社会服务、聘请专业康复机构专家等多种方式有效实施；建立了医教结合、残联等主体部门参与的专业保障机制，形成符合残疾儿童身心特征和需求的个别化教育方案。资源教室正是娄江“过一种幸福完整的教育生活”理念的鲜活写照。

“过一种幸福完整的教育生活”更融解在每一天的教育生活中。学生在校的五天充满了“歌声与微笑”；学生在家的双休日，与家人们一起享受“书香与自然风”。

“歌声与微笑 + 书香与自然风”已然成为娄江幸福完整的七天教育生活的标志，成为家校同心、家校合作的一个典范，我们正在让“过一种幸福完整的教育生活”的梦想鲜花开遍昆山。

新教育文化与课程的校本化

——从“千灯映月”到“月映千川”

新教育文化是新教育实验学校的立校之魂，新教育课程则是新教育实验学校的兴校之本。新教育发起人朱永新先生在《我的教育理想》《中国新教育》《新教育年度主报告》《走在新教育路上》等专著中，对新教育文化与课程都有着系统而深刻的阐述，为各校建构与实施新教育文化与课程指明了方向，也提供了方案。“如何在坚持一种真理性的文化愿景和价值观之下，打造属于自身特色、彰显个性生命的学校文化，就成为我们需要思考的一个问题。”一所新教育实验学校要真正实现“文化立校，课程育人”，关键是一要全面理解新教育文化与课程的内涵，做好学校文化与课程的顶层设计；二要依据校情融会贯通，通过校本化使文化生根，让课程开花。

朱永新先生说得好，“对于新教育，对于新教育实验而言，按照一个理念开展行动，永远比抽象地理解和懂得这个理念更重要”。从2013年至今，为了实证新教育文化与课程对一所学校的价值与意义，我先后任职昆山市千灯中心小学校与昆山市娄江实验学校校长，三年一所乡村中心小学，一年多一所教育局直属九年一贯制学校。新教育的文化与课程就如一轮明月，朗照千小与娄江，形成了“千灯映月”与“月映千川”的文化与课程景观。从小学到中学，从薄弱的乡村学校到优质的城市学校，办学实践充分证明：新教育文化有魅力，新教育课程有力量；文化立校，课程育人，三年一所好学校，六百天一个好课程。

千小文化：“新教育好学校”样板

随着义务教育均衡化工作的推进，大量的乡村学校进行了改（扩）建，现代化的教学设施添置一新，一些新建学校的校容校貌、教育装备甚至超过了城里的学校。但硬件好了，不等于学校就“好”了，一流硬件不等于一流“好学校”。甚至显性差距缩小了，隐性差距却在拉大。办学理念滞后，学校文化缺位，课程建设缺失，师资结构失调，软件太软，导致学校空壳化。不少乡村学校急于改变现状，于是盲目嫁接、复制、克隆那些所谓的名校，结果弄得不伦不类、不死不活，消耗了办学活力，损失了自己的生气与灵气。

朱永新先生在最早阐述新教育理念的《我的教育理想》一书中，用专门篇章描述了“我心中的理想学校”“我心中的理想校长”“我心中的理想教师”“我心中的理想父母”“我心中的理想学生”，还论述了“特色学校”“品质学校”以及“面向所有学生的特色课程”。依据朱永新先生的规划，我明确提出构建“新教育好学校文化”，建立了一个包括“好教师”“好父母”“好课程”“好课堂”“好教室”“好舞台”“好家庭”“好伙伴”“好学生”“好学校”在内的“十个好”的学校文化系统：即办成好学校，成长好教工，培育好学生，培养好父母，实施好课程，精构好课堂，共建好教室，搭建好舞台，倡建好家庭，携手好伙伴。

千小“新教育好学校文化”的这“十个好”，源于新教育相关理论，有本有据，形成了自身的逻辑自洽，也有众多实验学校可参照的优秀案例；同时又出于学校自身的发展需求，实施过程中不断优化整合，体现了巨大的办学效能。

三年中，以“好”为核心，以北校区的“好美学校”、南校区的“好雅学校”文化建设为抓手，通过“转型升级”，进一步整合优化了原有的办学特色，在规范办学行为、实施素质教育上有新举措，在优化教师队伍建设上有新成效，在提升教育质量上有新进展，不断营造学校文化发展新的闪光点和增长点，全面开创学校文化建设的新局面，以“好学校”为核心的文化体系基本构架成型，提升了学校的办学品质与品位，“好学校”文化建设影响广泛。

三年中，学校连续在昆山市中小学教育质量综合考评中荣获“优秀奖”，综合考评得分年年进步，位居全市前列。

千小文化直观地言说了“教育的真谛乃是文化的自我创生”，当我们在办学中用文化的视野关照学校，用教育的视角构建文化，我们可以让新教育文化理念与办学行为融为一体，文化即教育，教育即文化，新教育好学校文化是直观的，新教育好学校文化更是潜移默化、润物无声的。一年又一年，三年扎根在“新教育的学理基础”的沃土上，不断用新教育的发展论、行动论、状态论、潜力论、个性论、崇高论、和谐论来自我省察，师生、家校，新教育共同体的所有成员都在好学校文化生态系统下，生命不断丰盈，共同构成一道新的精神风景线，共同构筑出理想教育的动人景观。

娄江课程：让新教育的美好看得见

娄江用文化的自觉，努力打造“千川映月”的学校文化形态。“过一种幸福完整的教育生活”就是娄江众人仰望的一轮明月，“过一种幸福完整的教育生活”，正融汇在学校课程的建设中。

新教育认为课程的丰富决定着生命的丰富，课程的卓越决定着学校的卓越。朱永新教授认为新教育卓越课程的体系架构是：“以生命的幸福完整为终极目的及当下尺度，以哲学、心理学、教育学、社会学及相关学科理论为潜在的理论工具，以活生生的人为中心，以生命课程为基础，以公民课程、艺术课程、智识课程作为主干，并以‘特色课程’作为必要补充。”

“娄江课程”就是以生命课程为基础，以生活课程、科学课程、艺术课程作为主干，并以国学、国际“特色课程”作为必要补充，就是要让新教育的美好看得见。娄江全部的课程研发都坚持儿童立场、本土立场，与我们学生、教师、家人的生命、生活紧密相连，“一枝一叶总关情”，让知识拥有生命的温度，一天天教育生活体验的过程，让我们成为具有德行、审美、情感、智慧和能力的人。生命课程尊重、爱护、激发每一个生命，生命在场，实现知识与生命的深刻共鸣；生活课程着力的是“善”，科学课程着力的是“真”，艺术课程着力的是“美”，娄江培养的就是“真善美”的人；国学与国际课程是娄江的办学特色，满足了社会各界对学校高品质办学的期盼与要求。

“在新教育理念引领下，以国家课程、地方课程、校本课程为基础，鼓励教师对教材进行二次开发和新的整合创造，通过课程的创新使教室成为汇聚美好事物的中心。”围绕核心素养十八条，组建了“娄江课程”，形成了“一带一路一中心”，组合成一个个课程群纳入学校课程体系。

贴在墙面上的仅仅是规划，落实到课程中心的才是课程实施。娄江通过重组与新建十八个课程中心，让娄江课程的有效实施成为可能。“生命”主题系列有：融合教育中心（资源教室群）、生态文明中心（标本室）、家校合作中心；“生活”主题系列有：法治教育中心（模拟法庭）、家政教育中心（烹饪教室）、生活艺术中心（陶艺教室）；“科学”主题系列有：STEM 科创中心、创客实践中心（创客空间）、植物课程中心；“艺术”主题系列有：昆曲艺术中心（天天演舞台）、舞蹈艺术中心、合唱艺术中心；“国学”主题系列有：国学文化中心（德善书院）、中华文明中心（历史教室）、农耕文化中心（农耕文明馆）；“国际”主题系列有：未来学习中心、世界文明中心（地理教室）、击剑运动中心。每组三个中心中，娄江融合教育中心成为生命课程的核心，娄江法治教育中心成为生活教育的核心，娄江 STEM 科创中心成为科学课程的核心，娄江昆曲艺术中心成为艺术课程的核心，娄江国学文化中心成为国学课程的核心，娄江未来学习中心成为国际课程的核心，一个核心专用场馆再加上两个中心，十八个课程中心使娄江课程有了看得见、体验得到的课程形态，出现了师生积极参与，家长认可赞誉，上级部门肯定的喜人局面。“资源教室”被立项为苏州市初中课程基地，并于 2017 年在全苏州 57 项省市课程项目视导中被评定为“示范”项目；“亲子课程”项目被立项为苏州市项目学校，“物型课程”成为江苏省项目基地并参加申报江苏省前瞻性课程项目。众多课程子项目如“娄江六艺”“STEM 科创项目”“家政教育”“法治特色教育”“学生社团建设”“亲子社团活动”都具备立项为苏州市级或江苏省级课程项目的潜力与实力。在这众多子项目的整合效力之下，娄江课程建设已经具备相当的成效，在省内外都产生了广泛的影响。

朱永新教授说：“在我们的课程意蕴中，起点处，是人，是人的问题，是人的各种可能性；终点处，还是人，是人的问题的解决，是人的幸福完整的实现。这活生生的人，既是教师也是学生。学生不断成长，教师不断超越，这正是师生以穿越课程来共同书写传奇的新教育生命叙事。”课程建设中，我们把特别的爱给了特别的孩子们，最美的新教育课程叙事就是娄江“桂园”。娄江致力于“每滴都最美”，尊重每一个生命，激发每一个孩子的潜力。娄江办学高度，不仅仅是培养出全市中考第一名的学生，更是体现出对每一个特殊生的因材施教，让每一个孩子的教育生活幸福完整，让每一个孩子成为最好。2016 年学校以“九年制特教生资源教室课程建设”申报“苏州市初中课程基地”一举成功，以此推动娄江的课程建设，打造娄江融合教育的品牌。

娄江“桂园”主张并坚信：全纳公平，静待花开。这是娄江公平而有质量学校的真实写照。“资源教室”课程建构为六大模块：生命课程（尊重与爱护）、生活课程（习惯与德行）、艺术课程（才艺与审美）、智识课程（知识与技能）、专属课程（康复与适应）、亲子课程（通识与全程）。在这样的课程意蕴中，起点处是每一个特教生，关怀的是不同特教生的各种可能性；终点处还是每一个特教生，是适合的教育问题的解决。

娄江“桂园”课程是娄江新教育核心素养课程建构的一个缩影，诚如朱永新先生所言：“新教育认为的课程，不限于学校教育的范畴，而是以家庭教育为根基、学校教育为主干、社会教育为辅助、自我教育为根本的全方位全过程。”其实，在娄江，课程是全方位、全过程的，面向学生核心素养的娄江课程不是娄江实验学校课程的全部。从墙壁到课程中心，这是显性的课程；娄江还有着面向教师的“相约课程”系列及面向家长的“亲子课程”系列，这可谓是隐性的课程，或者更多的是活动的课程。特别是亲子社团、家长志愿团的建设，使娄江有了“第三课堂”，甚至有了一所另一种意义上的娄江学校：面向全社会传播文明风尚的娄江学堂。

从千灯到娄江，新教育文化搭台，新教育课程唱戏，创造着一个又一个办学的奇迹。新教育有着共同的新教育文化符号，有着通用的新教育文化体系，更有着相对稳定的新教育课程结构，这是从千小到娄江建设“新教育好学校”的坚实基础。在这个基础之上，我们也在努力寻找属于千小与娄江各自的文化与课程的“句子”，从而实现同中有异的特色化办学，并最终实现异中有同的新教育“过一种幸福完整的生活”的美好愿景。

储老师心语：见证生成好文化

今天我谈的话题是：节日。

节日是指生活中值得纪念的重要日子。

我曾经专门规划过一个全新的昆山市新教育实验学校，在事业规划中我这样写道：全力建成适合学校发展的班级仪式、学校仪式、典礼文化仪式、节日和庆典，是学校文化传统的“活标本”，也是学校生命中最值得关注的重要时刻。试行“周周有节日，月月有庆典”，通过仪式、节日和庆典，学校的文化、愿景被一次次强化、确认，形成了新教育学校文化特有的“节气”。

而这样的设想，最终在我们学校确定的“八大美妙课程”系列中得到了呈现，即第四个“节日课程”。对于这个课程我们是这样来表述的：“对开学仪式、成人仪式、期末或毕业庆典、艺术节、科技节、体育节等教育生活中的重大日子，进行全方位设计，系统策划，生动演绎，使之成为学生生命成长的重要时刻，形成学校特有的节日文化。”

我们开学以来相关的重大日子，都以美丽节日统筹，但这样的课程实施显然不够深入，特别是着眼于老师们对节日课程的建设，没有突出学生的主体地位。这当然是由我们开学初的工作实际情况决定的，而不是我们只要老师们有节日，学生们无节日。在节日课程中，最重要的节日是师生共享的，而最主要的节日则是孩子们的。

如果说老师们的节日主要在报告厅，那么学生们的节日则主要在教室，在学校的操场，在学校的每一个角落。

9 月 28 日是孔子的诞辰日，这一天，也是新教育的阅读节。新教育实验学校的师生们会聚在一起，举起“共读共写共同生活”的大旗，开始阅读日、阅读周、阅读月、阅读季等活动。“人的精神发育史就是阅读史”“阅读改变人生”“阅读让人生美丽”，在这样的话语激励下，形成了分段阅读、有效阅读、师生共读、亲子共读、书香校园、书香社区……阅读成为精神的大餐，阅读更成为文明社会的一帖良药。

除了阅读节，我们还应该有自己的特色节日，在我们学校，艺术、科学、体育也有节日的传统。我们现在正在进行深度开发，将四个节日一起进行，交相辉映，全面发展。我们的四大节日必定能让校园更美丽！

今天我谈的话题是：校徽。

校徽是学校人文精神、历史传承、办学理念、办学愿景的艺术化体现，是一个学校的标志之一。

校徽往往蕴含了特殊的意义，大多结合学校特点而设计。原来我们学校的校徽，就是用一个千灯的“千”字作为设计的主要元素，将其变形为一个象形字，展示昆曲文化中水袖动作的形象，应该说比较灵动，也突出了学校的特色教育即昆曲教育，并且这个形象还固化为学校的主雕塑，做到了虚实相应。但原来的校徽也存在着几个突出的问题：一是下方用拼音字母来标注校名，交流性不够；二是一个“千”字做主图标，显得有些单薄，校名用了字库中的宋体，与校门上著名书法大家题写的校名字体不符。在整体构建学校文化系统时，校徽的重新设计就成了当务之急。

校徽的主体构成有多种方式，其中一种是由文字构成，如北京大学的校徽是鲁迅先生设计的，就是由“北大”两个篆体字构成，复旦大学的校徽也是由“复旦”两个篆体字构成。这次我们在重新设计千灯中心小学校校徽时，经过反复讨论，广泛听取了不同的设计意见，最终决定采用“千灯”两个字来构图的方式。这样的方式首先来源于重建文化系统时的一个指导思想：继承与创新。

一个学校的文化是要传承的。自 1997 年我校异地兴建以来，金校长、牟校长、谢校长、陈校长，历任校长与全体师生员工，为学校建设了一幅幅美丽的图景，作为后来者的我，必定要发挥他们的精神与传统，并用新的作品向他们致敬。

设计中确定主体图案为一个“灯”形，原来的“千”字图案保留不动，按比例缩小为新图案的上面部分，也就是“灯”的火苗部分，而下部则用“灯”的繁体小篆来变形设计，主体图案就是一盏红色的火苗闪耀的灯。

主图案的外圈，上方校名是与校门陶大师题字的名称一致，有老师提出了繁体字不太规范的问题，但为了保持原汁原味，还是选用了题字版。下方不再用拼音版校名，而是用了英文名称。

我们处于千灯古镇，这座古镇历来富甲天下，又被称为金千灯。为了向学校所在的一方土地致敬，外圈色调特地选用了金色。“千”字沿用了原来的红色，那么“灯”字就只能着色重一些了，为深褚色。中文校名与“千”字同色，英文校名则与“灯”字同色。

为了在一些场合的个别化使用，我们还用加上文字的方式，来形成校标，而这些文字最固定的是：教育点亮人生。这句话提示了我们的办学价值观，“点亮”二字与灯相印。与“教育点亮人生”相组合的，主要有表示办学愿景的：中国乡镇最美学校；还有表示内在气质追求的：舞出最精彩。

我们在整个校徽及校标设计完成后，发现可以言说的含义真是太丰富了，那是一灯，灯灯闪耀，又是一舞者，舞出精彩。“情人眼里出西施”，热爱学校的人们都可以从中见到自己的西施。因此，我们将请全体师生来细细揣摩、用心言说我们的校徽校标，最终评定最佳立意。

这次校徽校标的设计，我最有感触的不是校徽本身，而是设计过程中的两点：

一是我们在过程中体现的对过往的尊重，对历史的尊重，对地方的尊重，在传承中致敬，在致敬中传承。

二是我们在过程中体现的民主与集中，大范围征集方案，班子会专题讨论，九易其稿后全体教职员工投票，将民意最高的设计方案再次进行加工。经最终确认后，我们千小人众口一词：最美！

今天我谈的话题是：相约。

朱永新教授 9 月 30 日在调研总结会上特意提出要用固定的时间来践行共读

共写共同生活，建议我像原来的“相约星期二”一样开展固定的相约活动。

相约星期二，源于朱教授在苏州期间对他的博士生、研究生定时定点授课。时间在星期二晚上7：00—10：00，地点在苏州大学文科楼二楼朱教授的工作室，成员是朱教授的博士生与硕士生，后来在苏州的新教育核心成员三四个人也参加了学习。初始的时候是朱教授及其他苏大教授专题授课，后来渐渐就变成围绕新教育实验展开的专题学习与研讨。朱教授要求他的博士生、硕士生必须根据新教育实验每人选择一个专题方向，论文就围绕这个专题写作，一个晚上围绕一个专题进行研讨。这样的研讨相当有深度和广度，从思维到学理，从理论到实践，是理论的普及与深化，也是一场头脑风暴，让参与人的收获极大。每到星期二，我就会谢绝一切交往活动，准时赶到苏大参加相约活动，历时三年多，收益太大了，我常常开玩笑说，我是不用考试、不交学费就完成了苏大的三年博士生、硕士生编外学习，这是朱教授给我的额外奖赏。之后，“相约星期二”就成了新教育特有的共同学习、共同生活的代名词。在不少的新教育实验学校，也真正地开展了相约活动，成为促进教师专业发展的有效途径。

经过一个多月的思考与探索，我校的相约活动终于可以定型了。

一是相约星期五，共同研讨理想课堂。借助新教育团队的力量，我们与海门市的名师们同题同构进行持久的学科教学研讨，时间就固定在星期五。每两周一次，上午语文，下午数学、英语，活动时间固定、活动地点固定、活动程序固定。这个活动不但是我校老师借鉴学习的平台，还是兄弟学校甚至全市活动的平台。现在固定参加这个活动的兄弟学校已有五家，即同为千灯镇的石浦小学、炎武小学，周边友好学校花桥中心校、周庄小学。已经明确要用这个平台开展活动的有市教研室的小学语文学科基地活动，市新教育实验办公室的理想课堂、完美教室全市研讨活动，市教科室课题研讨课活动，市教技室课题研讨课活动，一中心小学牵头的五校发展共同体研讨活动。搭起平台唱大戏，最直接受益的是我们登台唱戏的老师和学生们，在潜移默化中收益丰厚，获得的掌声会越来越多，越来越响。“栽下梧桐树，引得凤凰来”，好的平台、好的项目、好的硬件，也就有了各项市级层面研讨活动的开展，这会极大地提升我们的活动组织能力，开阔我们老师的心胸与眼界，促进我们师生表现出最完美的状态，是对学校工作一个全方位的优化。

二是相约星期三，有效开展共读共写。青年老师们，我们一起组织一个读书会，就叫“而立读书会”吧，三十而立，35 岁以下的老师必须参加，35 岁以上的老师欢迎参加。每周三下午 4：00—4：30，相约会议室，共读共讨论。本学期，我想与大家一起结合我们的完美教室项目来深度共读《第 56 号教室的奇迹》一书，与雷夫对话，向雷夫学习。读完了，我们结合各自的教室写一写，每周精读一章，每周用心写好一篇读书心得，时间久了，我们也会像雷夫一样优秀。

行动就有收获，庆典终在前方。

今天我谈的话题是：理想美育。

2000 年，朱永新教授的《理想的教育》一书一时间洛阳纸贵，不少章节被广为传诵，其中就有“理想的美育”一章。“理想的美育”也是新教育必有的内涵，是新教育实验一个重要的组成部分。

检索史籍，“建安七子”之一的徐干在其所著《中论》一书的第七篇《艺纪》中写道：“艺者，所以事成德者也；德者，以道率身者也。”“先王之欲人之为君子也，故立保氏，掌教六艺：一曰五礼，二曰六乐，三曰五射，四曰五御，五曰六书，六曰九数；教六仪：一曰祭祀之容，二曰宾客之容，三曰朝廷之容，四曰丧纪之容，五曰军旅之容，六曰车马之容。”故诗曰：“菁菁者莪，在彼中阿。既见君子，乐且有仪。美育群材，其犹人之于艺乎?”徐干不仅明确提出了“美育”一词，而且依据《周礼》的有关记载，提出以“六艺”“六仪”来造就“群材”。

德国诗人、美学家席勒在《美育书简》一书中指出：“为了在经验中解决政治问题，就必须通过审美教育的途径，因为正是通过美，人们才能够达到自由。”我国美学大师朱光潜则提出：“真善美具备，人生才完美。”在十八届三中全会通过的《关于全面深化改革若干重大问题的决定》中也明确指出，“改进美育教学，提高学生审美和人文素养。”

古今中外皆重视美育，美育实为教育之重，“德智体”应该加上“一美”，实为“德智体美”。我们学校有美育的坚实基础，作为“江苏省艺术教育特色学校”与“江苏省科学教育特色学校”，已经众美纷呈，应该在此基础上，在美学理论、教育理论指导下，进一步围绕美育主题，完善与德育、智育、体育协调实施的美育工作体制，实行全员美育、全程美育、全面美育，使朱永新教授提出的“理想的美育”梦想成真。

依据朱老师“理想的美育”，我们着力加强“六美工程”建设：

自然美育：美丽的校容校貌

精神美育：美好的炎武精神

示范美育：美好的好人文化

才艺美育：美妙的千小六艺

创造美育：美妙的发明创新

立体美育：美丽的家校合作

“六美工程”实现了多切入点、多途径实施美育，做到“环境熏陶、课程实施、文化引领、活动推动”，创新美育载体，丰富美育内涵，打造特色鲜明的美育文化。

通过自然美育，享受自然，亲近自然，做大自然之美的鉴赏家；通过精神美育，理解崇高的精神美，培养爱国爱乡意识；通过示范美育，感受人的美在社会美中的核心地位，培养德行之美；通过才艺美育，增强对个性美的感受，提高自我认知能力；通过创造美育，培养学生的想象力和创造力，激发创造的冲动与欲望，享受创造的快乐；通过立体美育，实现学校美育、家庭美育和社会美育的协调统一。

我们学校的校歌开篇就唱道：“一千个微笑写在脸上。”有了“理想的美育”，我们的孩子就会有灿烂的笑脸，就能呈现出阳光向上的心态美、谦恭有礼的行为美、文明健康的习惯美、腹有诗书的内韵美。百年千小，真的“好”“美”！

今天我谈的话题是：老教材。

我校是一所百年老校，到明年就 110 岁了。可是，除了校标上的“1905”字样，如何感知我们百年老校的底蕴呢？

校址数次调迁，自 1997 年搬迁到现址，树木已经长大，房屋外墙已经老旧，但还是感觉不到这是一所百年老校。当初学校搬迁的过程中，谁也没有想到要在新校园里给老学校延存那么一些有纪念意义的旧物，于是，学校的血脉断了，学校的根断了。

根断了可以再续吗？

只能在学校文化建构中来体现，来努力聆听百年的足音，来努力延续百年的香火。

于是，我想到了复制几十年前的课程，让爷爷奶奶们的课程在学校再现，因为课程是最好的延续载体。

于是，我想到了叶圣陶先生，这是一位教育家，也是一位文学家，还是一位编辑出版家，为我国现代教材改革和发展做出了杰出的贡献。他主张基础教育的目的是培养全面发展的合格公民，他特别重视小学教育，指出教育的根本在小学。

于是，我想到了《开明国语课本》。这个课本1932年初版，由叶圣陶先生亲自编写，全部是创作或再创作。课本的文字用手写体，由丰子恺先生撰写并绘插图，图画与文字有机配合。内容都很简单，其中所蕴含的道理，也很浅显易懂，一点即通。

叶圣陶先生本身是一个儿童文学作家及教育家，他编写的课本当然活泼隽永，符合儿童学习心理，让孩子自然产生学习兴趣。而著名漫画家丰子恺先生的画和字，看着很赏心悦目，从孩子身边的景、物、人、事写起，寥寥几笔就给我们勾画出一幅幅平和、充满温情的情景，让大人孩子在读的过程中感受到对家园、父母、朋友的爱，人和环境、动植物之间的和谐，使孩子们在接受文学熏陶的同时接受了丰子恺先生的漫画修养，可谓一举两得。

于是，我与计校长等一起精选了几十课，特地找广告公司印制好装在了教室的外墙上，我还上传了有关课本扫描版，在QQ中给大家提醒：

“我把20世纪30年代的《开明国语课本》与《商务国语课本》的扫描版上传给大家下载。我已经从中选择了部分换装在我们教室的墙壁上。请大家认真仔细看前面的两篇推荐解读文章，重新认识这些教材的意义。百年老校应该有老的、可以复制存活的课程，这就是我推出这些课本的用心所在。

引领学生平时看看、读读，潜移默化，文由心生。特别是开明教材，文字都是由叶圣陶先生编写的或修改的，字与画都是丰子恺先生的。绝对的好东西呀。”

教材特别是语文教材，应该是人文读本、公民读本。现今中小学教科书缺失经典、缺失儿童视角、缺失快乐，最终缺失了潜移默化的教育意蕴。我们将老教材呈现在校园的墙壁上，是重温，是致敬，更是回归。

有了教材就会有课程，有了20世纪30年代的老教材，就有了“那个时代”的课程。于是，爷爷奶奶的时代，被我们再次走进，爷爷奶奶的生活，被我们再次延续，并在这种生活中，传承了我们的文化。由此，中华文化的根在我们心中扎下并生长。

当然，教材不等于课程，因此，我们还要用好这些老教材。要开动脑筋，把墙壁上的教材有效利用起来，用在课堂上，更要用在生活中。

我把这些教材中涉及的老游戏教材汇集起来，组成一个爷爷奶奶的游戏专题，让我们的学生也来玩玩这些游戏，让这些游戏成为我们特色活动的一部分。

老教材中蕴藏着很多宝藏，等待我们师生去探寻。还等什么呢？让我们一起来挖宝吧。

今天我谈的话题是：前言。

昨天还是假期，我接到苏州市教育局通知，下午与蔡局长一起到苏州教师中心参加了苏州新教育年会的工作会，在会上汇报了我校的各项准备工作，并基本通过了实施方案。

回家后，夜不能寐。从本月的小昆班十周年纪念，到六月初的金色大厅展示，再到七月初的年会现场展示，活动的规格越来越高，活动的要求也越来越高，这既是我们办学成果的展示，也是对我们学校管理、组织能力的大考验。

活动多，就要统筹安排，及时落实，抓好细节，做细工作。

于是，我定下心神，草拟了金色大厅展示板块的前言：

美，就在这一方

生活孕育艺术，艺术美化生活。一方水土一方人，一方水土一方美。

千灯，一个拥有2500多年历史的文化古镇，这里是“人类口头和非物质文化遗产”昆曲的发源地，这里是江南丝竹创始人陶岘的出生地。悠久的历史，深厚的人文内涵，注定了这座古镇是一个韵味深厚的地方。美，正在潜移默化中影响塑造着一代代千灯人，尤其是孩子们，滋润着他们的人文与审美素养，润泽着他们的生命。

我们展示的主题就是“百年千小：好美的学校”。几十年前，著名社会学家费孝通先生就“人的研究在中国——个人的经历”进行主题演讲，他总结出了“各美其美，美人之美，美美与共，天下大同”这十六字“箴言”。即我们先是发现与创造自身之美，然后是发现、欣赏他人之美，再到相互欣赏、赞美，最后达到一致和融合。这就是美的境界，这就是美的历程。我们就以“三美”来进行主题式布展。

第一板块主题为“各美其美，千小六艺”，展现学校艺术教育的丰富性。第一艺是一曲：专业的是昆曲，人人都会的是诵昆谣唱昆歌；第二艺是一乐：专业的是民乐器，人人都会的是口琴或竖笛；第三艺是一绘：专业的是国画，人人都会的是科学幻想画；第四艺是一笔：专业的是软笔书法，人人都会的是硬笔书法；第五艺是一作：专业的是发明创造，人人都会的是手工制作；第六艺是一球：专业的是足球，人人都会的是篮球或排球。作为“江苏省艺术教育特色学校”与“江苏省科学教育特色学校”，“千小六艺”彰显的正是学校的办学特色，是对每一个孩子兴趣特长培养的关注，是对每一个孩子综合素质培养的担当。

第二板块主题为“美人之美，水乡艺韵”，主要分为五谷杂粮、河浜水岸、石板街畔三个部分，展现学校艺术教育的乡土性。我们的展品不是最精美的，我们的展品不是艺术成就卓著的，但我们的展示是实的：朴实、真实、实在；我们的展示是主题最鲜明，内涵最丰富的。不但展示学校，还展示了学校艺术教育生存的土壤，在大朴大美中，呈现中华民族传统美学，展示我们乡村学校对艺术教育的自我解读及自信。

第三板块主题为“美美与共，师生相长”，主要是蔡雄老师与学生的软笔故事，韩晔老师与学生的硬笔故事，展现学校艺术教育的成长性。好的教育不是单一的，好的教育是双向的。在书法教育的漫漫长途中，一批批的孩子级级攀升，而老师的技艺也在日日增长。校园里的书艺人生别样生动感人。

“一弹戏牡丹，一挥万重山。一横长城长，一竖字铿锵。一画蝶成双，一撇鹊桥上。一勾游江南，一点茉莉香。”中国传统文化中有着数量众多的有价值的艺术形式正待我们发掘，我们要将其融入当今的教育生活中。用美好滋润孩子们的心灵，用艺术点亮他们富有时代气息和民族特色的幸福人生！

千年古镇，百年老校，相依相偎，大美与共。美，就在这一方！

今天我谈的话题是：只为润泽你一生。

娄江实验学校兴建六年，从无到有，从有到优，文来校长与全体教职员工为之付出了大量心血，取得了令人瞩目的成绩。我在千灯也用两年时间兴建了南校区并运行了一年，深知新建学校的不易，也更能体察到七年之痒的焦虑。我到娄江工作，不是雪中送炭，而是锦上添花，就是要与大家一起打破发展瓶颈，大力推动转型升级，以文化立校，以课程育人，群策群力，众志成城，二次创业，扬帆娄江，领航昆山，汇纳万川，激浪大洋。

学校文化建构必须要有顶层设计，顶层设计的关键是找准属于学校自己的关键词与关键句。关键词与关键句要能集中体现学校的办学理念，同时还具有独特性，应该从师生中来到师生中去，要得到大家的认同，才能引发情感共鸣，发挥引领作用。

从娄江校园的角角落落到网上学校的零零散散，已经有了不少好词好句，比如学校以“上善若水，自强不息”为校训，倡导“以水为镜，正德修身”的校风，“以水为范，厚生求真”的教风，“以水为师，笃学有恒”的学风。这些都很好，但还没有达到“一语中的”“纲举目张”的效果，这就需要我们全面寻找。

于是我有了如下的思索：

我们的教育视角：站在你的立场分享你的成长

我们的教育追求：认识你自己 做最好的自己

我们的教育哲学：上善若水 水滴石穿

我们的教育心态：真水无香 静待花开

我们的教育情怀：母爱如水 润物无声

我们的教育使命：娄江扬帆 昆山领航

我们的教育定位：做人做事　好学好玩

我们的教育策略：文化立校　课程育人

我们的学生观：每滴都最美

我们的方法观：交给孩子一生有用的东西

我们的价值观：过一种幸福完整的教育生活

经过反反复复的提炼，最终聚焦到两个字：润泽。父爱如山，母爱如水。娄江是昆山的母亲河，娄江实验学校的命名天赋母爱基因，弘扬母亲大爱情怀，以温馨、柔和的教育形态关爱一切的人，关怀人的一切，润泽人的一生。

“润泽的娄江”追求的是“润物细无声”，又是“万类霜天竞自由”，更是“静待花开会有时”。

“润泽的娄江”“时时灌溉，常令润泽”，处处皆教育，时时皆教育，人人皆教育。

“润泽的教育”源于全球通识，国家推广十年的新课程改革的理论著作之一就是日本教育家佐藤学的《静悄悄的革命》，书中聚焦“润泽的教室”，提出学习共同体的理论。

“润泽的娄江”是一个学习共同体，是一个发展共同体，是一个“过一种幸福完整的教育生活”的生活共同体。

蓝：娄江的本色

蓝色表现出一种美丽、冷静、理智、安详与广阔。

天蓝：代表“初始”的颜色，是“安抚色”，是令人安静并放松的颜色。

湖蓝：带着跳脱的亮光，代表着“等待”。

宝蓝：“希望”的代名词，给人高贵的感觉。

我们将对学校现有的文化布置进行色调上的调整，力争以最小的花费获得最佳的文化氛围。

水滴：娄江的意象

手握一滴水，

一滴水里有阳光的谱系图，

有雪的过去和未来式，
有大陆架和沙漠，
有人的生命……

手握一滴水，
就是握着一个世界。
但一个小小的意外，比如一个趔趄，
足以丢失这一切。

一滴一世界

“一滴水中见太阳”。这滴水可以是雪的化身，是沙漠的希望，是生命的源泉，因为水，世界将变得不一样，这滴水的重要意义不言而喻，因此说“手握一滴水，就是握着一个世界。”然而，这滴水很难握住，一不小心就会跌落，以上种种美好也会随即化作泡影。我们要认识他、理解他，更要学会呵护、珍惜、慎重对待，不然将一无所有。

我们将以水滴的形态设计两个学校卡通形象，女娃就叫润润，男娃就叫泽泽，见娃思义，让娄江的教育有温度，有高度，有深度，有广度。

今天我谈的话题是：娄江“心工程”。

昨天下午市教育局金建鸿局长深入娄江调研指导学校工作，我在汇报中提到了“心工程”实施方案，金局长当即给予大力肯定，指出学校面向教职工的工作要特别注重通民情、察民意、凝民心、聚民力；要将心比心，以心换心，齐心协力，一心一意。

我们娄江有很多办学基因缘江而来，因江而生。比如我们的教育情怀就是如母爱一般，因为“母爱如水”；我们的办学信念就是“水滴石穿”。而娄江人有一种情感、一种情意也是与生俱来的，那就是“同舟共济”。俗话说“百年修得同船渡”，这是缘分，也是人生的一种检验。有缘同舟，但如果人心不齐，那也不能共济，友谊的小船、事业的小船、人生的小船可都是说翻就翻，这就需要一个字：修。

人在旅途，非修不行。修行在心，有心就行。

学校党总支与工会一起研究制定了“心工程”方案：

上善娄江“心工程”方案

一、指导思想

为弘扬娄江精神，展示娄江亮丽风采，进一步营造爱岗敬业的校园氛围，传递正能量，凝聚精气神，充分调动广大教师的积极性，为娄江品牌可持续发展提供持续不断的动力，特制定娄江实验学校“心工程”方案。

二、“暖心工程”和“正心工程”建设

1. 创建“妈妈驿站”

2. 成立全校教职工各社团中心

3. “十佳最美教育人”评选活动

4. “首席教师”评选活动

5. “首席班主任”评选活动

三、组织机构

组　长：储昌楼

副组长：张文来　周惠琴　陈文新　于恩坤　金　叶

组　员：徐福民　陈　进　杨燕秋　沈耀新　方　莼　许志刚

高建花　张珏琴　韩红勤　陆敏敏　陆雯霞　冯建国

沈嘉幸　陆伟青　王庆祥　李海涛　周金凤　朱湘前

娄江实验学校党总支

娄江实验学校工会

2016 年 9 月 7 日

这个方案精简而实在，“暖心工程”就是想老师所想、急老师所急，力所能及为老师们服务。学校 200 多位老师，少不了哺乳期的老师，为这些妈妈专门备好一个私密些的妈妈驿站，这是一种真正的人文体贴。一个房间一些环境布设，没有多大的投入，是学校能做到的事情，但收获的是各位女教工内心得到尊重的认同，这真是小投入、大回报。我已经要求工会进一步思考如何充分发挥妈妈驿站的作用，使其真正成为学校教工之家的女工之家。

周一的党政联席会专题讨论并通过了工会提交的教师社团活动方案，把有序开放、逐步建好各个教师活动场所作为“暖心工程”的实事来办。就在昨天下午，工会已经正式发出了通知：

各位老师，本周为我校教师节周，下午4点开始，面向全体教师开放以下活动场馆供教师活动：羽毛球馆、篮球馆、舞蹈房、教师阅览室、健身房，希望没有课务的老师，积极参加各项活动。

我特地转了转观察了一下，发现真正参加活动的老师并不多，一是社团还没组织起来，没有有效的活动。二是一个很重要的因素，场馆不开放，老师们有意见有想法，这个想法主要就是觉得个人意愿甚至个人权利没有得到充分尊重。但真的全开放了，老师们又丢不下手头的工作、离不开身边的学生。在我们娄江，那些只想着自己、只顾自己，没事找事，不想着别人，特别是不想着学生的老师应该是没有的，即便有也只是特殊时期的个别人与个别现象。减少这个别人与个别现象，就要有满满的正能量，因此，我们在建设“暖心工程”的同时，还需要建设“正心工程”。

与市教育局评选最美教育人同步，娄江也推评出自己的10位“最美教育人”，小学、初中、后勤都占比参加。如果说“最美教育人”是对全体教职员工全方位的评选，特别是“德”字为重，那么“首席教师”“首席班主任”是以专业为重了。通过推评，德能优秀的榜样老师将成为我们每天的言行的示范。学校门口的大屏幕，已经开始展播20位“2016上善娄江最美教育人”候选人，这个大屏，就是“正心工程”的平台，以后就是娄江的正能量。将来的“首席教师”“首席班主任”都要一个个进行专题展示；以后每个月，我们老师中出现的好人好事、新人新事、突出成绩都要以专题的方式来展示。娄江的好老师们就应该榜上有名，让孩子们夸耀，让家长们夸赞，让社会各界传扬。

要展示的当然还有我们的孩子，我初步设计了校门口大屏幕主题宣传学生系列，命名为娄江之帆系列。分别是娄江之帆：学习领航；娄江之帆：运动领航；

娄江之帆：艺术领航；娄江之帆：文明领航；娄江之帆：创新领航；娄江之帆：达人领航。

随着家庭教育课程化项目的开展，我们的大屏幕上还将出现更多优秀的父母义工，更多“书香家庭”“才艺家庭”“公益家庭”“健身家庭”“达人家庭”。

美在娄江水，每滴都最美；美在娄江人，共做有心人。暖心方能聚心，正心定能齐心。齐心就能划大船，直达我们理想的彼岸！

今天我谈的话题是：我们的节日。

敬江楼前广场的灯杆上，高高悬挂着十二组灯旗，上面书写着十二个节日，从亲子节到教室节，这是我们的节日。

节日是有纪念意义的重大日子，也是大家共同创造形成的一种文化。顾名思义，节日可以是节，也可以是日，比如教师节，比如今天就是世界旅游日。其实给日子命名不是最重要的，关键是做事，把事做成。

我们的十二个节日凸显了我们常规工作中最重要的那一部分，准确地说，没有哪一个节是临时性工作或者是间歇性工作，都是长期工作，都融合在我们平时的教育教学生活中。当然，在阶段时间内，比如一个月内，我们应该以一个或几个节为抓手，重点工作重点来做，从而取得显著的工作成效。

如果大家一定要问我九月份与接下来的十月份，我们着重实施的节日是什么，我可以明确地告诉大家：九月份是亲子节与阅读节，十月份则是运动节与教室节。

从假期里一年级与七年级的父母会开始，我们集中十天之内完成了与全校4000个孩子父母的见面会，并安排所有家长参观校园，与学校文化环境布置亲密接触，加深了解，增进感情。我们快速建立了校园网，特别是创设了用于手机平板的WAP版，使校情、班情通报更为便捷直观。我们改进了家校通信息模式，不是用来作为作业布置平台，而是用来进行家庭教育知识的传播。我们发动组建了义工父母，一步步有序地建立父母班务会、年级父母会到校级父母会，正在越来越多地发挥父母们参与学校教育教学管理的作用。我们已经建立并开通了“父母教室”网站，将开展共读共写《江苏教育报》（现代家庭）活动。学校网站上的"新父母学堂"栏目的"苏州家庭教育课程化项目"及"亲子课程"等诸多二级子栏目，都成为记录父母活动、记录父母成长的好平台。不知不觉中，我们已经从现实到虚拟，从星星之火到燎原之势，让父母、让亲子成为学校活动的主题词。因此，九月的每一天，都是名副其实的亲子节。

"共读共写共同生活"是新教育倡导的教育生活方式，是亲子节的有效组成环节，更是阅读节的核心所在。不仅要读，更要写；不仅要学生读，更要师生共读，亲子共读；还要求教师专业阅读，父母择需阅读。我们已经组建了教师读书会，已经顺利开办了两次阅读论坛，分享大家的阅读成果，并在校园网上上传了大量老师们的阅读心得。我们正在开展《江苏教育报》（现代家庭）的征订工作，在父母们自愿征订的基础上，我们将用好"父母教室"这个平台，将读报写心得活动切切实实地开展好。学校将会充分利用已经废弃的直饮水系统，将饮水机改造成室外小书屋，将储水箱改造成图书漂流中心。我们要让孩子们、老师们在走廊木椅上、在广场木椅上、在校园所有的木椅上都能随手取到书，都能安安静静、三五成群地坐在那儿阅读小憩。这是多么美丽的风景呀！而这样的风景正一步步向我们迎面扑来。德善书院娄江学堂的成立，更为我们传统国学的读诵建立了一个高起点、高规格的实施平台。读、诵、写，一个阅读的生物链正在娄江校园中逐日滋生并充满生命活力。

十月中旬有学校的运动会，十月启动运动节是理所当然的。那么为什么启动教室节呢？教室节的一个重点是教室的文化建构与布置，让教室特别是小学部的教室生动起来、丰富起来甚至活起来，让教室内外甚至变得不像教室。还有一个重点是教室中的课堂，教室节其实也是课堂节，我们聚焦课堂中发生的一切，从学生习惯养成，到课堂结构模式、课堂形态、课后教学分析，我们一个个环节地精研破解；从学科带头人到教学新秀，我们围绕一个公认的课堂形态集中亮相，各放异彩；我们要从校内开课到对外开放，搭建与我们娄江实验学校相称的教学展示平台，与诸多名校一起成立共同体，建立高规格的教学交流平台。

只有课堂的学校没有教育的风采，忽视课堂的学校没有教学的品质。让学校有更多教育的风采，就必须提升课堂效能从而拓展更多活动的空间；让学校有更高教学品质，就必须遵循教学规律，建构娄江的优效课堂生态。十月份，让我们全体在课堂中嗨起来。

今天我要与大家谈一个良心话题：关爱后排。

开学至今，我在进行教室巡视时，总习惯性地盯着最后几排学生，了解他们的状态。客观地说，我看到的情况并不理想。小学的后排玩耍现象比较突出，不过小学老师对后排盯得还是比较紧的，会不时地提醒。初中的后排状态比小学要差一些，比如早读时间，从七年级到九年级，都能见到一大清早就伏在桌上什么都不做的，一问还一脸的不耐烦，学习状态比前排同学差得太远了。

后排的同学有的是大身材大高个，典型的高个儿坐后排。但也常见身材不大个子不高的学生坐在后排，显然存在特殊的原因。后排中最刺眼的，就是身材矮小独坐后排的孩子，这样的学生常常是“有故事”的。有故事的学生坐后排，坐着坐着就坐成了事故。九年级有几个后排同学，平时课也不听，作业也不交，考试时字都懒得写一个。这样的学生是长久以来家长伤心得不愿管，老师有心也管不了的。

我们是公办学校，特别是初中，学生来自不同小学，习惯、能力差异都比较大，那些小学学业水平测试中三个“D”的，可以说到了七年级的基础就是“一穷二白”，这些学生如果听之任之，没有给予特殊的关爱，他们真的就固定在后排了。

娄江期望每一滴都最美，要实现这样的愿景，最需要我们的不是有才，而是有心，有爱心，有关爱后排的善心善行。

我在翻看完美教室的共读共写时，在四年级（6）班看到了一篇让人感动、感慨的文章：

感恩有你

四年（6）班尹静怡妈妈

早饭过后，收到潘老师的信息，说相处近一个月，发现尹静怡真不错，不只学习态度认真、成绩优异，为人处世方式更是值得称赞。

班主任这样夸孩子，真是令我开心。我知道，这一切，孩子与老师的功劳最大。

自从新学期开始，我最关心的是孩子的座位问题，因为眼睛近视有时看不见黑板上的字。我让她自己向老师提，也不知提了没有，总之这事我没再多问。有一天，从班级相片中看到孩子一个人坐在最后一排，也没有同桌，心里很着急。但不能表露出来，怕影响她，若无其事地问她一个人坐在最后什么感觉，她告诉我："很孤单，因为没有同桌，什么批改都得自己做。"我鼓励她后面那些座位是学霸区。显然鼓励作用不大，因为那段时间她总是不开心。

某天放学后，她邀请王静宜来家玩，她们一起参加完楼下的拍照活动回来后就找东西吃，并准备写作业。我因为要为小妹妹买奶粉，饭后就带小妹妹出门了，留下她俩在家写作业。回来后，静宜被妈妈接回家了。我发现女儿作业完成了，碗筷收好了，澡洗好了，睡前活动都做好了，悠闲地看着自己喜欢的电视节目。这时才八点多，这种情景很久没有出现过了。我狠狠地表扬了她。当时我并不知道孩子为什么忽然之间发生了这么大的变化。

第二天起床后，她洗漱后吃早饭并主动要求走路上学，这是以前从没有过的事情。我说走路上学就得早出门，不然要迟到。她很开心地说："好，我马上准备好。"直到送她到学校门口，我没有唠叨一句，心里是满满的暖意。回家路上才得知，她调座位了。她说，是潘老师发现她看不清楚黑板，却从不愿麻烦老师去调整座位；明明一个人坐很孤单，却依旧认认真真学习，为老师、为同学服务。是老师主动为她调整了座位。我真心感谢潘老师的细心与关爱。

自从调了座位那天起，那个自信、开朗的孩子又回来了，简直是一夜之间换了个人。我打心里要感谢潘老师的明智！每次孩子在学校受到了老师的肯定与鼓励，回来都会告诉我，不管是潘老师还是戴老师或是方老师，我知道，对于三位老师她已经适应并喜欢上了。

有一次回来告诉我，她在学校很受潘老师重用，现在要为班级做很多事情，比较忙。我问她："做得开心吗？"她笑着回答："开心！很开心！"我听了，很感动。

在学校遇到懂她的好老师真是孩子的福气，作为家长很庆幸，因为我们遇到了。孩子现在处在青春发育初期，内心想法很多，她在学校能有老师们的欣赏与引导，同学们的友谊与关怀，能开心快乐地学习，当妈妈的感到很欣慰。愿这些美好可以一直陪伴她度过整个青春期。

最后我想说："宝贝，成长路上多风雨。加油！你是好样的！"

我想对潘老师说：“谢谢你！遇上你是缘分，更是我们的幸运！”

我看完这篇文章后，脑海中一直萦绕的是如下这些词语：暖意、福气、细心、关爱、庆幸、欣慰、缘分、幸运。我为娄江有潘老师、戴老师、方老师这样的好老师而感到骄傲，我也深知在平凡的教育生活中，我们有着一大批爱着孩子、为孩子着想的潘老师。

娄江的好，不但体现在班级前排的好；娄江的好，更要体现在班级的最后排。我们的班主任老师，请你记住，不能总让那几个甚至那一个孩子坐在后排，阶段时间的位置调整是必须的，这是班级管理的公平正义；我们的学科老师，请你记住，不能无视那些后排伏在桌上的孩子，给后排回答问题的机会，给后排上台板示的机会，大家一起关注后排，就是关注了教学的公平正义。

关爱后排，从尊重后排起，不歧视，不放弃，寻找教育的切入口，激发他们人生的潜能，让他们做想做的事，让他们做喜欢做的事，让他们做力所能及的事，让他们找到在班级中的自尊、自爱甚至自信。

从教三十六年的经历告诉我：几十年后同学聚会时，说着最多感谢的话或最多歉意的话的，就是原先那些坐在后排的同学。他们的人生轨迹与前排可能有所不同，但他们也是对这个社会有贡献、有价值、有意义的一分子，甚至会更让你欢欣、自豪！

从今天起，让我们一起把特别的爱给特别的他们，爱在深秋，爱在后排。

第三辑

新教育好课程

——研发卓越课程

2013年7月，新教育人汇聚浙江萧山，探讨卓越课程研发。我们形成如下共识：

教室是河道，课程是水流，两者相得益彰，才会涌现教育精彩。课程以人为中心，是师生生命成长的历程。课程的丰富决定着生命的丰富，课程的卓越决定着生命的卓越。

我们认为的课程，是全方位、全过程的，包括学校教育、家庭教育、社会教育和自我教育。师生共同经历的课程，不是一堆知识的罗列，而是让知识拥有生命的温度，通过一组生命体验的过程，让我们成为具有德行、审美、情感、智慧和能力的人。卓越课程，就是最大程度地实现人幸福完整的可能。

我们认为的卓越课程，应该实现新教育实验"让师生过一种幸福完整的教育生活"的使命；应该尊重学生的认知规律，以学生的生命发展为本；应该经历浪漫、精确、综合三个阶段；应该充满惊奇，触及灵魂，生命在场；应该实现知识与生活、生命的深刻共鸣。

我们倡导的卓越课程研发，是指在新教育理念引领下，以国家课程、地方课程、校本课程为基础，鼓励教师对教材进行二次开发和新的整合创造，通过课程的创新使教室成为汇聚美好事物的中心。在课程实施过程中带领学生经历体验、合作探究，建立知识与世界、与自我的内在联系，将所有与知识的遭遇转化为智慧，从而使师生生命更加丰盈。

我们建构的卓越课程体系构架，以民族、国家、人类生存与发展为背景，以生命的幸福完整为终极目的，以哲学、心理学、教育学、社会学及相关学科理论为潜在的理论工具，以活生生的人为中心，以生命课程为基础，以公民课程、艺术课程、智识课程作为主干，并以“特色课程”作为必要补充。

在我们的课程意蕴中，起点处，是人，是人的问题，是人的各种可能性；终点处，还是人，是人的问题的解决，是人的幸福完整的实现。这活生生的人，既是教师又是学生。学生不断成长，教师不断超越，这正是师生以穿越课程来共同书写传奇的新教育生命叙事。

只要行动，就能唤醒，坚持行动，就有奇迹。课程只能在课程中学习，研发课程必须首先穿越课程。研发，不是简单地做加法，而是包含加减乘除在内的整合建构。实施，是一个卓越课程的终点，却正是新的卓越课程研发的起点。

教师应该具有“我就是课程”的胸怀和气魄，从一次次小的改进与创造开始，把自己作为课程的重要组成部分去开发。我们相信，会有越来越多的老师成为新教育理念的践行者、新教育文化的传播者，成为卓越课程的研发者、完美教室的缔造者。

研发卓越课程，创造卓越人生。路途漫漫，我们且歌且行！

娄江新教育儿童阅读课程[①]

阅读让人的精神不断成长，让学校真正拥有教育，让城市充满书香，让社会越发文明。阅读改变教育，阅读改变生活。阅读，是新教育的文化信仰。

一、晨诵起航，让每一天更加明亮

每天清晨，当第一缕阳光投进明亮的教室，老师带着学生轻柔地诵读着美妙的诗歌，与黎明共舞，用诗歌擦亮每一天，以此开启一天的学习。古典诗词、现代诗歌、儿童诗歌，就这么一首一首在孩子们的琅琅书声中一一再现，孩子们逐渐知道了李白、杜甫，了解了金子美玲、泰戈尔……晨间诵诗、生日赠诗、节日读诗、情境诵诗，渐渐地，晨诵的内涵不断被延伸。与传统读经不一样的是，新教育晨诵重视的是儿童的当下经验能感受到的，所以每一次诵读，孩子们都是面带微笑，心有感触的，在对美好事物的向往之中，日渐提升了鉴赏品位。结合不同情境，伴着悠扬的音乐，在诵读中逐渐“编织与叩问”诗歌，读着读着，与诗歌慢慢发生情感上的共鸣，一首首读过的诗歌不仅属于过去，也属于现在，不仅属于作者，也属于读者。

晨诵吻合儿童的身心发展规律。晨诵的内容根据年级段不同而异。在内容的编排上，低年级学段以童谣儿歌为主。童谣和儿歌特别富有韵律，读起来朗朗上口，而且将一定的知识蕴藏在生动的形象里，既可爱，又富有情趣，特别能够激发低年级段儿童的兴趣，对于培养孩子的好奇心、观察力，开启孩子的智慧，有着不可替代的作用。到了中年级，则更多选择一些优秀的儿童诗。儿童诗充满了

① 本文系作者与昆山市娄江实验学校原副校长金叶合作撰写。

童趣与童真，童年如果诵读了无数儿童诗，儿童的生活也将充满诗意。到了高年级，晨诵的内容则更为广泛，注重拥抱世界，以不同文明体系的诗歌来歌咏人类共同的真情，抒发人类共通的情感。晨诵中，无论哪个年级段，古诗一定也要占有一定比例，唐诗宋词这些中华文明的优秀文化，会在每一天的诵读中，逐步进入儿童的口中、眼中、心中，让儿童在诵读之际，不知不觉中亲近了古文的韵律。

晨诵吻合儿歌、诗歌的学习特点。晨诵的诗歌呈现通常配有彩色的画面映衬，配之以优美的背景音乐，营造了一个轻松优美的诵读环境，一下子就吸引了儿童的注意力。在这样的诵读场的浸润下，诵读显现出无与伦比的魅力。音乐响起，诵读开始，老师读一句，学生念一句，师生互读、同伴互念、一问一答，有趣的诵读形式深深地吸引了儿童。引读、添读、对读、创作读，多变的形式极大地调动了孩子的兴趣，丰富了晨诵内涵。

晨诵吻合生活的情境变化。情境诵诗是非常重要的晨诵内容，每一个节日都值得好好纪念。母亲节、父亲节、儿童节、教师节、重阳节，都可以结合节日，精心选择适合的诗歌进行朗诵，让孩子加深对这个节日的理解，孩子们也逐步懂得可以用诗歌来祝福身边过节的每一个人，学会从内心深处珍爱和赞美生命，比如在六一儿童节的时候诵读《快乐的节日》，与孩子一起点亮这个生命的仪式，为他们送上真诚的祝福；中秋节的时候诵读《水调歌头》，感受诗词所寄托的盼望团圆之情；母亲节吟诵《游子吟》，感受天下母亲对孩子的浓浓深情。还可以创设场景进行诵诗，比如毕业了可以开展送别诗会，新同学进班了可以开展欢迎诵诗会，春游、秋游等班级活动时，也可以吟诵符合这个特定场景的诗歌，让孩子用诗歌表达对此情此景的感受。日积月累，孩子们内心的诗意被逐步调动起来，内心会变得无比柔软与丰盈。

晨诵还吻合学校的学习节律。孩子将要入学时，充满向往，新入学时，开始适应，每年开学的激励期、毕业阶段的告别期等不同的学习时期，有着不同的教育主题，晨诵可以顺应这些不同的主题，进行不同角度的引导，主题式的吟诵无形中滋养了儿童的心灵。渐渐地，晨诵、午读、暮省慢慢会成为孩子们每一天的生活方式。

二、大声朗读，给孩子最好的礼物

大声地给孩子读书，这是新教育儿童阅读的重要打开方式。低年级段可以读绘本、桥梁书，中、高年级段可以连续读一个小故事，读一本童书。《绿野仙踪》《夏洛的网》《窗边的小豆豆》《长袜子皮皮》等，一个个经典的故事就这么经由老师的口进入孩子的耳，滋养着孩子的心灵。

为孩子大声朗读，特别适合低年级段的孩子。低年级段的孩子生活经验和语文经验都比较少，存在于头脑中的图式也比较少，再加上识字量少，文字阅读的开展有些难度。这个时候，老师或家长的朗读就显得格外重要，在一次次地听读过程中，孩子逐步累积大量的文字经验，结合生活经验共同构成认知图式，当有一天他们开始自主阅读时，这些图式与所读的内容产生同化作用，从而为理解性阅读打下坚实的基础。

为孩子大声朗读，可以激发孩子的想象力，拓宽孩子的视野，读着读着，孩子的想象力也会在无数的问题中不断丰富起来。女娲是怎么补天的？精卫如何填海？那只可爱的蜘蛛夏洛是怎么救了猪的……一个个有趣的故事让孩子产生了无穷的遐想，想象力就这么被激活了。一个有着无限想象力的孩子，一定会具有丰富的创造力。

为孩子大声朗读，还可以调动孩子的阅读兴趣。老师抑扬顿挫的朗读声将孩子带入童话世界，听着听着，他们就会产生阅读的冲动，通常一本书我读了几天，就有很多孩子自发去购买这本书，每当我开始阅读，他们就会快速地找到所读的段落，很多孩子会超前阅读，这样当我阅读时，他们听到阅读过的熟悉的段落，就会频频点头，露出欣喜的表情。大声朗读为孩子自主阅读点了一盏明灯。

为孩子大声朗读，让孩子坚持听读，还可以使孩子注意力集中。通常只要一开始朗读，教室就会慢慢安静下来，孩子们会目不转睛地盯着我，不时露出甜甜的微笑，听到有趣处，会哄堂大笑，听到紧张处，也会情不自禁地张大嘴巴。连平时特别爱动的孩子，只要一听朗读，就会放下手里玩的东西，跟着故事或喜或悲。大声朗读还有利于扩大孩子的词汇量，丰富孩子的情感。在每天的听读中孩子会逐渐领悟语句结构和词语神韵，产生一定的语感。为孩子经常朗读，不仅能帮助孩子在语言和智力方面取得良好发展，也能够促进儿童情感上的发育。

三、阶梯阅读，从毛毛虫到蝴蝶的蜕变

新教育阅读课程的核心就是儿童阶梯阅读，目的是为儿童找到此时此刻最适合他的书。二年级和四年级并不是静止的两间教室，其间存在着天壤之别。因此，一定要给不同学段的孩子推荐适合他们特质的书，给低、中、高年级段推荐阅读不同的书单，把最美好的童书给最美妙的童年。

首先，要读经典的书。在儿童的成长过程中遭遇经典，在精神成长敏感期遭遇经典，就可以打好精神底色，形成良好的品位。中华民族文化源远流长，那些几千年来一直滋养着我们民族心灵的经典读物，依然是儿童阅读的重要组成部分。唐诗宋词、《三字经》《百家姓》《千字文》《论语》等，都是值得不断吟诵的。外国经典向我们展示着不一样的文化特色，对拓展孩子的视野也非常有帮助，因此，将中外经典一本本地送到孩子面前，是作为阅读推广人的老师的重要职责。

其次，要读儿童的书。儿童阅读喜欢的书，就能在阅读过程中产生愉悦的心理体验，阅读与他们的心灵息息相通，这样他们读起来会感觉特别亲切，能从故事中找到独特的“自我”，从他人的成长故事中体验生命的意义。因此，要坚持从儿童出发的原则，只有尊重了孩子们的兴趣，他们才会被书籍吸引，才能真正热爱上阅读。伟大的童书，一定是蕴含了人类最质朴的价值观，在童书里面，真善美元素随处可见，最美丽的童书蕴含最美好的人类精神，能够引领儿童走上健康的成长之路。

最后，阅读的内容还应该是全面的。如果只是单一地阅读一个类型的书籍，时间一长，必然会产生营养不良的现象。

阶梯阅读的核心思想是在不同年龄段，安排不同层次和内容的阅读。要选择符合孩子年龄特点、心理发展特点的书籍。低年级段，儿童以形象思维为主，这时期的阅读，儿歌童谣、绘本、桥梁书唱主角，浅显的故事情节、生动活泼的插图、短小有趣的句式，降低了孩子阅读的难度，调动了孩子阅读的兴趣。中年级段，孩子的抽象思维能力逐步在发展，这个时候可以加入较长一些的整本书阅读，文字含量逐渐增加，图片数量减少。高年级段，孩子的抽象思维能力增强，这个时期文学类书籍的数目可以适当减少，逐渐增加自然科学类、人文科学类的

书，拓宽孩子的视野。这些丰富的书将编织成一张充满魅力的网，分门别类，让孩子们感知不同书籍的魅力，乐在其中。阶梯阅读，搭建了儿童阅读的层层阶梯，孩子们拾级而上，接触到越来越丰富的书籍世界，开启美妙的阅读之门，逐步过上一种幸福完整的阅读生活。

四、共读共写，踏上共同生活之旅

通过有效的共读，大家一起阅读一本书，就有了对相同事物的理解，有了共同的言语内容，这就使那些最重要的语言密码和价值得以传递，无论是父母与孩子，还是教师与学生、教师与教师，就不再是生活在同一个屋檐下的陌生人，而是能够成为有着共同生命谱系的生活共同体。

共同书写提倡大量地读、大量地写、随意地写、快乐地写。读书笔记、生活日记、游记散文、故事新编等，各种形式的写作激发了孩子的兴趣，读读写写，读写一体，读写共同体的建立让孩子们拥有共同的语言密码，让儿童的生活越发充实与精彩。从心理学对学习的理解来看，最好的学习应该是充满魅力的知识与儿童对话的过程，是年长者与儿童对话的过程，是儿童之间对话的过程，是一个儿童与自己原有经验持久对话的过程。在共读共写的基础上，生生之间、师生之间、父母孩子间可以进行共同的生活。共读共写让孩子们的价值观念、行为方式由完全不一致到逐渐地认同，成为学习共同体。

共读共写除了同伴共写，还有老师、家长、孩子共写随笔，师生、父母与孩子通过日记、书信、随笔等多种形式，一起编织有意义的生活。写作可以记录下日常生活中的点滴瞬间，可以反思个人的成长历程，共读共写的过程就是共同生活的过程，共写是对生命形式的一种反观，围绕彼此共同的话题，通过共同的密码分享意义，让平凡的生活细节留下不平凡的意义。多年之后再次回望，那将是一段弥足珍贵的成长之旅。

共读共写共同生活，将孩子与孩子、孩子与成人紧密地联系在一起，让学生和社会慢慢建立起共同语言，逐步拥有共同价值取向，产生共同的行动，来创造共同的未来。

五、活动与微课程，让阅读飞翔

学校的图书馆、阅览室对学生开放，同时尽可能多的在学校各个空间放上书籍。走廊里、教室外、共享空间，随处都摆放着流动书架，一本本精美的图书整整齐齐地摆放在流动书架上，吸引了行走、玩耍的孩子们，他们情不自禁地捧起书来，或站，或坐，随时随地就开始阅读了，校园里随处可以看到安静阅读的孩子，一间间教室成为一个个图书馆，学校成为开放的图书馆，书籍对于孩子而言触手可及，孩子浸入书中，不亦乐乎。学校里开展“图书漂流活动”，呼吁全校同学参与漂流活动，同时制作个性“图书漂流卡”，阅读完书籍，都要在漂流卡上写下感受，留下阅读的痕迹。“图书跳蚤市场”打通班级与班级、年级与年级的隔阂，大家将已经看过的书拿出来义卖，充分利用闲置书籍资源，将所有义卖得来的钱都捐献给红十字会，一举两得。学校定期举行阅读节，让读书成为全校的大事、乐事、美事。每年 4 月 23 日世界阅读节，9 月 28 日孔子诞辰，都是阅读节的最佳开幕时间。阅读节的开设增强了孩子们的仪式感。在盛大的阅读节开幕式上，学校赠书、老师赠言、学生立志、诵读表演等一些列内容让每个在场的学生都深受鼓舞。阅读节中各种活动琳琅满目，与作家面对面，让学生直面作家，发现原来作家并不遥远，听作家讲创作，与作家交流对话，让作家签名，这样的一些活动会对孩子起着巨大的影响作用。诗词大会激发了学生诵读古诗的积极性，每个孩子都争先恐后地参与诗词竞赛活动。手抄报比赛，孩子们将阅读的感受通过一幅幅有趣的图画、一段段充满个性的文字表现了出来，精美的手抄报显示了孩子们无穷的想象力。诗歌配画、课本剧表演、读书交流会充分展示了孩子们的个性与才能，一个个有趣的活动将学生都卷进了阅读浪潮中，学校成为真正的书香校园。定期的“阅读小达人”“书香班级”等评选活动，用评比替代评价，形成了保证活动开展的长效机制。师生共同沉浸在高雅的读书生活中，阅读成为大家共同的生活方式。

除了各种类型的阅读活动之外，短小的阅读微课程，也是帮助孩子开展阅读的良好途径。微课程内容集中、重点突出、时间短少，具有“短平快”的特点，能够将一个主题在很短的时间内完成，能够给孩子提供阅读支架，因材施教，操作性强，很受孩子们喜欢。围绕阅读，我们也可以设计一些有意思的微课程，比如一年级学生刚开学，面临很多问题，为了更好地做好从幼儿园到小学的衔接，可以设计“入学微课程”：以绘本阅读为主，按照不同主题与孩子们分享。阅读绘本《我上学了》《小阿力的大学校》，老师讲完一段，让学生根据图片说一说、讲一讲，消解孩子对新环境的陌生感和紧张感。阅读《猜猜我有多爱你》，可以从猜猜妈妈有多爱你，拓展到猜猜老师有多爱你，猜猜同学们有多爱你。阅读《你是我的朋友吗》，感受有朋友的好处。在读讲过程中，让孩子觉得学校是美丽的，老师是可亲的，同学是可爱的。入学课程可以延续一到两周，直到大多数学生都能很好地适应了。为了更好地弘扬传统文化，可以开设“小古文微课程”：选择简单好理解的短小古文，通过带领学生诵读、理解，解开文言文的神秘面纱，让学生对古文产生亲切感，感受文言文与现代语言的不同。结合阅读开展“有趣的汉字微课程”：一个汉字、一个故事，将汉字的演变过程以清晰的方式呈现给孩子，让他们直观地感受文字的演变过程，了解文字背后的动人故事。“思乡古诗微课程”：将同一思乡主题的古诗汇聚在一起，开展系列教学，通过一个月或者两个月的集中学习，让学生对这一主题古诗有充分的了解。“神话故事微课程”：将《开天辟地》《女娲造人》《精卫填海》等一系列神话故事构成微课程，让孩子渐渐熟悉这些几千年来口口相传的神话故事，感受中华文化的源远流长。“国际大奖小说微课程”：将国际大奖小说根据内容来进行系统归类，集中阅读。“世界多美微课程”：关于世界地理、人文旅游主题的阅读大讲堂……总之，只要做个有心人，微课程资源无处不在。微课程让阅读绚丽缤纷。

六、亲子阅读，打开另一扇窗

父母是孩子成长过程中的楷模，优秀的父母，不仅要自己阅读，而且要努力打造一个“书香门第”，为孩子创造一个良好的阅读氛围，建设一个美好的精神家园，亲子阅读越来越显示出巨大的魅力。亲子阅读，首先提倡父母的示范阅读。父母阅读，孩子聆听，有故事的清晨，有故事的夜晚，把书籍种入生命，让生命一天天丰厚起来。

亲子阅读中，丰富的阅读形式也极其重要。父母可以充分挖掘阅读的潜在环境，留意各种阅读活动，可以带孩子参加城市图书馆主题活动，也可以去书店待上半天，甚至旅游途中都可以随意阅读，只要愿意，随时随地都是读书时间，这样的阅读轻松自在，孩子喜欢，大人也喜欢。读书会是孩子们最喜欢的亲子社团形式，是由热爱阅读的家长自发组织的，大家在一起读绘本、读童话、读名著，在共读中，拓展阅读途径，提高阅读效果。读书会通常在不同的地方举行，用不同的形式来开展，每次去参加读书会，孩子们都兴趣盎然。

亲子阅读，可以在家里确定阅读规则，和孩子一起制定家庭阅读计划，列出年度阅读书单，一起讨论出各种不同的阅读方式，经过一阶段的阅读之后，要定期进行反馈，大家一起来聊书，谈谈阅读体会。对于年龄比较小的孩子，可以多一些奖励的形式，随着年龄的增大，可以和孩子心平气和地探讨如何阅读一本书，引领孩子采用不同方式阅读。因为共读，孩子和父母之间的语言有了更多的交集，关于书中的任务，关于书中的故事，关于书中的生活，交流也就越发顺畅了。父母与孩子一起共写一个阶段之后，将文字整理成有意思的册子，成为家庭珍贵的财产。十年如一日的与孩子共读共写，让读写成为一种生活方式，过一种幸福完整的读写生活，就是给孩子最好的爱的礼物。

千小生命校本课程[①]

——让生命因“资源教室”课程而闪耀

百年千小，千灯闪耀。尊重每一个生命，点亮每一个孩子的心灯，激发每一个孩子的潜力，张扬每一个孩子的所长，让每一个孩子更好更美丽，这是学校的不懈追求。

我校从20世纪80年代初，就开办了培智班，由此开始了对特殊学生教育的探索。近十年来，学校曾先后四次承办苏州市特殊教育“随班就读”研讨活动，上海、山东、甘肃等省的特教参观团先后多次来我校参观“随班就读”工作。学校现有特殊儿童10人，其中特教班2人、随班就读8人。我校在特殊教育课程改革中，坚持积极引入与自主创新相结合，在借鉴国际成功经验建设“资源教室”的同时，也自主研发适合校情、学情的“资源教室”课程与教学模式，实现了课程育人，让残缺的生命因课程而闪耀。

一、随班就读与“资源教室”：融合教育的有效载体

我校是特殊学生的融合教育的积极探索者，学校提出了“为每一个学生提供适切的教育，让每一个孩子做最好的自己”的口号，努力为每一个学生提供“适切的教育环境、适合的教育方法、适宜的缺陷补救”，逐步由办“培智班”发展到建设“资源教室”，这是一个认识发展的过程，也是普通学校特殊教育意识、能力、水平不断提升的过程。

① 本文收入江苏省教育厅课程改革成果汇编。

1.“随班就读”促进了特殊学生与普通学生的融合。

在几十年的特殊教育办学过程中，学校始终坚持以“单独编班与随班就读相结合”为核心的特殊教育模式。但在教育实践中，我们发现，除了那些中重度智力障碍的学生，还是一些轻度智力障碍或智力正常，但在身心某些方面存在一定缺陷的特殊学生，如学习障碍、感统失调或发育迟缓的学生，他们不需要安排在特殊班中教学，也不属随班就读学生的范围，但这部分学生确实有特殊的教育需求。

实施过程中，我们也发现，老师的不关注，同学的歧视，都给随班就读学生带来了不小的影响。“随班就读”逐渐演变成为“随班就混”“随班就玩”。如何提高随班就读的质量，至关重要。

2.“资源教室”更好地达成了特殊学生个别化教学的需求。

随着对外开放的深入，先进的教育理念与方式方法不断推介到国内，而“资源教室”方案也进入我们这个有着特殊教育情节的学校视野。我们分别建立了侧重于“感统训练”的资源教室，与侧重于“主辅式”课堂教学和“蒙氏训练”的资源教室。接受资源教室安置的学生大部分时间在普通班学习一般课程，部分时间到资源教室接受资源教师或特殊教育人员的指导。资源教室所提供的教学、指导、训练的功能，体现的是以人为本和回归主流。

通过资源教室的建设实践，我们体会到这确实是一种适宜的教育措施，是实现特殊教育需要和以人为本的教育理念的具体体现。特殊学生在资源教室的学习活动，为与普通学生共同学习提供了有力的保障，因此，资源教室应该是特殊学生回归主流的过渡，最后实现与普通学生融合。

二、“资源教室”课程建设：个别化教学的有效保障

有了“资源教室”，还需要有“个别化教学”，就是承认并尊重学生的差异，根据学生的个别教育需要开展教学工作。这就要综合运用集体教学、分组教学、个别教学等组织形式，使资源教室中的每个学生都受到适合其特点的教学，都能在原有基础上获得进步，从而实现其个别化学习的目标。为此，我校努力进行了资源教室的课程构建与实施。

1. **以阅读能力为目标的智识性课程。**

《第56号教室的奇迹》的作者雷夫，用他的爱心与付出，“让每一个孩子成为天使”。对于阅读，他采用的是双管齐下的策略，让个别的学生阅读合乎自己程度的书籍。“首先会经常解释教材，让落后的学生跟上进度，还会事先帮阅读程度低的学生准备特别简单的段落，让他们在课程开始前便赢在起跑点上。”雷夫采用的策略就是个别化教学，根据学生接受能力的差异，合理安排适合学生阅读的章节、段落。

我们给低年级随班就读的学生准备的都是桥梁书和绘本。这样的书篇幅不长，但也不短。文字内容也不深，句子长短适中，没有非常长的句子，适合小孩子的阅读习惯。而在一本书里面、一个故事里面的生字、难词数量也是有限度的，充分地考虑到小孩子对阅读的一种忍耐力，这种桥梁书不影响随班就读学生的阅读兴趣。

在课程刚开始的最初一段时间，老师带领大家共读同一本童书，以讲故事的方式，进行一些互动问答，讲到精彩部分的时候，也有学生脱口而出，表现得十分兴奋。这就是阅读图书所要达到的效果，让学生对阅读产生兴趣，逐步转化为学生自主阅读。对于识字能力非常有限的特殊学生，有时候准备一些绘本通过图画帮助其识字。

阅读课程设计中，我们除了选用优秀的国外绘本、桥梁书，还关注了近代的优秀教材《开明国语课本》。我们将《开明国语课本》制作成挂幅布置在每个教室的外墙面及过道处，让孩子们能时时自主阅读。在群体阅读的氛围中，特教的孩子也潜移默化地产生兴趣，选择自己喜欢的教材挂幅津津有味地进行诵读，成为校园中快乐学习的一景。

2. **以开发潜能为目标的综合性课程。**

在建设资源教室的过程中，有必要进一步提升对特殊儿童教育的认识，如何以多元教育理论来指导对他们的教育行为，在不人为地贴上标签的前提下，让他们悄悄地转化成长，这是值得我们深思的问题。

我们根据孩子们的兴趣爱好，设计并实施了组合童谣、儿歌、绘画的“诵唱绘”课程及组合绘本、绘画、写作的“读写绘”课程。

随班就读学生有一定的识字量，我们精心选取了千首当地的民间童谣，把童谣写在黑板上，一字一句地带着学生朗读。在诵读童谣的过程中，我们发现特殊学生对节拍的把握都非常到位，虽然识字量、记忆力都不如别人，但通过长时间的训练后，也能够记住好几首儿歌。他们诵读出来的时候总在找感觉，节奏感非常强；孩子们十分地投入，那坚定的眼神，自信的话语，那股认真劲儿，无不在告诉别人：在资源教室里，他们在诵唱中体验到了成功，找到了自信。

随着课程的开展，我们的综合性课程不仅仅停留在诵童谣这个层面，进一步地引领孩子们唱儿歌，画卡通，配合阅读课写读后感等，使课程的内容越来越丰富，课程的表现方式越来越多元，成为名副其实的综合性课程。

3. **以缺陷补偿为目标的干预性课程。**

资源教室中配置了万象组合、平衡步道、滑梯等全套的感统训练、平衡协调训练专业器材和蒙氏活动器材，可以帮助学生提高肢体的协调性、灵活性，提高感觉能力的正确性。

每一个新的学期开始，就重新对随班就读学生进行儿童感觉统合训练能力评定，测定下来，随班就读学生或多或少的都存在一些前庭平衡感失调的问题。分别为随班就读学生制订了一份以缺陷补偿为目标的干预性计划，周期为一个月。每次进行健康干预课程时，都进行相应的记录，一个月后再次对他们进行评定，看是否有所进步。刚开始进行健康干预训练，好几位学生在脚踏石上站稳都很困难，更别说行走了，这是典型的平衡能力欠佳的表现。经过老师的指点和自己的努力，一两天后基本能在脚踏石上站稳了。而后的几天，每次有健康干预课程，孩子们都积极参与脚踏石的活动。一个阶段训练结束，都能在脚踏石行走了，成效显著。

我们很重视蒙特梭利教具的适时使用，通过游戏为主的活动，寓教于乐，帮助学生在活动中学习。在阅读课开始前，让学生先进行蒙氏教具的使用，学生能更好地集中精神，投入到阅读课程中去。随班就读学生刚开始接触三项式时，对于27块大大小小、颜色不一的色块，无法独立完成。随即拿出难度相对简单得多的二项式，在老师的指导下，两个色块只有颜色相同的面才能接触，通过两三次的尝试，在老师的指点下，能够自己独立完成。经过两三天的自己摸索，最终获得了成功。这不仅仅是独立完成了三项式，学生的思维、动手、观察能力都在这个活动中得到了锻炼，收获更多的是找回了自信。

4．以生活体验为目标的实践性课程。

随班就读学生独立完成一件手工制作品需要手脑齐用，在这个过程中他们也会遇到很多的问题，如果能坚持做完，也是一种毅力的培养。与特教教材相配套的手工教材，比较适合“随班就读”学生现在的动手能力，我们重视并用好这些手工教材，学生们也很乐于参加，无论学生的手工制作完成品是什么样的，都及时给予表扬和肯定，让孩子建立自信心。

通过大半年的努力，孩子们都能在老师的指导下或者独立完成作品，学生的成就感也就更强了。在此基础上，我们又将手工“制”作逐步过渡到手工“创”作。利用废品来进行小制作，如利用卫生纸芯做笔筒、利用饮料瓶制作花盆、利用旧报纸编制各类器皿、利用硬纸盒制作存钱罐等类似的小制作。教师可事先进行构思、设计好需要制作的作品，在制作的过程中如遇到一些需要使用危险性工具时，教师可适当地代为操作，尽量避免安全事故。这些环保小制作，难度适宜，提升了随班就读学生的动手能力、创新能力。

我们也在平时不断创造条件，尝试各种有利于随班就读学生发展的、今后生活中能够用得上的实践性课程，比如烹饪、面点等饮食的制作，让他们今后能够更好地适应社会生活。

三、“资源教室”：是特殊学生的教室，也是普通学生的教室

资源教室不能只成为应付检查的一种摆设，在规划并完成了四类资源教室课程构建的基础上，我们将随班就读学生的学习进行重新安排，比如上午在普通班级接受常规化教学，下午则进入资源教室，专门进行资源教室课程学习。我们为随班就读学生所做的这一切，都是希望他们能够早日回归普通班，融入普通班中去。

“融合教育”不是特殊孩子融入普通孩子的单向融合，也应该有普通孩子融入特殊孩子的“互应”。因此，资源教室也不仅对随班就读孩子开放，普通班的孩子也能并应该融入资源教室中来。比如在开展阅读课程时，我们就让普通班低年级段的学生轮流到资源教室中，与随班就读学生一起参与到阅读中来，这也是一种“融合”。而侧重于感统训练的资源教室，我们更向普通孩子中有轻微行为障碍者开放，帮助他们进行行为矫正，从而最大值地发挥资源教室的作用。类似

的举措可以消除资源教室为特殊学生“特设”并专用的认识盲区，实现认识上的“交融”，为特殊学生创造更为平等、宽松的学习生活环境。在推进资源教室课程建设的过程中，我们注重专业老师的培训与使用，也注重提高普通老师的特教意识，普通教师不仅能教育好普通学生，也能教育好特殊学生，成为一种“全纳型”的教师，能满足每一名学生的学习需求，这是我们学校融合教育对师资素质的必然要求。

有了融合教育的理念，有了资源教室的载体，有了丰富的课程，有了个别化的教学策略，更有了全纳型的师资，让特殊学生回归到普通教育形态，就会从可能发展成现实。一灯一世界，我们学校的每一盏特殊的生命之灯，都会因资源教室课程而璀璨！

融合适合：新特教的“娄江之路”

2016年11月，娄江实验学校“九年制特教生‘融合教育资源中心’建设”项目，通过申报、答辩、评审被确认为苏州市初中课程基地建设项目，开始了娄江新教育新特教的探索。新教育实验之初，就提出“三个一切”的价值取向：“为了一切的孩子；为了孩子的一切；一切为了孩子。”一切的孩子就包括那些有特殊教育需求的孩子，影响深远的新教育论坛就专门设立了一个“特教论坛”。娄江新教育好学校的办学实践始终以“普特融通”为指导思想，以“面向全体”为指导方针，以“资源中心”为教育载体，以“创新生成”为发展模式，以“课程建设”为可持续发展力，以“康教结合”为服务品牌，以“家校合作”为保障特色，以“多元发展”为培养目标，走出了一条新教育新特教的“娄江之路”。

一、娄江思考：融合适合是满足人民需求、倡行适合教育的必由之路

融合适合，需要我们有更高的认识：融合教育是普通教育学校顺应时代发展适合教育需求的本职工作。

融合适合，需要我们有更清晰、更精准的定位：融合教育是通过普特融通发现与激发潜能实现个性化发展的面向全体的教育。

融合适合，需要我们有更全面的界定：融合教育是从学校融合文化建设到课程实施从而保障每一个学生多元发展的系统工程。

1. 融合教育是让人民满意的重大行动

特殊儿童少年的家长，最渴望的应该是自己的孩子不断成长为一个“真善美健”的孩子。各类特殊儿童的身心特点存在着很大差异，学校应建立以“学生

为本”的新型教学关系，更加注重个体的个别化发展。融合教育资源中心针对特殊儿童各自的特点，区别对待，使每一个特殊儿童在语言发展、心智活动、情感意志及交往能力等方面得到充分发展，满足个体需要。融合教育是一项系统工程，从学校到家庭，策略都是有共通性的。通过创新课程体系与模式，专门设计开发以服务家庭教育和亲子活动为目的的课程和活动，为家长提供对特殊儿童进行教育训练的方法及指导咨询服务，保障指导工作常态化、持久化。这样的融合教育在校内有实效，在家中有保障，普特融合、家校融合，人民群众当然会满意。

2. 融合教育是发展适合教育的重要路径

“发展适合的教育”是“以人为本”的体现，是因材施教的另一种表述，是解决当前教育问题的共识度比较高的思路。“适合的教育”就是把学生的选择、社会的选择作为第一要素，把教育与社会劳动、生产实践相结合作为重点，让学生在自己的特长和兴趣上得到最好的发展。“适合的教育”就是有合适的成长期待，有正确的人才观和幸福观，视发展为成功，拒绝一把尺子量到所有人。“适合的教育”要解决的是教育供给的单一、粗放及教育运行的内向与人民群众教育需求的多样化、个性化及社会对教育参与不充分之间的矛盾。而融合教育资源中心要解决的，正是“随班就读”工作中所出现的简单化与教育需求的多样化、个别化之间的矛盾。

“适合的教育”就是让每个学生都能接受公平而有质量的、适合自己的教育；要发现差异、尊重差异，引导学生找到适合自己的成长、成才路径。要让这样的理念变成现实，就必须重视课程的建设，有了适合的课程，才能让个体的学习适切而美好。

3. 融合教育是娄江转型升级的重大策略

著名特教专家方俊明教授给融合教育资源中心下了个定义：“以促进普特融合为宗旨，通过整合资源，贯彻特殊教育理念、方法，为普校教师提高‘随班就读’学生教育教学质量而设置的专业机构和教育教学场所。”资源中心的宗旨、路径、策略、目标紧扣“普特”二字，突出“融合”“整合”，强调“理念”“方法”，明确“机构”“场所”，指向“普校教师”。资源中心的课程建设既要为学生服务，又要发动指导教师进行校本化的融合教育课程实验，促进普通学校教师的特教专业化发展。融合教育能够真正促进学生在最近发展区的成长，融合教育的课程将建立在满足学生多样化需要、尊重学生的平等权利、发挥学生的潜能等信念的基础之上。这样的课程是多样化的、涵盖生命与生活各领域的、宽泛而平衡的课程；是动态的、开放的体系。融合教育强调的个别化教育虽然是针对特殊学生的，但是其指导思想是面向每一个学生、办适合的教育，这对于每一所普通学校转变儿童观、教育观、课程观，探索推进普通学校课程改革都具有重要的意义，必将推动普通学校人才培养模式的转型，具有反拨效应、联动效应。

二、娄江答案：融合适合关键在于走出“融通创生”的新路

1.“融通”即融洽沟通。是融合，是融汇，是融解；是联通，是打通，是畅通

一是“普特融合”。诚如方俊明先生所言，普通教育学校的融合教育，要以普特融合为指向，以特殊教育的方针、方法来指导、提升普通教育学校特殊儿童少年的教育水平。

二是“普特融汇”。从政策层面指向让每一个孩子从“有学上”到“上好学”的办学宗旨，明确普通教育学校的融合教育是本职工作，是职责所在，是责任担当。通过面向特殊儿童少年的个别化教育策略、方法，让他们在校园中享受到与普通孩子一样的公平而有质量的教育。这是普通教育学校的应有之义。

三是“普特融解”。要从教育哲学层面而不是从教育技术层面来理解普通教育学校的“普特结合”，不能“普中有特，特别鲜明”；要让普通教育学校的“特教班”“资源教室”“资源中心”成为学校中自然而然的一部分，成为学校中不可分割的一部分。应该融入学校的整体文化建构中，融入学校的整体课程规划中，融入学校日常的教育生活中。

四是“联通家校”。坚持问题导向、目标导向、活动导向、项目导向，以发展家长为目的，创新互动交流策略，通过沟通，促使校长、教师、家长、学生、社区成员实现不同程度的发展。构建学校、家庭、社会“三位一体”的现代特殊教育新格局，从而更好地满足特殊儿童的教育需求，促进特殊儿童的教育接近或回归普通教育主流。

五是“打通内外”。普通教育学校要打开校门，走进部门，如常态化联系卫

计委、残联、民政局等机构部门，建立医教结合、残联等主体部门参与的专业保障机制，形成符合残疾儿童身心特征和需求的个别化教育方案，注重潜能开发和缺陷补偿，提高教育的针对性和有效性。

六是“畅通衔接”。小学侧重于综合评估、教育安置、课程教学以及给附近不能到校学习的儿童提供“送教”上门和“送康”上门服务；初中侧重学科教学，挖掘学习潜能，发挥学生特长，做好扩展义务教育期的教育衔接。

2. “创生”即创造生长。是创新，是创设，是创造；是生长，是生成，是缔生

一是“创新机制”。对普通教育学校而言，全面实施融合教育，是新事物，是新举措，必然会面对实施中的许多新状况、新问题。因此，从上到下，都要有创新机制的意识与能力，面对问题不回避，在政策范围内，一切从实际出发，敢想、敢试、敢为。

二是“创设环境”。要特别注重融合教育政策的宣传，要在学校的文化布置、环境布置以及学校的文件制度中创设有利于、有益于融合教育的氛围与顶层设计，从而提高融合教育的美誉度，提高家长的理解度、满意度，提高参与教师的荣誉感、获得感、幸福感。

三是“创造方法”。融合教育面对的特殊儿童少年，最大的特点就是个别化，因此，要善于针对个别化问题，采取相应的教育教学方法。要充分调动与发挥老师的主动性、创造性，要大力消化吸收特殊教育学校的方式方法，也要有机地应用普通教育学校课程项目的成果与成功经验，使学校的融合教育各美其美。

四是“生长生命”。普通教育学校的融合教育，生长的是每一个孩子的生命，普通孩子和特殊孩子，彼此焕发生命的光彩。融合教育终将会两头延伸，我们要积极尝试从主要面对的特殊儿童少年延伸到那些超常儿童，从而为每一个“特别的孩子”提供特别的教育，让每一个生命更好地拔节。

五是“生成模式”。适合的融合教育，呼唤的是教育模式的多样化。区域的差异性、学校的差异性与学生的差异性，必然导致在基本要求、基本策略、基本方针上的差异，不同类型的学校融合教育的模式是百花齐放的。

六是“缔生品牌”。适合的融合教育，就是在实践创新中生成经验，生成模式，生成榜样，最终共生的是江苏融合教育的美好样态，将成为江苏融合教育的品牌。

综上所述，融合适合，充满了理性的深邃，又焕发着人本的光辉，俨然已成为娄江推进融合教育的一条“理想路径”，成为国际化色彩鲜明、区域特征突出的一种美好样态，成为“过一种幸福完整的教育生活”的最佳写真！

三、娄江行动：融合适合的“一二三四五六”

1. 一个理念：普特融合，按需施教

在不断完善融合教育资源中心课程基地的建设过程中，融合教育资源中心根据学习训练区、资源评估区与办公接待区的综合要求，逐步建成了一个教室与感统训练中心、融合训练中心两个训练中心。并根据实际需要添置了各种专用设施与器材，建造了一个共融、共生、共成长的教育教学资源中心。该中心具有为有特殊教育需求儿童提供咨询、个案管理、教育心理诊断、个别化教育计划、教学支持、学习辅导、补救教学、康复训练和教育效果评估等多种功能。

娄江“桂园”资源中心始终坚持一个教育理念：普特融合，按需施教。一是将资源中心打造成真正提高具有特殊教育需求学生和“随班就读”学生的教育教学质量，为他们能接受平等的教育而专门设置的专业机构和教育教学场所；二是让有特殊教育需求的学生与普通学生能够共融共生，使孩子们都能学会交往，学会接纳，学会尊重与关爱。

2. 两种安置：全日制与半日制

目前，我校融合教育资源中心共有30名学生，小学部13名，中学部17名，其中3名同学拥有残疾证。有两种安置方式，一是特教班式全日制，2名学生经专业机构测评及家长申请，全日制在融合教育资源中心的资源教室学习；二是资源中心半日制，部分学生平时在教室里参加正常的课程学习，每天于固定的时间到感统训练中心或融合训练中心参加由专业老师指导的感统训练或专业的心理辅导。另外，有10多名学生自由参加下午的感统训练，并在相关班级实施差异化教学，进行“一对一”服务。

3. 三个融入

一是融入学校文化。娄江以“上善若水，自强不息”为校训，追求的是“每滴都最美”，让师生过一种幸福完整的教育生活。相信每一滴水都可以折射

出太阳的光辉，尊重每一个生命，善待每一个孩子，激发每一个孩子的潜力，要让每一个孩子都能做最好的自己。将资源中心命名为“桂园”，首先是因为那里有好几株桂花，其次是因为郁达夫在《迟桂花》中说的“因为开得晚，所以才经得久些”，融合教育资源中心的孩子就好比是这迟开的桂花。娄江“桂园”主张并坚信：全纳公平，静待花开。这是娄江融合教育公平而有质量的真实写照。

二是融入学校课程。娄江“桂园”的课程建构为十大模块：即生命课程（尊重与爱护）、生活课程（习惯与德行）、艺术课程（才艺与审美）、科学课程（常识与技能）、学科课程（知识与观念）、读绘课程（情感与方法）、康复课程（康复与适应）、补偿课程（能力与态度）、研学课程（体验与交往）、亲子课程（通识与全程）。在这样的课程建构中，生命课程是所有课程的基础；生活课程、艺术课程、科学课程、学科课程、康复课程则是主干；读绘课程、补偿课程、研学课程、亲子课程作为必要补充。生活课程培养的是“善”，艺术课程培养的是“美”，科学课程、学科课程培养的是“真”，康复课程培养的是“健”，我们就是要通过众多的融合教育课程让特殊儿童向“真善美健”的方向发展成长。我们将娄江融合教育资源中心命名为“星星班”，并根据上述十大课程模块设计了“星星班”课程表，课程包括：生活自理课程，综合艺术课程，阅读表达和趣味数学课程，电影赏析课程、沟通与蒙氏课程，还有以康复训练为主的感统训练课程。全日制的特殊儿童全天按“星星班”课程表参与每天的学习活动，同时孩子们也参与学校的特色课程；“随班就读”特殊儿童上午在普通教室接受普通课程学习，下午到资源参加“星星班”的课程，并接受专业的感统康复训练。

三是融入教育生活。资源中心的课程也融入教育生活，班主任会按照课表带领孩子参加班级的烹饪课程、陶艺课程、STEM 课程。孩子们在这些特色课程中动手实践，感受到学习的快乐，培养了他们的动手能力，训练了他们的协调能力，让孩子们在成功中逐渐找回丢失的自信。很多特教生也有自己的长处，需要我们发现与培养。上帝关闭了你的一扇门，总会为你打开一扇窗。全日制上课的三个孩子中，一个爱好音乐，一个喜欢画画，一个喜欢烹饪，2018 年已经毕业的一个孩子书法相当出色。我们会不断地为每一个孩子创造机会，培养他们的特长并让他们展示自己的才艺，相信自己也能行。敬江楼一楼大厅就有资源中心孩子们亲手制作的各种手工艺品和书法、绘画作品展示。学校教师还经常带领融合教育资源中心的孩子们参加一些活动，为这些残疾儿童提供了充分展示的场所和机会，使他们体验到成功的喜悦和满足。王某某同学书法很好，学校专门为她在苏州市教育局机关大厅娄江艺术作品展中设立了娄江“桂园”主题的个人专版，并带孩子亲临展示现场参观，感受来自参观者的啧啧称赞，增强孩子的自信心。

4. **四化建设**

一是场所设施标准化。娄江融合教育中心以“桂园”命名，经过近两年的实践探索，娄江建成以一个融合教育资源中心、两个训练中心为主的融合教育中心，以及STEM科创中心、家政课程中心、生活艺术中心、国学教育中心、艺体馆的综合教室、室外活动场区域相配套的资源教室群。

一个专用教室，集课程、教材、专业图书以及学具、教具和辅助技术于一体。两个训练中心即融合训练中心和感统训练中心。专用教室根据学生的需求，对学生进行动作及感觉统合训练、视功能训练、语言康复训练等。融合训练中心包括心理沙盘游戏、身体康复训练、综合阅读等。融合：一是训练方式方法的多样性，二是训练对象的多样性，以此实现服务对象的融合。感统训练中心是结合科学的实物训练器材，有效地提高孩子皮肤的触觉、前庭感觉和本体感觉，实现大脑与身体各种机能的联系与协调，从而促进孩子大脑与体魄的发育。

二是日常管理课程化。解决普通学校“随班混读”现象，就要呼唤有质量的课程管理。娄江融合教育中心围绕两大板块进行课程规划与实施，一是“教育康复课程”，二是“学科补偿课程”，开发适宜的、融“知识性、活动性、实践性、综合性”为一体的多样化的、可选择的课程样态和组织模式。通过对各类残疾儿童缺陷的补偿，开发智力，提高认知水平，全面提高素质。

全日制融合教育资源中心“星星班”课程研制与实施保障了特教生个别化的教学。融合教育资源中心全天在班“一人一表”学习的初中部有3人。我们尊重他们的差异，为他们量身定制了“星星班”课程表，包括生活自理课程、综合艺术课程、阅读表达和趣味数学课程、电影赏析课程、沟通与蒙氏课程，还有以康复训练为主的感统训练课程，同时孩子们也参与学校的特色课程：家政课程、陶艺课程、STEM课程。通过这些课程的实施来发展他们的特长，全面实施个别化教育和缺陷补偿，为特教生适应社会、融入社会奠定基础。

三是康复训练专业化。学校根据在校特殊学生的实际情况，在专家的指导下，为感统训练中心配置了能满足学生日常训练所需的专业器材，学校与校外专业康复训练机构合作，购买专业的康复训练服务。融合教育资源中心的特殊孩子每天下午参加一小时的康复训练，专职康复师根据孩子的诊断报告，为每一个孩子量身定制阶段康复训练计划，或进行“一对一”的个别辅导训练，或参加小组合作的团队康复训练。

四是教学服务个别化。“随班就读”特殊儿童的教学，原则上执行普通学校的课程方案和课程标准，使用统一教材。要求每一位任课教师都能够从“关爱每一个”走向“特别关爱这一个”，各科任课老师都要对孩子的实际情况进行深入调查和分析，制订“一对一补偿教学计划”。普特融合的班级中，专门研讨制定《差异教学方案》，做实、做细“随班就读”学生的差异化教学。课前细化学情分析，根据“随班就读”学生的基本学情，单独为他们设计能够接受的教学目标；关注普特学生不同的认知水平，课堂中实施分层教学，在提问、督学等环节上进行适当的帮扶。课后及时跟进，“一对一”辅导或进行专题的补偿式教学，并为其量身定制“一对一补偿教学计划”。

对于在融合教育资源中心的全日制特殊儿童，基于“尊重、博爱、呵护”的核心理念，围绕特殊儿童的需求特点，建立校内各学科协作团队，对专业康复课程等采取购买社会服务、聘请专业机构专家等多种方式有效实施。针对学生的特殊情况、发展需要，为学生量身定制个训课程，以此弥补一般课程的不足，满足不同学生的需求，形成符合残疾儿童身心特征和需求的个别化教育方案，注重潜能开发和缺陷补偿，提高教育的针对性和有效性。如原九年级学生王同学从小学习书法，对书法有浓厚的兴趣，也有一定的基础，为其定制以书法课程为主的补偿教学，毕业时学校特意为他举办了个人书法作品展。现在融合教育资源中心在读的学生范同学，智力发育迟缓，平时喜欢涂涂画画，为其定制以绘画课程为主的补偿教学，计划毕业时为其举办一场个人儿童画展。廖同学，长得比较清秀，手指修长，但四肢活动不够协调，结合其身心特点，为其定制以钢琴弹奏为主的补偿教学，计划毕业时为其举办一场个人钢琴演奏会。

向着最美好的那一方，娄江融合教育从场所设施标准化、日常管理课程化、康复训练专业化、教学服务个别化，努力践行着娄江的办学理念“让每滴都最美”！

5. **五个全面**

一是通识教育全员覆盖。一方面，对有特殊教育需求儿童的综合素养的通识教育，从公民教育到习惯养成，从生活自理到友伴相处，细化到每一位学生，落实到每一个环节；另一方面，融合教育的基本知识、基本技能，基础性的应知须知，要宣传到每一个岗位，延伸到学校之外。特别要注重对教师先进教育理念的培训，从美感课堂的构筑、教师读书会的开展、班主任德育微课的整合，到家庭指导师的培训、每周一汇的总结等，时时彰显融合教育理念。融合教育在娄江是一项“全员工程”，贯穿于学生、家长与教师三者的共同成长过程，真正做到“每滴都最美”。

二是文化教育全体落实。融合教育课程实施之前，组织特殊儿童所在班级的任课教师进行专题学习，深入掌握项目建设开发理论，解析项目设计意图。创造条件让每一位老师都了解资源中心建设的进程和课程的开展情况，了解特教儿童的成长情况，更好地配合学校融合教育资源中心课程的建设，从点到面，不断促进学校教师的特教专业化成长。使更多的教师初步具备特殊教育基础知识和基本技能，教师个别化教学的专业素养也会得到一定的提升。

三是生活教育全程渗透。学校对亲子社团活动的大力支持，也使孩子在五天校内学习的时间外，周末两天的生活也丰富多彩。学校对学生假期的生活教育也极为重视，生活技能作业，如做一道菜、做一次家务等，都会要求进行反馈。对于融合资源中心全日制的孩子，更关注他们的生活教育，除上述内容外，每个班级的家政课程、法制课程、陶艺课程等，在与康复训练不冲突的情况下，要求全程参与。

四是缺陷补偿全心实施。特殊孩子不光有正、副班主任以及任课教师的辅导，学校还有国家二级心理咨询师 8 名、苏州上岗心理老师 6 名，心理咨询师会对其进行指导，另外，还聘请残联的专业人士对其进行康复训练。教师在“随班就读”的课堂教学中，注重处理好普通学生与残疾学生的关系，加强残疾学生的个别辅导。“随班就读”的课程实施需特别注意两点：首先是科学进行半日制课程的研制与实施，确认下午参加融合教育资源中心个训等个别化课程的名单，还要落实那些自由参加下午感统训练的学生，并在相关班级实施差异化教学，进行“　对　”服务。其次是落实差异化教学。

五是家庭社区全部关注。切实开展家庭教育指导，形成学校、社会、家庭教育相互沟通、优势互补的良性运行机制，构建学校、家庭、社会“三位一体”的现代特殊教育新格局，从而更好地满足特殊儿童的教育需求，促进特殊儿童的教育接近或回归普通教育主流。通过亲子课程调动整合各种社会资源对家长进行肢体功能训练、语言康复训练、简单的心理辅导等方面的知识和训练技能的指导，从而使社会、家庭与学校形成合力，让特教生的教育做到全纳与全程。经常邀请特殊儿童少年的家长到校进行观摩，关注这些家长的内心困扰，教会其日常训练的方式，保障这些孩子在家庭中进行巩固性康复训练。

6. **六个发展**

一是发展每一个特殊儿童少年。全天候在融合教育资源中心的三位学生，依照孩子的喜好与特长，寻找孩子的闪光点，使这三位同学收获了满满的自信。“随班就读”的学生，在每次组织的艺术活动中也收获满满。在艺术表达课堂上，学生不知不觉发生了很多变化，尤其是在自信心和社会交往能力的提升方面表现尤为突出。学校不仅发挥了老师的艺术才能，更发挥了艺术在心理辅导上的功能，让学校的心理健康教育形式多元化。每周的“心语轩”心理辅导，更是为孩子及时排忧解难、疏通心理。感统中心的康复训练，为资源生量身制订了康复训练治疗计划，根据孩子的不同情况做专业的康复训练。“随班就读”的学生身心愉悦、身心健康，在老师的帮扶与教导下，融入集体，成为海洋中的一滴。我们要让不同障碍类型和程度的特殊需求学生，都能得到适宜的安置和教育康复。

二是发展每一个普通儿童。融合教育中大力倡导合作学习，强调课程要适应学生的多样化；课程要使所有学生都能理解；课程编制要了解学生的差异性；学生积极主动地投入学习；学生进行合作学习；评价要鼓励所有学生取得好成绩；课堂纪律以相互尊重为基础；教师合作进行计划、评价和教学；教师和学习辅导人员注重帮助所有学生的学习和参与；家庭作业要有助于所有学生；所有学生都要参加课外活动。这些无疑为普通教育学校的差异化教学，创建了一个具有前瞻意义的实践策略与技术路径。娄江初中部分层作业改革与走班制教学尝试，都走在了全市的最前沿。应该说“融合适合”成为助推娄江儿童观、教育观、教学观更新及学校教育教学转型升级的“娄江推力”。

三是发展每一个教师。娄江的融合教育资源中心不单是几间教室，同样，娄江的资源教师也不只是几位单一的老师。我们有中小学的所有艺术老师手把手教授，有校本课程的老师倾囊相授，有党员送教、资源小组送教，有班主任老师的协力相助，更有老师的勤奋努力和专家的倾情指导。老师之间自发地开展了一系列的活动，如讲座、心理电影、团体辅导等，保障了课程实施有序、有质量。娄江还开展了老师和家长的小组工作坊，让心理健康教育实现全覆盖。同时，根据学生的需要做了很多改进和创新，让所有教师具有融合教育理念与技能。

四是发展每一个家庭成员。家里有一个异于他人的天使，对家长来说无疑存在各种焦虑担心、寝食难安。范同学刚到融合教育资源中心时，沉默寡言，负面情绪很重，家里亲子关系也异常紧张。家长不愿接受孩子的现状。针对孩子的情况，学校一次次真诚倾心地与家长沟通，首先请家长尊重孩子、关爱孩子，接受孩子的现状，顺应孩子的发展，对孩子在自身基础上的每一次进步给予鼓励和支持，同时老师为家长支招，让家长参与到学校的教育中来，感受孩子的不断成长……家长学到了教育与沟通的知识，看到了老师的用心、孩子的进步，也振作、配合起来。为了及时有效地与家长沟通分享，娄江“桂园”为全天候的资源学生家长建立了家长微信群，为“随班就读”的学生家长建立了康复训练的 QQ 群，在这里分享孩子的成长历程、训练技能、育儿妙招！有空的家长还可以来感统训练室协助训练，以便在家也可有效地进行康复训练。在这个团体里，家长们也找到了比肩的同伴，大家携手共同前行、共同学习成长，不再自暴自弃，成为专业化陪伴的好家庭。

五是发展好资源中心。娄江融合教育资源中心已成为昆山融合教育的宣传阵地，昆山市“特殊教育二期提升计划工作会”在娄江举办，昆山市的学校纷纷前来参观取经；苏州大市范围内已经接受相城区、工业园区、常熟等地学校的参观交流。娄江“桂园”的办学策略与成效也受到越来越多家长的认可，产生了良好的社会影响。娄江资源中心项目建设已发挥了区域影响作用，并在这一领域起到了重要的引领作用，引起了各级部门和社会的高度关注，其创新性与专业性也得到学界的认可。南通市、徐州市将数百人的现场培训安排在娄江；浙江省杭州市等外省市的高级培训也将娄江融合教育资源中心作为培训的主要现场进行观摩学习。

六是发展好学校。全纳娄江在进行公平而有质量的教育，“迟桂花们”在这里愉快成长。看到孩子们的日益进步，家长们纷纷写来了感谢信，对学校表示由衷的感谢，学校也获得了社会各界的高度认可！娄江正在成为一个有温度、有高度、有厚度的学校，成为让每一个人都能过一种幸福完整的教育生活的学校！娄江人相信，教育就是为了公平；娄江人确信，有质量的教育才是公平。娄江人相信，公平而有质量的教育是为了每一个人；娄江人确信，特别的孩子应该给予其特别的爱，关注特殊孩子的教育才是好的教育，有效实施融合教育的学校才是好的学校。“融合适合，合合美美”，这永远是娄江新教育新特教的康庄大道！

千小家校合作特色课程①

——构建家教课程化"立交桥"

一、项目背景与实践价值

昆山市千灯中心小学校建于 1905 年，是一所有着深厚历史文化积淀的百年老校。在长期的办学历程中，始终坚持"以质量求生存，以特色求发展""在传承中发展创新"。

随着昆山经济社会的高速发展，学校的生源结构发生了根本性变化，70% 以上为外来务工人员的子女，即新昆山人。据统计，学生来自全国二十二个省市区，还有中国台湾等地区、韩国等国家的学生。不同区域、不同民族的生活习性给学校的常规教育带来巨大的挑战，问题不断，尤其是学校教育与家庭教育脱节，学校教育常常事倍功半。经过深入反思，我们归结出三大主要问题：

一是学校对家庭教育的定位比较狭窄，将家庭教育归结到校内德育中，使家庭教育成为德育的附属品，从而只有校德育处来组织实施，局限于一个窄小的工作范围，无法形成全面的可持续的工作；二是家校双方消极参与，家校联系次数偏少，时间难以协调，实际效能低；三是家校联系的方式和内容单一，学校通过家长会、开放日等单一的模式与家长沟通。

反思促进认识的提升，我们形成了这样的共识：一是家长的自身素质和育儿能力对于孩子的成长至关重要，家庭是教育子女的重要基地。家校双方只有以沟通为基础，相互配合，合力育人，才能形成积极的教育影响力并作用于孩子。如

① 本文以昆山市千灯中心小学校为具体实施对象。

果缺失任何一方，我们的教育都是不全面的，学生的心理发展也是不健全的。因此，家校联系工作必须受到高度重视。二是学校作为普及知识的主阵地，对于培养“好父母”也负有不可推卸的责任，积极创新家庭教育模式，使家庭教育更具有针对性和实效性，这是学校的使命。创新家庭教育模式，强化家校合作共建迫在眉睫。三是在创建“好学校”文化过程中，积极建设“好家庭”“好父母”，从而打破单一的家庭教育模式，有高度、有深度地构建家校系统，力求做到三新：观念新、模式新、实践新，全面提升“好学校”家庭中“好父母”的育儿水平。

2013 年学校成为苏州市义务教育改革“学校特色文化建设”项目学校，顶层设计中，将“好父母”与“好家庭”纳入“好学校”文化生成系统，作为重要的子项目来规划实施、积极探索家庭教育的新模式，获得了良好的效果。“好学校家庭教育直通车”项目被评选为昆山市文明办 2015 年未成年人教育“阳光工程”十大实事项目。

在一系列家庭教育活动新模式实践中，我们深感家庭教育资源的科学性与系统性不够，特别是学校家庭教育课程化的平台建设、师资安排、课程实施、课程评价还存在不足，有必要在苏州市教育局家庭教育课程化的大背景下，主动申报项目，积极进行项目实验与研究，不断完善家校共建，实现“建设好家庭”“成长好父母”的办学愿景。

二、项目含义与特色

构建家教课程化“立交桥”项目定位于家庭教育课程化的实施渠道与策略研究。立交桥全称“立体交叉桥”，辞海释义为：在城市重要交通交汇点建立的上下分层、多方向行驶、互不相扰的现代化陆地桥。家教课程化“立交桥”的意义为开辟多层次、多通道、多方式、互通式的实施渠道，从立体式教学平台建设、阶梯性教材体系构建、动态性教学资源开发、互动性教学效果评价、专兼组合式师资队伍培养等方面进行策略性探究。

家教课程化“立交桥”，主要是建好校园网“新教育好父母”一个家，用好“家校短信”一个平台，办好“亲子课程”一个班，开通“家庭教育直通车”一辆车。重点要用好这四大管道，将家庭教育读本进行二次加工，做到家教课程化形式多样，有机融合。

三、项目内容

（一）目标

1. 打造家庭教育课程资源实施的“家校立交桥”品牌。

通过项目的实施，搭建科学、多元、立体的“家校立交桥”家庭教育课程资源实施的平台。通过“家教直通车”“短信日日通”“亲子一堂课”“共读共写吧”等平台载体，促进家长自主学习、亲子阅读、互教互学，将系统的学校家庭教育指导教材和各类家庭教育资源，有效地传递到父母们手中，提高父母们的家教能力并参与学校的民主管理，实现互通共融、合作共赢的家校管理新模式。

2. 组建相对稳定的家庭教育师资队伍。

建立“桥”工作室，以工作室为基地，组建一支专业与兼职相结合的相对稳定的家庭教育工作者队伍。学校要积极创造条件选择老师参加专业学习培训，多培养具有资质的家庭教育指导师。要通过直通车健康、平安等项目组活动的开展，与市卫生局、市公安局等部门紧密合作，充分利用各部门专业人才的资源，形成面向不同家庭父母群体的教育讲师团队，保障各项活动持续有效地开展。

3. 形成家校互通的双向教育协理机制。

要通过项目实施帮助和引导父母们树立正确的家庭教育理念，掌握科学的家庭教育方法，提升科学教育子女的能力，做陪伴孩子幸福成长的智慧型父母。同时，也要充分发挥父母参与学校教育管理的作用，建好家长委员会，逐步建立和完善面向父母的各类评价与嘉许制度，鼓励先进，突出榜样，带动更多的家长关爱学校、关注亲子成长。

（二）主要内容

创新家教模式，开通“家教进家庭”直通车，开办亲子大讲坛，开建网络“父母教室”，开展好家庭建设系列活动，以学校力量为主体，整合卫生、公安、社区等各方资源，用好学校“中央专项少年宫”项目平台，建构实施“家校立交桥”。

1. 直通车驶出家教高效能。

成立“好学校家庭教育直通车”项目组，项目组以相关教育理论做奠基，从家长、学生、学校三维视角研究本校家校合作的现状，并对家校合作中存在的问题提出行之有效的改进建议，展开丰富多彩的互动活动。学校项目组与市卫生局健康促进中心、市残联、市教育局合作，对我校教师和学生家长进行需求性调查摸底，根据他们的实际需求，制订有针对性的授课计划。根据时间安排，分期分批开展教师普及心理健康知识教育。在“好学校家庭教育直通车”的大平台上开办各年级父母会，与妇保所合作对家长进行孩子心理卫生健康教育，与派出所合作对父母、孩子进行安全法制教育，让父母主动参与学习方法、心理健康、习惯培养等多方面交流，扩大父母与学校的互动交流。还在“每月一事”活动中，让孩子回家践行每月一事，培养良好习惯；利用“乡村少年宫”设立亲子课程，以学生为主体，以亲子为抓手，将少年宫建设成为学生乐园、父母学园。

2. **大网络提升家校融合度。**

充分利用了学校网站的宣传教育功能，全面拓展视域，将家庭教育延伸到网络，突破学校的概念，现实世界与虚拟世界相辅相成，构筑完美的家庭教育平台。学校除了在网站上建立了每个班级的完美教室外，还重点建设了“父母学校”，学校将各项活动图文资料即时更新于“父母教室”中，进一步扩大家庭教育的影响力和覆盖面。启动“校讯通”短信项目，每天给父母发两则短信，上午为校园新闻，下午为家教知识，边让父母了解并积极参与学校事务，边给父母们传授家教的专业知识，提高育儿水平。学校还申请了微信公众号，进一步建立家校、社会与学校的沟通联系与合作。

3. **亲子项目营造家教好氛围。**

学校在建设“书香校园”的大环境下，将原有的只对家长的教育变为亲子活动，亲子共读共写，大力提倡优秀儿童书籍的阅读和写作活动。学校在儿童阅读阶梯以及儿童教育专家列举的优秀儿童书目的参考借鉴下，购买了一大批优秀的儿童书籍，同时发动家长主动为孩子购买适合其阅读的好书，并发动父母陪孩子共读共写，双管齐下。共读后，父母和孩子还要一起完成读书心得的撰写，由班主任老师将父母写的优秀读书心得发于网上“父母教室”的“共读共写”板块，让更多的孩子和父母共享，共同交流，从中评选出优秀的共读文章。通过孩子与父母共同的活动，在培养好亲子感情的同时，还能达到家庭教育的目的。不定期地组织部分在共读共写中表现出色的父母以读书会的形式坐下来互相展开交流活动，共同探讨孩子的阅读培养和写作能力的训练，学校也通过父母读书会的形式适时开展家庭教育，老师与父母、父母与父母互相研讨孩子的教育问题，在交流中发挥集体的力量，通过多种思考的交流碰撞产生启发，不断提高父母们的家庭教育教学水平。

4．**好课程孕育家教大能量。**

结合我校特色学校课程的建设，在“六艺”课程的基础上，从少年宫活动建设过程中开发一系列亲子课程系列，做到“月月有讲堂”。学校少年宫活动每个月都有至少一次的亲子课程活动，以学生全面发展为追求目标，以亲子活动为组织形式，让少年宫各社团活动成为孩子们学习的乐园，同时也变成了父母学习的大学园，可谓亲子共成长，家校同欢乐。结合亲子课程，学校将组织“好人家庭”“书香家庭”“才艺家庭”“礼仪家庭”“健康家庭”“平安家庭”等优秀家庭的评选，使学校的家庭教育从课程实施走向课程评价，从而不断走向深入。

（三）重点与难点

1．**重点：**

“好学校家庭教育直通车”的品牌建立

建设示范性“桥”工作室

2．**难点：**

学校实施家庭教育课程评价

四、项目实施路径

（一）推进思路

1．**分解实施策略**

以项目推进来促进学校各项工作的内涵式发展。围绕“直通车”“桥”工作室、“亲子课程”“爱心父母”，分工成立各个专题项目组，做到人人有项目，项项有专人负责，形成分工合作、项目互补的机制。

2．**平台展示策略**

充分发挥校园网“父母教室”的作用，将原来附属“完美教室”的“父母教室”进行升级，在学校一级栏目中，将“新教育展厅”改名为“新教育好父母”，重点展示家庭教育。这是一个大展馆，天天是“窗口”，时时在展示。通过项目介绍，通过过程记载，直观地展示，真实地呈现，让关注家教课程化的人们可以比较全面地、方便快捷地了解。这更是一个档案馆，是学校为苏州市家庭教育课程化项目建设的档案馆，一天又一天，天天在创造、在书写，一部成长史在生成、在演绎。

3. **以评促建策略**

要从学校实际出发，分析认识我校的优势和劣势，合理选择和打造本校家庭教育特色项目，积极申报参与相关评比，如中国教育学会家庭教育专业委员会的基地学校，通过参评不断提高特色办学水平，提高学校特色文化建设的美誉度。

4. **校际联动策略**

一是注重苏州市项目学校之间的联系与交流，虚心学习，取长补短。二是加强与“中国教育学会家委会实验校联盟”的联系，实现资源互补、成果共享。

（二）进度安排

1. **项目起始阶段**（2015 年 5 月—2015 年 6 月）

成立苏州市家庭教育课程化项目学校领导小组，认真学习苏州市教育局相关文件，分析学校已有研究成果，找准切入点，拟订实施方案。

2. **项目启动阶段**（2015 年 6 月—2015 年 8 月）

召开专题研讨会，对项目研究的内容、方法进行论证，参加苏州市教育局的项目答辩，并对方案做进一步修订。

3. **项目实施阶段**（2015 年 9 月—2017 年 12 月）

依据项目实施方案，在不断的实践中反思、调整，探究相对优化的策略，总结阶段行动，研究经验。

（1）在大量实践中，精选我校家庭教育课程化建设案例，编辑成集。

（2）通过现场会、观摩会、论坛等形式，巩固成果，推广经验，完善实施过程，实现共同提高。

4. **项目总结阶段**（2018 年 1 月—2018 年 6 月）

对本项目实施的过程性资料进行系统分析，形成项目成果报告，并将专题论文汇编成集，为做好下一轮推进工作和研究奠定基础。

五、项目实施的保障条件

苏州市家庭教育课程化项目学校的研究及推进是一个长期探索、逐步形成的过程。为了保证本项目的顺利实施，制定了相关的保障机制，以此来全方位地调动学校师生的积极性、主动性与创造性，使这一项目的推进成为学校全体成员的自觉行动。

1. 专业保障

成立千灯中心校苏州市家庭教育课程化项目学校专家指导小组。

朱永新　中国教育学会家委会理事长

孙云晓　中国教育学会家委会副理事长

鹿永建　中国教育学会家委会副理事长

卢　勤　中国教育学会家委会副理事长

杨咏梅　《中国教育报》家教版主编

王　丽　《江苏教育报》家教版主编

2. 组织保障

成立千灯中心校苏州市家庭教育课程化项目学校领导小组，明确项目组成员的分工和职责，将各项工作分解到个人。

3. 制度保障

明确各项规章制度，落实相关奖惩制度，保证项目研究的正常开展。

4. 经费保障

落实相关经费，建立项目专项基金，保证研究活动、教师培训和成果总结推广所需要费用的落实。

5. 管理保障

建立项目研究台账资料；采用文字、图片、音像等多种形式收集过程性资料；设立项目管理小组，定期检查实施进展情况。

6. 成果保障

及时收集整理教师研究过程中的论文报告、实验随笔，定期编撰《项目阶段研究成果》，总结推广研究经验。

六、项目实施的预期成果

（一）阶段成果

1. “好父母”家教优秀案例汇编。
2. “好学校家庭教育直通车”成为学校家教品牌。

（二）终期成果

1. 中国教育学会家委会基地学校。
2. 全国家庭教育的窗口学校。

七、项目工作成员及分工

组　长：

储昌楼，负责项目学校的申报、策划、培训和研究活动的开展，项目成果推广及交流；

副组长：

计建忠，负责项目的调研，统筹项目的运作，撰写阶段性总结；

陈春明，负责项目的调研，统筹项目的运作，撰写阶段性总结；

许建武，负责项目经费筹措，后勤保障，负责资料整理、归档。

组　员：

蔡　雄，负责宣传报道，负责安排与项目相关的专题活动；

沈梦怡，负责学校特色文化项目研究中的调查问卷、课堂观察等原始材料的整理分析、描述归纳；

陶柳青，负责收集项目研究过程及成果材料，如年度项目研究计划、总结，教师撰写的课例、案例、精品教案、典型课例、教育教学故事等；

计金弟，负责校园网的建设与维护，刻录光盘，电脑制作；负责对 QQ 群、博客的管理；负责对项目领导小组成员多媒体技术的培训；

傅建军，负责项目相关活动的操作实施；

冯　梅，负责项目相关活动的操作实施；

张　蓓，负责项目相关活动的操作实施。

千小艺术校本特色课程[①]

——昆曲文化课程建设为学校塑美立魂

一、项目背景与实践价值

昆山市千灯镇炎武小学是对原歇马桥小学异地重建的一所公办小学，是以明末清初著名思想家顾炎武的名字命名的，意在传承和发扬“天下兴亡、匹夫有责”的爱国思想，并积极推进现代化素质教育。2008年，炎武小学一期破土动工，并于2009年竣工。主要服务于外来务工人员子女，为外来务工人员子女打造一流的教学环境，体现了当地政府以人为本的人文关怀理念。学校按六轨36班设计，占地面积37537平方米，设有音乐教室、舞蹈房、科学实验室、劳技室、图书室、阅览室、微机室、多功能教室等标准化专用教室，基本上满足了教学工作的需求。学校现有教学班31个，学生1575名，其中98%以上的学生是来自全国20多个省市的“新昆山人”子女。这些外来务工子女享受了“同城待遇”的教育条件。但有了硬件并不等于就有了相应的教学质量和水平，办人民满意的教育，需要注重开发自我的特有能力，提升学校文化力，提高社会知名度与美誉度。

1. 昆曲文化课程建设有助于增强学生的文化认同，提升学生的人文素质。

昆曲艺术蕴含着宝贵的学校教育资源，应该通过课程建设来挖掘和利用昆曲艺术的教育因素，促进学生在知识、情感、价值观等方面的全面发展，特别是通过昆曲文化课程，增强文化认同感。对此，当地镇党委政府高度重视，大力倡

---

① 本文以昆山市千灯中心小学、昆山市千灯镇炎武小学为具体实施对象。

行。昆山市委书记管爱国在视察炎武小学时强调指出："如果炎武小学办起'小昆班'，'新昆山人'的孩子们能唱昆曲，这对诞生在昆山的昆曲，对于来自全国各地的孩子们，都会产生深远的影响!"为了打造学校艺术特色教育新路，丰富学生的兴趣爱好，增强学生的艺术气质和修养，促进学生全面素质的提高，学校在镇党委政府领导关心和旭昌化工有限公司的支持下，正式成立了"小昆班"，经过一年的实践与探索，取得了良好的社会效果。

2. 昆曲文化课程建设有助于彰显学校个性，提升办学品位。

外来务工人员子女学校，不仅仅要有硬件，更要有软件，要有自己的办学特色与办学品位。学校确立了以"责"为本、"责以至诚，责以致行"的校训，以"以德治校，崇尚一流，培养学生既在品格、知识、能力、身心等素质方面得到全面、和谐的发展，又具有适应未来社会交际、创新的潜在智能，做21世纪素质健全的建设者。"为办学目标，力求形成"求真务实，去芜存菁"的学校文化精神。在办学实践当中，"责"的文化教育已初步形成，但学校的办学内涵还不够丰富，办学特色还不够鲜明。我们要通过昆曲文化课程建设，为学校塑美，使学校、学生、父母在昆曲教育中学会"雅"，塑艺术教育之美，立传统文化之魂。从而有"责"有"雅"，最终成为一所刚柔相济的特色学校。

3. 昆曲文化课程建设有助于光大中华优秀民族文化，弘扬中国传统美学。

教育对文化的传承是自觉的并且有选择性的。昆曲被誉为"百戏之祖"，流传至今已有五六百年了。当今，昆曲固有的精神文化价值已得到世人的认可和重视，2001年，昆曲被列入了世界级的非物质文化遗产名录。古镇千灯是昆曲的发源地，学校办学的责任与担当让昆曲这一"活化石"能够在千灯这块富饶的土地上代代传承、延续。通过昆曲文化课程建设，在昆曲的大美至美中，彰显中华民族的传统美学。

二、项目含义与特色

（一）课程概念

昆曲文化课程是文化素养类校本课程，是综合实践课程。本课程着眼于昆曲文化，通过丰富多彩的课程内容，使学生在参与、感受中提升艺术素质，提高审美情趣，在对昆曲文化内涵的理解中培养文化自觉，形成对昆曲文化的认同感、自豪感，在文化的浸润下完成对乡土的归依。

（二）课程特色

1．综合性

昆曲艺术是一门涉及音乐、美术、舞蹈、文学等艺术门类的综合性艺术，强调音乐、美术、舞蹈、文学等相关艺术门类的综合学习，从而为综合性的艺术课程提供了教学的依托，促进学生艺术素养的全面发展。昆曲艺术蕴含着感性的情感力量，要求学生能够形成积极的情感、态度、价值观，有助于学生知、情、意的全面发展。通过课程的开发与实施，还能促进教师、学校、社会的共同发展。

2．实践性

昆曲文化课程坚持给学生创造条件，促使学生的学习方式从片面的被动接受转到主动接受、从单一的接受学习转到接受学习和探索学习相结合、从单一的个体学习转到个体学习和合作学习相结合。本课程将设计丰富多样的实践活动，帮助学生在掌握初步的昆曲知识和拥有能力、相应的态度与价值观的同时，能够获得一定的学习方法，形成初步的合作意识和能力。

3．全员性

昆曲文化课程首先注重的是普及性的基础水平，以每个在校学生为教育对象，要求所有学生都能知昆曲、诵昆谣、唱昆歌。其次是提高专业水平，以那些具备了基础水平并对昆曲艺术具有特殊兴趣和专长的学生为教育对象，通过在“小昆班”的专业训练，使这些学生能够具有初步的专业水平。

三、项目内容

（一）目标

1．传承优秀文化

通过本课程的教学，无论是学生，还是教师，都将获得一定的昆曲艺术知识，形成对昆曲文化的关注和热爱，从而达到保存和发展民族优秀传统文化的目标。

2．提高文化认同感

以昆曲文化课程作为校园文化建设的突破口，激发学生热爱昆曲、热爱艺术、热爱学校、热爱昆山。

3. 促进个体成长

坚持“全员普及，普及与提高相结合”的原则，让所有学生有所知，更让有特长的学生有艺术上的一技之长。

4. 推动专业发展

通过课程建设，提高本校教师的科研能力。作为校本课程，其开发的权利和职责都以本校教师为主体。从课程开发任务的提出到课程开发任务的完成，都将以本校教师为主体进行，并以此为契机，提高教师课程开发的能力。

（二）主要内容

1. 昆曲文化课程物态文化建设

创设文化的课程环境。以文立校，以曲育人。我们将通过与共建学校——昆山市千灯中心小学校的相互交流，学习借鉴共建学校的成功经验，规划建立昆曲长廊、昆曲景点等物态建设，建设物态性学习载体，呈现趣味化教学资源，形成充分展现课程特色、具有浓郁课程文化氛围的教学环境。

建立专题课程网站。本校具有较好的现代化教学媒体资源，可以充分利用这些资源为学生提供多元的学习渠道。通过建立专题课程网站，搭建互动的学习平台。通过昆曲教育、昆曲文化、昆曲课程资源的建设，在生活与课程的有机结合中，开拓环境育人的新境界，加强学生对课程教学内容的形象观察、体验感悟，运用新理念、新技术、新方法、新手段，促进学生自主学习、快乐学习。

建设丰富的学生社团。镇政府每年投入数十万元，帮助学校建立了“小昆班”，聘请昆曲表演艺术家或优秀教师深入学校，定时间、定地点、定辅导计划、定活动内容，面对面地指导学生的“童子功”训练，训练内容包括戏曲唱腔、身段、化妆、服饰。要以课程文化开发为突破，通过汇报演出、学校开放日、参与社区活动等多种渠道，一方面为学生提供用武之地和获取成就感创造条件，另一方面获得家长和社区的支持。通过开展经常性活动，为不同潜质、不同个性学生的发展提供了多样化的选择和帮助。

2. 昆曲文化课程校本课程建设

开设昆曲文化课程，主要目的是用课程形式保证全体学生受到昆曲普及教育，再安排适当的课时，力争形成课程评价体系。通过校本课程教材，不仅精选优秀的昆曲唱段，而且积极创造与时俱进的昆歌，让学生唱起来朗朗上口。

必修课程的建设。昆曲文化校本课程，定位于综合实践课，不是单一的知识传授，而是“知行合一”、欣赏与参与并行的课程。编写并应用相关校本教材，以两周一节必修课的方式组织实施。让学生初步了解昆曲艺术的历史与渊源，得知其在人类文化发展史上的地位以及在国际上的影响，了解昆曲的行当、表演的特征、服饰艺术，感受昆曲音乐的情绪，并参与昆曲表演，进一步感受昆曲的艺术魅力。

活动课程的建设。除课堂学习，以“小昆班”等学校社团形式吸引一批对昆曲产生浓厚兴趣的孩子加入表演行列，并以此辐射，扩大昆曲在全体学生中的影响。每年举办一次主题艺术节，计划挺进省市专业团体，开设昆曲普及讲座，让社团“小票友”与专业演员同台演出。还要通过开展故事会、演讲赛、论文赛、手工制作赛等活动走进昆曲。通过昆曲文化课程建设来促进、培养学生良好的学习习惯，培养学生自主积极的学习态度、合作的意识和基本技能，逐步提高学生勤于动手、善于思考、敢于创造的能力。

3．高雅的学校精神文化建设

昆曲艺术是音乐、美术、舞蹈、戏剧等多科综合的一门艺术课程，它的推广与应用必将引领其他学科更好地发展。以昆曲艺术为引领，提升学校文化内涵，通过昆曲的启蒙和普及，让孩子更深入地了解中华民族灿烂的历史文化。

在昆曲文化校本课程实施过程中，根据教学内容必须进行合作教学，教材内容也以主题活动为主，因此，要求各科教师尽可能地进行合作。音乐课上，学唱选段；体育课上，学习身段；美术课上，描绘脸谱；语文课上，赏析唱词。通过写训练日记，阅读整理戏曲资料，写研究小论文，使学生熟悉戏曲、爱上戏曲。这样既有利于不同学科教师之间通过充分的交流相互学习，增进团队精神，又是创建学习型组织的可行途径。

（三）重点与难点

1．重点：

（1）“昆曲文化课程”的研究

（2）“昆曲文化课程”对学校文化的完美提升

（3）“昆曲文化课程”选修课程的实施

2. **难点：**

（1）“昆曲文化课程”校本教材的编写

（2）“昆曲文化课程”实施的普适性

（3）“昆曲文化课程”评价体系的制定

四、项目实施路径

（一）推进思路

1. **校际联动策略**

一是与共建学校千灯中心小学校紧密联系，虚心学习，主动参与，实现资源共享，促进质量提升。二是注重与其他特色项目学校之间的联系与交流，虚心学习，取长补短。

2. **分解实施策略**

我们将昆曲文化建设全面融入学校各项工作中，以项目推进来促进学校各项工作的内涵式发展。从物态文化建设到校本选修课程实施，分工成立各个专题项目组，做到人人有项目，项项有人负责，形成分工合作、项目互补的机制。

3. **平台展示策略**

系统规划组织校园艺术节活动，让学生有展示自我的平台。积极参加校外的各类展示、演出活动，“小昆班”主动走出校门，提高演出水平，增强办班影响。

4. **以评促建策略**

要从学校实际出发，分析认识优势和劣势，积极申报参与相关评比，通过参评不断提高特色办学水平，提高学校特色文化建设的美誉度。

5. **合作研究策略**

昆曲课程的开发，需要多方面的人员进行合作。开发的主要力量，应是本校教师，也要想方设法与昆曲专家、研究学者联系，保障课程建设的专业性。积极拓展校外资源，拟寻求社会力量在财力、人力、物力等方面的支持。

（二）进度安排

1. **项目起始阶段（2014 年 4 月—2014 年 5 月）**

成立小学特色文化建设项目领导小组，广泛收集资料，分析学校特色文化建设已有研究成果，找准切入点，拟订实施方案。

2. **项目启动阶段**（2014 年 5 月—2014 年 8 月）

成立小学特色文化建设项目专家小组，召开专题研讨会，对项目研究的内容、方法进行论证，举行项目启动仪式。

3. **项目实施阶段**（2014 年 9 月——2016 年 12 月）

依据项目实施方案，在不断的实践中进行反思、调整，探究相对优化的策略，总结阶段性的行动，研究经验。

（1）在大量实践中，精选昆曲文化课程建设案例，编辑成集。

（2）通过现场会、观摩会、论坛等形式，巩固成果，推广经验，完善实施过程，实现共同提高。

4. **项目总结阶段**（2016 年 1 月—2016 年 4 月）

对本项目实施的过程性资料进行系统分析，形成项目成果报告，并将专题论文汇编成集，为做好下一轮推进工作和研究奠定基础。

五、项目实施的保障条件

小学特色文化建设项目学校的研究及推进是一个长期探索、逐步形成的过程。为了保证本项目的顺利实施，我校制定了相关的保障机制，以此来全方位地调动学校师生的积极性、主动性与创造性，使这一项目的推进成为学校全体成员的自觉行动。

1. **共建保障**

以江苏省艺术教育特色学校昆山市千灯中心小学校为共建单位，充分依托，同步共进。

2. **组织保障**

成立项目学校领导小组，明确项目组成员的分工和职责，将各项工作分解到个人。

3. **制度保障**

明确各项规章制度，落实相关奖惩制度，保证项目研究的正常开展。

4. **经费保障**

落实相关经费，建立项目专项基金，保证研究活动、教师培训和成果总结推广所需费用的落实。

5. **管理保障**

建立项目研究台账资料；采用文字、图片、音像等多种形式收集过程性资料；设立项目管理小组，定期检查项目实施进展情况。

6. **成果保障**

及时收集整理教师研究过程中的论文报告、实验随笔，定期编撰《项目阶段研究成果》，总结推广研究经验。

六、项目实施的预期成果

（一）阶段成果

1. 开发并使用昆曲校本教材
2. 汇编昆曲综合实践活动案例
3. “小昆班”办班成果汇报演出

（二）终期成果

1. 外来务工人员子女学校特色文化建设示范学校
2. 昆山市教育质量综合评估优质学校
3. 昆曲艺术教育品牌学校

娄江德育校本特色课程[①]

——娄江“德善”物型课程建设

一、项目背景与实践价值

昆山市娄江实验学校自创办以来，始终围绕校训“上善若水”，坚持立德树人的德育总目标，依托开发和建构校园物型文化、德善课程资源，积极探索德育创新，注重学生品格培育，用校园文化提升办学品质，以特色课程支撑内涵发展，形成了“两生两国一科一艺”的特色课程群，大胆彰显学校个性，让娄江的“每滴都最美”，实现“过一种幸福完整的教育生活”的办学愿景。学校已获得了“全国青少年校园足球特色学校”“江苏省平安学校”“江苏省健康促进学校”“江苏省物型课程研建基地”“江苏省艺术特色学校”“江苏省基础教育前瞻性教学改革实验重大研究项目执行学校”“苏州市基础教育课程基地”“苏州市首批义务教育学校管理标准特色学校”“苏州市家庭教育课程项目学校”“苏州市中小学生社团建设先进学校”“苏州市教育技术装备管理先进学校”“苏州市绿色学校”等多项荣誉，具有实施品格提升项目的良好基础和支撑体系。

“省教育厅、省财政厅关于启动实施江苏省中小学生品格提升工程的通知”中明确指出“开发有生命力的特色资源”：注重资源的创意开发，建立育人资源发布、共享、拓展、更新与再创造的有效机制，让各类育人资源以多种渠道和方式向师生呈现，促进学生按照个人发展需求平等、充分、便利地获得。并特别提到“要重视全过程的校园物型课程建设”。

---

① 本文以昆山市娄江实验学校为具体实施对象。

2016年4月，《江苏教育报》连续四期以专题介绍了物型课程的基本概念。这一概念的提出，不仅是对陶行知先生的“要把教育和知识变成空气一样，弥漫于宇宙，洗荡于乾坤，普及众生，人人有得呼吸”。这一教育理念的具体展现，同时也增强了现代教育的课程意识，落实了学科文化，体现了教育价值。

苏霍姆林斯基认为创造良好的学校环境是“教育过程中最微妙的领域”。物型课程的高格追求即学校创建学科之境，学生乐享学习之美。物型课程的文化创新旨在创新环境的课程意识，指向在物，关键在型，突破在课程，目的在育人，重在“物”的文化塑形及课程意象。将中小学校园建设与教育价值、课程开发、学科文化、专业创造等有机地结合起来，创造性地装点好学校里的每一处，让教育无时不在、无处不在；真正拓展传统的学校建设、校园文化、学生学习的新视野、新空间；真正培养出学生能够适应终身发展和社会发展需要的必备品格和关键能力；全面提高学生关于知识、技能、情感、态度、价值观等多方面的核心素养。

九年制义务教育的均衡发展承载着人民群众对教育公平、优质教育的热切期盼。而我校优秀的物型文化能让师生在崇尚美好人性、塑造完美人格、追求幸福人生的熏陶中逐渐形成自己的价值观、人文精神及道德情操。通过我校物型课程建设，加强各类专题教育场所资源的共建共享、拓展互通，从而探索学生内心喜欢、知行合一、坚守不变的符合教育规律和青少年身心发展规律的育人范式，全面落实“立德树人”的根本任务。

娄江的物型文化建构了充满活力的校园生态，娄江的德善课程营造了上善美好的教育生活。学校以“文化立校，课程育人”为指向，将物型文化与德善课程紧密结合，从地表文化、空间文化、学科文化、格物文化四个方面推进校园物型文化建设，开发有生命力的特色资源，浓墨重彩打造人文景观与先进馆室，让校园的一草一木、一池一墙，无不浸润人的情致；一砖一石、一器一物，无不濡染人的品格，发挥物型育人的显著功效。

二、项目含义与特色

（一）“德善”

语出《道德经》：“圣人无常心，以百姓心为心。善者，吾善之；不善者，告亦善之，德善。”老子心中的“德善”，是指德行至善。“德善”是我国传统文化的精髓，旨在从思想品德、行为准则等方面引导人们，使之具有良好的道德品质，积极进取，完善自我。

（二）娄江“德善”

娄江实验学校校训“上善若水”语出《道德经》：“上善若水，水善利万物而不争。”倡导师生学习水的品性：至柔、至刚、至净、至容，不断追求完美的品格。娄江“德善”的理念是让娄江的每一位师生都能用心似水般清净柔和、滋养万物；为人似水般真诚善良、灵动随和；为政似水般有条有理、清廉亲和；对名利要像水那样宁静致远、谦和不争；对困难要像水那样顽强拼搏、永不言弃；对学业要像水那样水滴石穿、执着不懈，从而达到人生的最高境界。

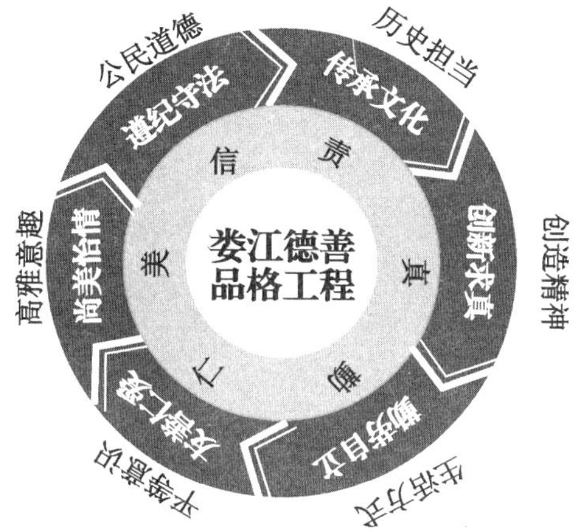

娄江“德善”所培育的人的核心品格，简称“六字真经”，即“信、责、真、勤、仁、美”。

1. 信，即诚信，守信用。

自古以来，“诚信”是中华民族的传统美德，是为人处世的基本之道。现今，“诚信”是社会主义核心价值观中对公民个人层面的价值准则。中小学生正处于人生成长和发展的关键时期，是品格形成和培养的关键阶段，他们的诚信品质如何，最终关系到诚信社会的建设。

2. 责，即责任，要有责任意识。

中国传统文化中历来就有修身、齐家、治国、平天下的责任意识和担当精神，作为娄江的一员，要有传承优秀传统文化的责任意识；关心国家政治生活的责任意识；承担生活角色的责任意识。将自己的兴趣与国家的需要结合起来。

3. **真，即求真，探寻真理。**

“真”，是一种踏实的作风，是一种做真事、实事的理念，是一种创新求真的创造精神。也就是为学生从小埋下依据实事求是、与时俱进的思想，鼓励他们去不断地认识事物的本质，把握事物的规律，能动地改造和探索现实世界，最终为人类造福的理念。

4. **勤，即勤劳自立。**

培养孩子吃苦耐劳、克服困难的坚强意志，养成学生珍惜劳动成果、勤俭的作风。通过了解勤劳的中国人民创造的农耕文明，了解农具等，以及阶段性的生活技能培训，如烹饪学习、亲子德润微课堂的学习，真正提高学生自理的能力，最终帮助学生养成勤劳自立的生活习惯。

5. **仁，即仁爱。**

尊重每一个生命，让每一个人认识生命、理解生命、珍惜生命、呵护生命、热爱生命和成就生命，让每个生命活出自己，活出尊严，活得完整，活得幸福。与人为善、教人以善，有一颗正直之心和成人之美的精神，能够以友善仁爱的平等意识对待身边的每一个人。

6. **美，即尚美。**

“美”蕴涵着心灵美、语言美、行为美。通过各种途径，满足学生“尚美”的天性。学生由欣赏艺术形式的“外在美”，进而学会欣赏表演者认真准备和演出的“内在美”，逐步培养出学生欣赏艺术之外的各种“美”的能力，最终培养学生学会欣赏“美”的品格，让每位学生都拥有尚美怡情的高雅意趣。

（三）物型课程

1. **物型课程是发挥“物”的课程意象。**

以环境建模、物型建构与课程开发为内核，实现“文化塑形”，是具有时代特征和中国特色的校本化隐性课程。

2. **物型课程重视与发挥物的作用，指向在物，目的在人。**

物型课程反对脱离学生兴趣和生活实际的纯粹概念化学习，主张“在情境中学习”“在活动中学习”“在探究中学习”。物型课程以环境建模、物型建构与课程开发为内核，以场景功能实现与教育品格提升为追求。“物”的课程意象集中表现为以下五个方面：

① 物情。创设万物于人皆工具的物型氛围。将校园建设与教育价值、课程开发、学科文化、专业创造等有机地结合起来，学校创建学科之境，学生乐享学习之美。

② 物语。创建与教学内容相融的校园造型。赋予校园建设更显现的课程寓意，在更多教育体验的课程实施中提升校园品位。

③ 物道。创立求物之道的课堂生态。通过开发丰富而有美感的课程资源，重构学习空间，让学术形态的内容以教育形态、生活形态的内容呈现。

④ 物场。创新主动好学的学习工场。丰富有趣的物型课程，是对校园生态的重新定义，即通过不断增加校园建设中的课程价值和审美趣味，来构建向学的立体校园和知识空间，成为人与物、人与人之间对话交流的丰厚土壤。

⑤ 物境。创造共同的生命栖居室。物型课程重在“物”的文化塑形及课程意象，特别注重研究教室环境的优化、物象氛围的调整等。场景化、情境化，创造出更具美感、让人品味的教育景观。

3. **教育的本质是“让人成为人”，教育应该“立德树人”。**

现今中小学的德育过多地依赖于“规则、规范、要求”，受教育者面临的只能是“接受、服从、执行”。德育目标碎片化、内容抽象化、课程专门化，这确实是目前德育工作中存在的突出问题，学校缺少的是一种隐蔽的教育艺术。

隐性教育的直接目标之一，就是形成“处处是教育之处，时时是教育之时，人人是教育之人”。在隐性教育过程中，采取间接、内隐的方式对学生施加影响，比起一味地灌输和诱导，环境熏陶、非言语暗示与情感交流更容易引导和激发学生心灵深处的共鸣与主动感知，使学生逐渐改善自己的言行。

学校作为学生受教育的重要场所，其建筑空间、环境所具有的“场所精神”潜移默化中地影响着学生的价值观，是学生所栖居的精神家园。要充分挖掘校园物态的文化力量、育人价值，推进中小学生品格提升，进一步增强校长、教师立德树人的课程意识和尊重教育规律、儿童发展规律的科学意识，探索社会主义核心价值观教育的新时代路径。

4. 从原来强调赤裸裸的灌输向融入生活、融于艺术、融于文化转变，这是国际上意识形态教育发生的趋势性变化。

这为物型课程提供了一个背景，也是时代的需要。比如社会主义核心价值观教育，固然应该标语进班上墙，校园的物型更多地承载着社会主义核心价值观的"润物细无声"，但更需要把体现社会主义核心价值观、体现意识形态的东西融入到校园文化之中。物型课程从物出发，致于育人，将我国社会主义核心价值观物化到学校的空间、物器、材料层面，以文化物、以物化人，提升校园生态发展的核心品质，建构学生与核心价值观相契合的更具深度的精神素养。丰富有趣的物型课程，是对校园生态的重新定义，即通过不断增加校园建设中的课程价值和审美趣味，来构筑向学的立体校园和知识空间，通过教育环境的改变，凸显"立德树人"的教育意蕴，撬动育人模式的转型，促进教学方式的变革，推动教育朝向本原的理性回归。将物态文化景观转变为孩子学习的"境"、实践的"场"、创造的"器"、体验的"坊"，让儿童在开放自然的学习成长中探其源、求其真、赏其韵，获得自我成长的滋养，促进教育悄然发生。可以说，物型课程是学校"立德树人"落地落实的转型升级的必然发展、必然选择。

5. 娄江"德善"物型课程。

秉承"每滴都最美"的理念，坚持"立德树人"的德育总目标，践行落实社会主义核心价值观，聚焦"信、责、真、勤、仁、美"，挖掘校园的场馆建设以及廊道特色文化资源，开发娄江特色综合课程，以环境建模、物型建构与课程开发为内核，以场景功能实现与教育品格提升为追求。"德善"物型课程中作为环境载体的"物"则已上升到不同"型"的方式一步步塑造着人。学校通过充分发掘校园物态的文化力量、育人价值，进一步推进中小学品格提升，增强校长、教师"立德树人"的课程意识和尊重教育规律、儿童发展规律的科学意识，以校本化的方式探索社会主义核心价值观教育的新时代路径。

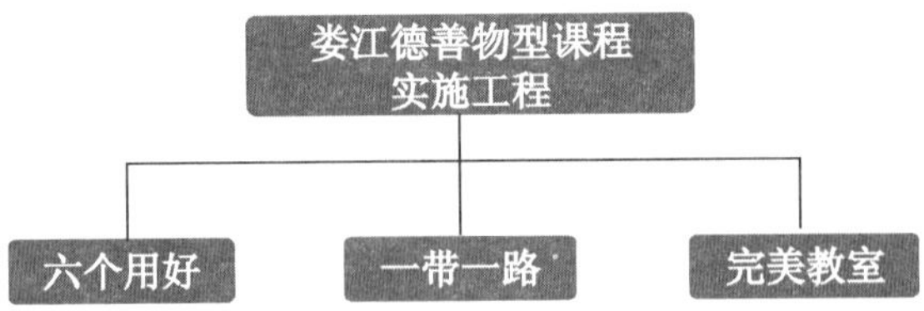

三、项目实施重点

（一）建好德善体系课程中心，将品格塑形落在实处

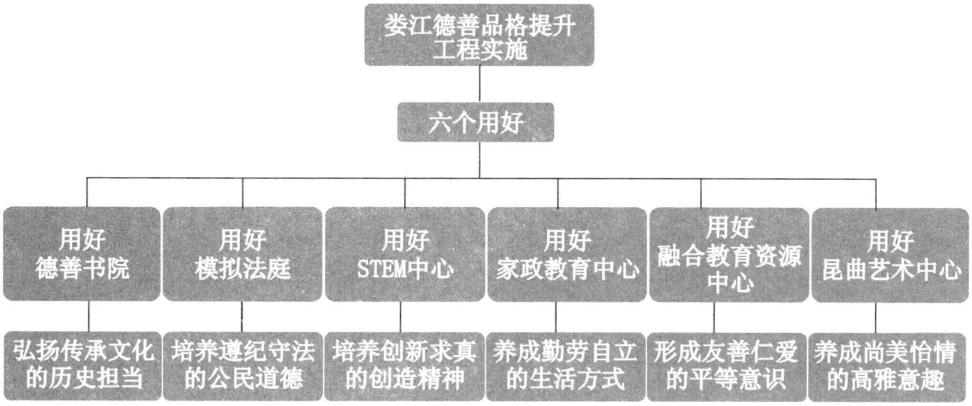

在我校各类专题教育资源的共建共享、拓展互通的基础上，我们对场馆资源进一步系统化、科学化、严谨化地进行梳理，从中遴选出适合学生品格培养的场馆资源和德善课程进行整合。将场馆资源融进课程建设，同时利用课程的支撑发展建设场馆资源的内涵。让场馆成为课程，让场馆成为学习的资源。将“物型”与“德善”巧妙融合，对学生的“信、责、真、勤、仁、美”等美德进行浸润式培养，在潜移默化中培育学生健康的人格和美好的心灵。

1．**用好“德善书院”，弘扬传承文化的历史担当。**

我校建有苏州市文明办与苏州市教育局联合挂牌的苏州德善书院下属的娄江学堂，自2016年9月挂牌以来，就将国学传习课程化，把书院国学课程融入学校总课程设置，定期组织学生在这里学习国学礼仪，诵读国学经典。传统国学经典犹如一座座取之不尽的宝藏，积淀着智慧的结晶，映射着理性的光辉。从《诗经》《楚辞》到唐诗宋词，从琴棋书画到礼乐射御，从孝悌忠信到精忠报国，我们无不感受到祖先给我们留下的很多文化基因，在我们的血液里留下的中华民族的烙印。

而我校的德善书院娄江学堂古色古香的环境布置本身就是一种隐形的课程，对学生的品德培养有着潜移默化的影响。学生身处娄江学堂，《三字经》《弟子规》《论语》……孩子们琅琅的书声铿锵有力，优雅的动作彬彬有礼。其实，只

要身处娄江学堂，孩子们仿佛就是在读一本隽永的古书，通过读这本书，学生能够深刻地认识到中华民族悠久的历史，品味千年积淀的灿烂文化，理解中华民族的传统美德。我们着力培养孩子们向善向美、做知书达理之人的同时，也激发了孩子们传承文化的责任意识。

2. 用好“模拟法庭”，培养遵纪守法的公民道德。

2017 年，我校被评为“昆山市特色法治学校”，并成为昆山市“青少年政法实践教育基地”，昆山市政法委特在我校援建“模拟法庭”一个。为推动教育的全面发展，不断提高教育质量和教学水平，促进学生的品德教育，我校特别开设了法制课程。法制课程以“模拟法庭”为主阵地，道德与法治教研组为主导，昆山市政法委为辅助，定期开展普法宣传教育。我校还根据我校中小学生的年龄特点选择合适的法制教育内容，进一步增强了学校法制教育的针对性，使法制教育深入到学校课程建设的方方面面，力求全面无遗漏。

法制课程不仅要教会学生知法、守法，更要教会孩子们懂得使用法律武器维护自身权益。在昆山市政法委的大力支持下，我校根据未成年人的犯罪特点，特别编写了一系列青少年犯罪庭审剧本，如“校园欺凌案件”“抢劫案件”“殴打致伤案件”等，让学生在我校“模拟法庭”开庭审理。为学生的健康成长，促进学生良好品德的养成创造一个和谐、向上的法治环境。通过从这些贴近学生生活的身边小事做起，通过科学全面的法制教育，增强了学生的守法用法意识、权利义务意识。

3. 用好“STEM 中心”，培养创新求真的创造精神。

为大力提升学生的信息素养、创新意识和创新能力，培养孩子们求真务实、勇于创新的创造精神。学校重组并升级我校的科创梦舞台——STEM 中心及未来教室，为学生打造自由创造的空间，科创梦舞台内有 VEX 工程挑战机器人、VEX IQ 机器人、车模场地、3D 打印区、BIT 实验室。这里是学校的科技活动基地，更是“德善”物型课程培养孩子们求真、创新品格的重要场所。我们的科创梦舞台在功能上分为“启蒙区”“创新实践区”“研讨区”“展示区”等区域。“启蒙区”面向中低年级学生，以机器人启蒙学习为主，如乐高科学技术套装、VEX IQ 机器人等。“3D 加工区”有 3D 扫描仪、3D 打印机以及各种工具，以满足师生们动手创造的需要。“展示区”用于展示学生们的优秀作品和获奖奖杯等，以此增强学生自豪感，激发他们创造的积极性和主动性。

在学校科创教育课程体系的建构上，我们需充分考虑学校的发展特色及教师专长，课程设置做到了多元化，甚至个性化。在课程体系的建构上，充分考虑不同年龄段学生的认知水平、接受能力、心理及生理特点等，呈阶梯式逐层递进。我们努力探索适合学校自身科创教育的课程体系，组建课程研发团队，积极开发课程资源，不断优化课程的实施，为学生享受优质的科创教育提供保障。

4. **用好“家政教育中心”，养成勤劳、自立的生活方式。**

为了加强学生对劳动的认识，理解自立对自身发展的重要性，使勤劳、自立成为娄江学子的生活方式。我校设立了农耕文化中心，以展览馆的形式对学生开放，展馆展出主要分春耕、夏耘、秋收、冬藏四个板块，向学生们展示昆山地区种植水稻所需的农具。这一展馆是昆山农业文明发展的一个缩影。据此，我校结合种植园及种子课程一起进行课程建构，使之成为城区学校中最具特色的乡土课程。学生通过乡土课程中农耕文化的学习，能够更深入地了解家乡的农耕历史、稻耕文化，了解农耕的艰辛，使学生们将“谁知盘中餐，粒粒皆辛苦”“一粥一饭，当思来之不易；半丝半缕，恒念物力维艰”之教诲铭记于心。

学校的乡土课程还包括了家政课程。为了提高学生生活自理能力，我校依托家政教育中心场馆成立了家政社团，教会孩子们学习如何适应生活，多掌握一门生活技能，传扬我国的饮食文化。所有厨房设备，家政中心一应俱全。家政社团活动每周一次正常开展活动。家政课程根据不同年级的学生能力以及结合各类节日，在每个年级开展不同的内容，如包饺子、包馄饨、制作水果拼盘、制作花样小点心，以及烹饪各类具有昆山特色的家常菜肴等。每次实践课上，每个学生都能自己动手操作，从洗、切到开火、炒，学生用心参与全过程，最后一起品尝自己的劳动成果。学生通过动手实践，获得生活技能，真正感受到辛勤劳动为自己带来的乐趣。通过对娄江乡土课程的优化构建，让勤劳、自立的生活方式扎根每个娄江学生内心，让学生在娄江的九年真正学习到对自己生活有用的知识与能力。

5. **用好“融合教育资源中心”，形成友善仁爱的平等意识。**

2016 年 11 月，我校“九年制特教生‘融合教育资源中心’建设”通过申报、答辩、评审被确认为苏州市初中课程基地建设项目。在不断完善融合教育资源中心课程基地的建设过程中，融合教育资源中心根据学习训练区、资源评估区与办公接待区的综合要求，逐步建成了一个教室和感统训练中心、融合训练中心两个训练中心。

我校资源中心自创建之初就始终坚持一个教育理念：普特融合，按需施教。我们的目标是要将资源中心打造成真正是为了提高具有显著个别差异儿童的特殊教育需求和随班就读学生的教育教学质量，为他们能接受平等的教育而专门设置的专业机构和教育教学场所，要让这些孩子们都能学会交往、学会接纳、学会尊重与关爱。

娄江“桂园”的课程建构为十大模块，旨在通过众多的融合教育课程让特殊儿童向“真善美健”发展成长。

资源中心的课程也融入教育生活，班主任会按照课表带领孩子参加班级的烹饪课程、陶艺课程、STEM 课程。孩子们在这些特色课程中动手实践，感受到学习的快乐，培养了他们的动手能力，训练了他们的协调能力，让孩子们在成功中逐渐找回丢失的自信。同时也培养了其他孩子对这些特殊儿童的平等、友善、仁爱意识。

我们要让娄江之水滋润每一个孩子的心田，让孩子们心中的希望生根、发芽，并开出璀璨之花；我们相信每一滴水都可以折射出太阳的光辉，所以我们尊重每一个生命，善待每一个孩子，激发每一个孩子的潜力，要让每一个孩子都能做最好的自己。

6. 用好“昆曲艺术中心”“陶艺馆”，养成尚美怡情的高雅意趣。

昆山是昆曲的发源地，我校建有昆曲艺术中心，为弘扬中华传统戏曲文化、培养学生的民族精神提供了切实保障。2017 年 12 月 13 日，在昆山市教育局的大力支持下，我校与第 23 届戏剧梅花奖得主、全国优秀青年演员俞玖林先生签订了“小昆班”培养项目合作协议，正式成立了娄江“小昆班”，并由俞玖林工作室负责日常的教学工作。

目前娄江“小昆班”有学员 30 余人，每周坚持训练，学习传统戏曲剧目《玉簪记》《牡丹亭》等。“小昆班”成立时间虽不长，但是在师生及家长、俞玖林工作室的大力配合下，已经初见成效，并多次在大型活动中参与表演，获得了一致好评。如在 2017 全国家校合作论坛上表演了《惊艳五百年》；在“特色法治学校”共建签约仪式、昆山市中小学校长讲坛、“江苏省艺术教育特色学校”评估中均进行了汇报演出。

此外，学校还建有陶艺馆、艺体馆、书画教室等艺术场馆，成立了扬帆合唱团、小琼花舞蹈社团、陶艺社团、书画社团、剪纸社团等特色艺术社团，面向全体、尊重差异，培养兴趣、发展特长，不断提升学生的综合欣赏水平。学生的书法、绘画、陶艺等作品，在苏州市教育局金色大厅做了为期一周的展览，充分展示了学生的艺术素养和娄江的艺术教育成果。

学校还充分利用昆曲艺术中心，为全校学生提供展示的平台。每学期，全校所有班级都轮流到昆曲艺术中心开展“班班演”活动。各班在活动前制订详细的活动计划、节目单，孩子们自导自演，全员参加，并邀请老师和部分家长共同参与。“班班演”活动已经成为一种常态化的教育活动，它给每一个孩子提供了锻炼和表现的机会，不但丰富了校园生活，展示了学生的艺术才能，更培养了他们的表达能力、组织能力、创新精神、团结意识，让全体学生的审美情趣与人文素养得到了提高。以艺育德、以艺启智、以艺塑美、以艺怡情已经成为娄江师生的共同追求。2018 年学校被评为“江苏省中小学艺术特色学校”。

（二）充分发挥“一带一路”作用，在场景中陶冶学生品性

学校从 2016 年 9 月起进行了资源重组。立足于学生的需要，着眼于学生的个性发展、全面发展、终身发展，把原有的学校文化景观、专用教室装备等教育教学设施，通过重新进行功能定位，形成“一带一路一中心”，组合成一个个课程群纳入学校德善课程体系。

学校通过精心建设“一带一路一中心”，充分发掘了校园物态的文化育人价值，不仅有利于学生控制情绪、调适行为、美化心灵，还可以启迪智慧、激发灵感，使他们的精神生活得到美的升华。

（三）注重“完美教室”的建设及作用，价值观教育润物无声

在办学多样化的要求下，中国教室如何基于学校师生和家长共同遵循的价值观来润物无声？日本教育家佐藤学在《静悄悄的革命》中提到“润泽的教室”；美国教师雷夫·艾斯奎斯说：“一间教室能给孩子们带来什么，取决于教室桌椅之外的空白处流动着什么。”在意识形态教育中，社会主义核心价值观应该是以

种种符号象征呈现在教师和学生面前，不仅存在于静态的物理空间中，还存在于规则系统、活动程序和环节中。三观端正的审美取向也应该体现在教室环境的创设、教室管理的形式等物质文化和制度文化的层面。因此，物型课程将是对传统“把环境布置当作环境美化或者政治宣传板”的超越，是将“布置”的指向由观照“物理空间的形式美”转向了观照“对人的意义”。通过班级文化的营造，育人课程的确立，生命故事的叙述，从而达到师生共同成长的目的。

四、项目实施路径

1. 分解实施策略

学校地表文化建设：植被，雕塑，文化石，流动书架。空间文化建设：长廊文化，教学中心，教室布置，专业教室建设，厕所文化。学科文化建设：打造美感课堂，班本特色课程，个人特色课程。格物文化建设：科技活动，手工制作，亲子社团。学校分工成立各个专题项目组，做到人人有项目、项项有人负责，形成分工合作、项目互补的机制。

2. 平台展示策略

全力建好学校德善课程项目专题网站，使之成为一个大展馆，天天是“窗口”，时时在展示。通过项目介绍、过程记载，直观地展示，真实地呈现，让关注德善物型课程的专家和教师可以比较全面地、方便快捷地了解项目。开展专题研讨活动，打造娄江特色，增强认同感。

3. 以评促建策略

要从学校实际出发，分析认识我校的优势和劣势，合理选择和打造德善物型课程建设项目，积极申报参与相关评比，通过参评不断提高特色办学水平，提高学校品格，提升工程建设的美誉度。

4. 校际联盟策略

与其他学校形成联盟，就“德善物型课程”进行交流学习，实现资源互补、成果共享。

五、项目实施的保障条件

德善物型课程建设项目是一个长期探索、逐步形成的过程。为了保证本项目的顺利实施，我校制定了相关的保障机制，使这一项目可持续地推进。

1. 专业保障

邀请省内外专家成立项目学校专家指导小组。

马　斌　江苏省教育厅师资处处长

孙其华　江苏省教育报刊总社社长

2. 组织保障

成立学校领导小组，明确项目组成员的分工和职责，将各项工作分解到个人。

3. 制度保障

明确各项规章制度，落实相关奖惩制度，保证项目研究的正常开展。

4. 经费保障

落实相关经费，建立项目专项基金，保证研究活动、教师培训和成果总结推广所需要费用的落实。

5. 管理保障

建立项目研究台账资料；采用文字、图片、音像等多种形式收集过程性资料；设立项目管理小组，定期检查实施进展情况。

6. 成果保障

及时收集整理教师研究过程中的论文报告、实验随笔，定期编撰《项目阶段研究成果》，总结推广研究经验。

六、项目实施的预期成果

（一）阶段成果

1. 完成相关场馆建设及文化布置
2. 召开专题研讨会、现场会
3. 编印阶段成果汇编

（二）终期成果

1. 学校成长为中小学品格工程提升项目建设示范学校
2. 正式出版《德善物型课程的建设与探索》

储老师心语：见证成功

今天我谈的话题是：点亮。

昨天下午全体教师会后，尽管天已晚，雨正大，我还是带上春明校长与朱老师赶到一个学生家中进行了家访。

到校后第一件事是到“小昆班”观看训练，我发现几个有些特别的孩子，其中一个就是YY。这是一个眼睛特别大的女孩，那大大的眼睛里充满了无数的情感，有惊奇、有茫然，更有一种难以言说的痛苦。那双眼睛似乎在诉说着非同一般的有着悲欢曲折的成长故事。这个孩子身上的穿着也与其他孩子有异，衣服又旧又小，不太干净；孩子面容清秀，可脸色黯淡。总之，就像一个无人问津的孩子，甚至有些流浪儿的模样。这样的一个孩子，当她进行昆曲训练时，一招一式，特别认真投入，脚努力踢得比别人高，劈叉的时间尽量比别人长。特别是一开腔，眼神一飞转，你马上就会被她带入昆曲之中，忽视了那小旧的衣服，忽视了那营养不良的脸庞，低吟浅唱，好一个昆曲的精灵。我当时特意表扬了这个小女孩几句。

我们学校外来务工人员孩子比例达到了50%，“小昆班”中的不少学员就是外来务工人员的孩子，而且他们的家庭背景差异相当大。事后我悄悄询问徐老师，YY到底是个什么家庭情况，是不是外来务工人员的孩子，是不是家庭经济条件特别差。一问，才得知这是个苦命的孩子。

YY是本地人，父亲原来是个有一定经济实力的老板，曾经开过一家生意红火的歌舞厅，认识了YY的母亲后就与前妻离婚，与YY的母亲组成了新家庭。当YY八九岁的时候，亲生母亲不幸从楼上失足摔死。后来，YY的父亲又给她找了一个后妈，祸不单行，一个多月后，YY的父亲就因车祸死亡。如今，YY与后妈生活在一起，因为种种原因，现在两人住在一个小区的车库中，YY 还经常被后妈打骂。

得知 YY 的不幸遭遇后，我第二天找到班主任朱老师，全面了解孩子的在校情况，一问才知孩子的问题还真不少：学习成绩一般，做作业比较随意马虎，上课注意力也不太集中，行为习惯问题较多。我把了解到的孩子的家庭情况告诉了朱老师，拜托朱老师多关心、多引导、多爱护。

过了一段时间，在讨论“小昆班”准备参加小梅花奖比赛的节目与演员时，我突然听到了 YY 的名字，一细问，原来她经过一年多的训练，已经能够演出一段相对完整的昆曲，且眼睛大，扮相好，嗓音清，可以加入训练排演一个节目来参赛，就是孩子的眼神太复杂，有些乱，不纯，影响表演效果。

我不由心中一动：我们艺术教育的目的是什么？我们“小昆班”办班的目标是什么？传承昆曲文化是目标，参加高水平比赛获奖是目标，但最根本的目标应该是用艺术点亮人生、点亮孩子们的人生。

用艺术点亮孩子们的人生，是需要唤醒孩子们对艺术的热爱，是需要传授给孩子们艺术的技能，更需要在艺术教育的过程中培养孩子们的德行。

用艺术点亮人生就是要点亮孩子们的智慧与德行。

如果参加“小昆班”能够让不幸的 YY 找到人生的快乐，享受成功的喜悦；能够让 YY 的大眼睛变得清澈起来，让那双可以说话的大眼睛说出真善美，这就是我们“小昆班”最大的成功。获奖是成功，不获奖同样也是成功。就让 YY 准备节目参赛去，让参赛点亮 YY 的人生，甚至改变 YY 的人生。

在星期一的“每周一汇”上，我特意安排了一个专题，让 YY 给全体老师表演了一段昆曲，同时代表学校特意颁发给 YY 一学年 2000 元的奖学金，不是奖励她考试成绩优异，而是奖励她艺术成就突出。人常说女孩要富养，一个孩子偶尔有伸手的不良习惯，偶尔说些谎，这其实不是德行使然，是生存环境造成的。在关心引领的同时，努力改变孩子的生存环境，我们也在尽力。

我请朱老师专程做了家访，我联系镇宣传办、镇妇联，尽量给孩子资助与帮助，我甚至造访了炎武社区，请社区人员关心这个特殊家庭和这个特别的孩子。我选出三套校服请班主任转交给孩子，让孩子穿着校服抬起头。

后来，我陪着昆山小梅花剧团艺术总监黄老师特意看了 YY 排练的《思凡》，黄老师给予了高度评价。周六我陪着教育部课程处的柳先生又看了YY的演出，孩子的眼睛是那么明亮，但孩子身上脏得不能再脏的衣服还是刺痛了我的眼睛。

于是，我昨天请杨主任带孩子去选了一身衣服。会议后，尽管有些晚，天在下雨，但我还是去了YY家，因为我告诉过YY要到她家中去看望她与她的妈妈，我不想让孩子失望。我去对了，因为当我们敲开车库门时，YY的后妈正在给我们学校一位老师打电话寻找我的联系方式，她们担心我不会来了，我们差点就让这娘俩失望了。

看到我们时，YY特别开心，那双大眼睛扑闪扑闪的，我从中看到了真，看到了诚，我看到了被关爱后发自内心的快乐。

我带去了一床被子，期望能给孩子多一分温暖；还带去了两瓶橄榄油，期望能给孩子增加些营养；我更带去了给母亲的叮咛，要关爱孩子，付出爱才能得到爱，不允许再随意打骂孩子，我们学校也是孩子的监护人。

返回的路上，朱老师欣慰地说，YY最近认真多了，成绩处于班里中上游了，各方面表现都比以前好了，就是还有自己的心事，偶尔还有些话不真。我说没关系，孩子的成长有一个过程，这就是教育，是真实的教育。

我们学校的办学理念是：用教育点亮人生。教育不仅仅是教学，因此我们不能仅仅追求单一的学科成绩，艺术、科学、运动、我们的特色教育与学科教学共同点亮孩子们的人生。

我们要点亮孩子们的智慧，我们还要点亮孩子们的德行，我们要把真、善、美的种子种在孩子们的心田里。

这需要我们有教育的情怀，需要我们有教育的慧心，需要我们把握甚至创造教育的契机，用智慧传授智慧，用德行滋养德行，把孩子们的人生从此点亮。

今天我谈的话题是：小昆班。

我们千灯中心小学校有个艺术特色班叫“小昆班”。“小昆班”其实并不小，台湾著名作家白先勇先生看了“小昆班”之后欣然题字：千灯小昆班，真的不一般。

千小有个“小昆班”，这是历史的必然。千灯是昆曲的源头，是昆曲鼻祖顾坚的故乡，肩负着传承文化、振兴昆曲的使命，千小理所当然要办起“小昆班”，并且要办好“小昆班”。

从2004年7月创办“小昆班”至今，经历了8年的探索和实践，“小昆班”走出了一条从幼稚到成熟、从默默无闻到闻名遐迩的成长之路，“小昆班”已成为千小的办学特色之一。“小昆班”现有小演员近50人，2008年、2011年、2012年，三次受邀参加全国魅力校园文艺会演，均获金奖。“小昆班”应邀赴北京参加纪念建党九十华诞庆典活动，赴香港参加纪念香港回归十五周年综艺盛典，在上海世博会和苏州虎丘曲会上登台亮相，先后接待了来自美国、日本、韩国、新加坡以及香港在内的国家和地区的友人，中央电视台、东方电视台、上海电视台、苏州电视台、福建电视台、《中国摄影报》、新华社等多家媒体先后对“小昆班”做了专题介绍。国家领导人以及联合国副秘书长阿莉西亚巴尔塞纳女士等观看了“小昆班”演出并与小演员合影留念。13名小演员获中国戏剧家协会“小梅花金奖”，2人获“银花奖”，2名小演员获上海戏剧家协会首届“小白玉兰”称号。2007年参加了全国京昆票友大赛，小演员计冰倩、张丽珺参赛的《长生殿·小宴》获得银奖。2008年1月《长生殿·小宴》进京参加了全国魅力校园文艺会演，喜获金奖。同年10月，“小昆班”参加了第十二届中国少儿戏曲小梅花荟萃活动，表演了《牡丹亭·幽欢》和《牡丹亭·游园》片段，三位参赛小演员计冰倩、张丽珺、吴露露都获得了“小梅花金奖”的称号，其中计冰倩还入选了“小梅花金花十佳”。2009年8月，在江苏盐城的盐都文化艺术中心举办的全国第十三届少儿戏曲小梅花荟萃比赛中，于星悦、刘夕萌同学分别获得了“金花奖”，吴露露、季晓筠同学分别获得“银花奖”。2010年8月，在全国第十四届少儿戏曲小梅花荟萃比赛中，吴露露、季晓筠、周思颖三位同学分别获得“小梅花金奖”，创历史最好成绩。2011年7月，“小昆班”赴京参加了“光辉的旗帜”——庆祝中国共产党成立90周年全国校园综艺盛典活动，荣获金奖；同年8月，在全国第十五届少儿戏曲小梅花荟萃比赛中，刘夕萌同学又摘“金花奖”。更令人欣喜的是，“小昆班”的于星悦、刘夕萌被上海戏曲学校昆曲班录取，2013年7月，又有三位同学分别获得“小梅花金奖”。

“梅花香自苦寒来”。虽然我校不是专业的艺术学校，但“小昆班”的孩子们接受的却是比较系统的训练。对于昆曲班的训练，我校多年来形成了“天天练、周周提、月月高”的要求，昆曲班在校辅导老师每天早晨7：00到校，并要求学生在7：20分准时报到去“小昆班”参加练声和基本功训练。每周六安排学生参加昆曲班的提高训练班，由苏州聘请的专业辅导老师面对面、手把手地进行教授。并且，学校通过各种途径给昆曲班创造机会，让学生分批参加表演和比赛活动。让学生丰富经验，增加表演的自信，逐步展示昆曲班深厚的文化底蕴。

名师出高徒。我校不是全市昆曲教育起步最早的学校，却是办班后持续时间最长、参赛成绩最好的学校，一个重要的原因就是师资有保障。学校通过多层聘请的方式构建了“小昆班”的师资队伍，形成了一个三级网络指导教师队伍。一级师资网络，聘请著名昆曲艺术表演家王芳为昆曲班的艺术顾问，定期邀请其对昆曲班的发展方向做指导，对于昆曲班存在的问题进行会诊。二级师资网络，聘请在全国昆曲优秀青年演员展演中荣获“十佳演员”称号的周雪峰担任专业艺术指导，并成立周雪峰工作室，成为专家指导基地。三级师资网络，由本校长期从事音乐教学工作的徐允同老师负责“小昆班”的日常工作。有了这样一个完善的师资体系，才保障了学生正常学、学得像、学得好。最近，我们又想方设法调整师资，抽调出徐艳娟老师作为徐允同老师的传承人，专职负责昆曲传承事业，确保“小昆班”由专人负责、专人管理，实现专项发展。

“小昆班”为传承昆曲文化、培养昆曲后备人才做出的不懈努力终于花开正浓、硕果坠枝。在办好专业性的“小昆班”的同时，我们也要加强昆曲的普及性教育，通过诵昆谣、唱昆歌，做到人人掌握几支曲。在普及中求提高，在提高中创品牌，唱响昆歌，传承昆曲，使我们的“小昆班”永远不一般，使我们的学校永远成为江苏省艺术教育的窗口学校。

今天我谈的话题是：个别化教学。

昨天我在苏州市“义务教育改革项目学校”启动活动中，交流“一灯一世界”的理念时，得到了指导专家的充分认可，从江苏教育学会会长杨九俊到我校指导专家北京师范大学陈琐明教授及华东师范大学代蕊华教授，都认为“一灯”与“一世界”特色鲜明，并且都强调了“两个一”的内涵性。我在交流汇报中也提到我校的有品性办学，提到特殊学生的随班就读策略，也得到了专家们的广泛关注。交流指导活动即将结束时，顾月华局长、李婧娟副局长也来到我们项目组，李局长特地向顾局长介绍了我们“一灯一世界”的规划方案，顾局长问我目前重点在做什么工作，我回答在重点思考融合教育与个别化教学，我说这都是特殊教育中的概念，我既要用这些理论来提升特殊教育学生的学习水平，也要用这些理论来影响整个学校的教育教学策略。顾局长说非常期待，会尽快到学校来看看，来考察一下我们的教育教学改革，来体验一下我们的学校文化。

我提到的“个别化教学”，承认并尊重学生的差异，根据学生的个别教育需要开展教学工作，更强调挖掘学生的潜能，发展每个人的个性。作为一种教学策略和模式，综合运用集体教学、分组教学、个别教学等组织形式，使每个学生都得到适合其特点的教学，都能在原有基础上获得进步，从而实现其个别化学习的目标。

我校的特教学生中，有七个孩子随班就读，这些孩子都应有个别化的教学策略与方案。根据学校的具体情况，我设想将这些孩子下午统一集中到资源教室，进行更加适宜他们的课程学习。于是，我与王晨商量，将下午规划为我们正在推广实施的专题阅读课程、音乐课程以及康复训练课程。

王晨根据我的建议，拿出一个课程设想，已经有了课程规划的雏形，为个别化教学提供了可能。

课程设想如下：

课表：

	星期一	星期二	星期三	星期四	星期五
下午第一节	阅读1	音乐1	阅读1	音乐2	阅读2
下午第二节	康复训练	手工1	康复训练	手工2	

注：在阅读课前10—15分钟，进行蒙特梭利教具的教学。

阅读：

1. 童书阅读

以学校为其配备的童书（桥梁书和绘本）为主。

建议：时间为20—30分钟，刚开始可由老师带领大家共读一本童书，以讲故事的方式，可进行一些互动问答，让学生对阅读产生兴趣，逐步转化为学生自主阅读。

①书的篇幅不宜太长，但也不宜太短。

②文字内容不能深，但也不能太浅。句子要长短适中，没有非常长的句子，要适合小孩子的阅读习惯。而且一本书里面、一个故事里面的生字、难词要有一定限度，要尽可能保持在10个难的词语，不要超过太多。要充分考虑到小孩子对阅读的忍耐力，如果遇到很多的生字、难词，他可能看了之后，读不下去了，就会放弃。拿起一本书来，小孩子通常有20分钟的忍耐力，在20分钟内他有能力、有信心把这本书读完。而不能像我们的文学作品一样，厚厚的一本，小孩子通常是读不完的，往往是读几分钟以后失去了信心。

③故事不能太复杂，但也不能太简单。有一个完整的故事、有头有尾、有情节，并不复杂，一条线下来。比如校园生活故事、家庭生活故事、小孩子喜欢的幻想和魔法故事，这几类故事学生都比较喜欢，更容易接受并去阅读。

④主题不能太深奥，但也并非漫无目的。针对随班就读学生生活中可能遇到的一些问题来设计。比如书包怎样保持整洁、干净、有条理，早睡早起，自己穿衣刷牙等。

2. 国语课本阅读

以《开明国语课本》和《商务国语课本》为主。

建议：每天阅读20分钟左右。

国语课本都配有图片和文字，内容也通俗易懂，比较适合随班就读孩子阅读和理解，其中的内容也不乏一些做人、做事的道理。

孩子是最善于模仿的，书中的故事尽管有些孩子还没接触过，但反复的阅读和听，便是孩子间接经历和感受的中介。孩子通过记忆，能够回想书里讲的道理，比如“敬师”，孩子就会学着书中的学生一样，见到老师打招呼，礼貌行为就会慢慢养成。诸如此类的课本，直接以文字的形式加上少量的图片加以注解，更适合随班就读学生的阅读，也能使他们更好地理解内容。他们在这样的示范下，能培养出爱护物品、洗手刷牙等好习惯，增加良好行为的意识，从而会主动这样做。

音乐：

1. 音乐课

以一二年级的儿童歌曲为主，可随普通班参加上课。

2. 童谣

具有昆山本地特色的童谣歌曲。

学生识字量有限，只能以老师口口相授的方式进行。

康复训练：

1. 蒙特梭利教具的使用

以游戏为主的活动，寓教于乐，学生在活动中学习。在阅读课程开始前，让学生先进行蒙氏教具的使用，有利于阅读课的进行，学生能更好地集中精神，投入到阅读课程中去。

2. 资源教室器械的使用

建议：每周进行两次，每次一节课。

利用资源教室内的器械，进行专门的训练，此前部分老师已进行过相应的培训，但还不够系统，还须进一步熟悉相关器械的使用和用途。

手工：

1. 特教教材的手工制作本

手工制作本相对来说，比较适合随班就读学生现在的动手能力，学生通过努力，都能在老师的指导下或者独立完成作品，学生的成就感也就更强了。

但目前班级中制作本似乎数量有限，只有一套，希望能够再多增添几套，做到人手一本。

2. 手工创作

利用废品的小制作，比较符合现在环保的概念。但难度相对而言比较大，极大地考验随班就读学生的动手能力。需要学生跟着老师一步一步完成。

如遇到一些需要使用危险性工具（如剪刀、小刀）时，教师可适当代为操作，尽量避免安全事故的发生。

作品如利用卫生纸芯做笔筒，利用饮料瓶制作花盆，利用旧报纸编制各类器皿，利用硬纸盒制作存钱罐等类似的小制作。

从为8个孩子创造适合他们的课程开始，我校的个别化教学、我们的融合教育就会一步一步地渐入佳境。

今天我谈的话题是：小学校，大课程。

昨天的“每周一汇”，我们共谈了改造课堂。在专题发言中，我强调指出，今年我们教学工作或者说学校工作的重点，就是着聚焦“两课”，着力“两课”。一课是课堂，还有一课是课程。我们要改造课堂，我们更加要群策群力构建特色课程。

课程改革已经推进了十年，可课程理论并未因此大力普及，开发课程、应用课程仍然被视为“高大上”，成为个别人的专利。我们有的老师甚至说，课堂还管不好，哪管什么课程。

没有课程意识，确实构建不了好的课堂，而构建了好的课堂，还需要建设属于自己的特色课程。

我到学校后，将学校的特色整合成“千小六艺”。围绕“千小六艺”，一年中，我们开展了丰富多彩的活动，取得相当大的成效，也受到各界的好评，成为学校办学的亮点。但是，课外活动就是课外活动，我们有必要用课程的方式让“六艺”规范化、科学化，实现可持续发展。

什么是课程？下面一段表述抽象而全面：“课程作为一种具有各方面来源的客观现象，作为一种学校借以实现其目标的、完成其任务的主要手段和媒介，其本质内涵是指在学校教育环境中，旨在使学生获得的、促进其迁移的、进而促使学生全面发展的、具有教育性的经验的计划。”当然，我们也可以用简洁通俗的语言来解说课程，比如课程就是有计划的教学活动。

说到有计划的教学活动，我们的“六艺”特色教育，已经从起步阶段的兴趣小组，发展到自编教材，有相应的活动计划、内容、活动地点及固定人员，已经基本上具备了课程的形态。在此基础上，我们又以比较规范的课程理念，对教材进行了重组编写，《一曲一世界》《一乐一世界》《一笔一世界》等，已经使校本教材系统化，并使教材按课时编写，在此基础上形成课程计划，已经奠定了良好的课程实施基础。

负责科技创新项目的金敏老师，多次与我商讨课程开发与实施，率先拿出了课程方案，并已在招兵买马了。

各位家长：

你们好！

千灯中心校从2004年至2014年辅导学生的发明创造，硕果累累，获国际发明展览会3金、6银、7铜；学生获得国家实用新颖专利57项；获“全国青少年创新大赛实践活动十佳奖”；获省、市级青少年创新大赛奖100多项；3名同学获得“中国少年科学院小院士”称号，7名同学获得“江苏省青少年发明家”称号，1名同学获得“苏州市市长奖”，3名同学获得“昆山市市长奖”。

同时，千灯中心校荣获“全国科技教育示范单位”“中国少年科学院示范基地”“江苏省科学教育特色学校”“江苏省青少年发明家摇篮”称号。

为了让创新的火花点燃每一位学生的头脑，让发明创造开创每一个学生的未来，经过学校领导研究决定，2014年秋季成立千灯中心校发明创造课程中心，由教育部创新人才教育研究会小学创新专业委员会学术专家金敏老师，苏州市市长耕耘奖获得者陈霞明老师以及科技老师直接授课，相信，经过几年的努力，千灯小学的这朵创新之花一定会越开越鲜艳！

欢迎家长支持孩子报名参加。(免费参加)

昆山市千灯中心校

2014年10月

千小发明创造课程中心是“六艺”课程中心之一，我们将把学校一级栏目“千小六艺”正式更名为“六艺课程中心”，下设千小发明创造课程中心、千小江南民乐课程中心、千小国学传统课程中心、千小书法艺术课程中心、千小田径球类课程中心、千小科绘读绘课程中心。这“六大中心”将全面落实到我们的每一个孩子身上，让每一个孩子有一艺。而昆曲作为“六艺”之首，更是专门成立了一级栏目“昆曲文化中心”，来推动学校的课程改革。

小学校，大目光；小学校，大课程。我们要扎实走好每一步，我们小学校就能与课程改革同步，我们乡村小学校就能与世界大教育同步。

今天我谈的话题是：丰富多彩的娄江课程在哪里？

文化立校，课程育人。课程将是“上善娄江”最丰沛的力量，是“上善娄江”最大的财富。在保障国家课程实施的基础上，我们要系统建设适宜于学生的“全人成才课程”，适宜于教师的“相约成功课程”，适宜于父母的“亲子成长课程”。三大课程同步开发实施，相辅相成。

“全人成才课程”是娄江课程建设的主体，将由六大模块组成：生命课程、公民课程、艺术课程、智识课程、特色课程、亲子课程。

在这样的课程建构中，以生命课程为基础，以公民课程、艺术课程、智识课程作为主干，并以特色课程、亲子课程作为必要补充。在这样的课程意蕴中，起点处是每一个学生，体现的是“一滴一世界”的教育理念，致力于“只为润泽你一生”，追求的是“让每一滴都很美”。

这样的课程能够有效实施当然好，那么这样的课程在哪里？在规划里？言谈中？梦想里？不，这样的课程，在各个特色教室里，在每个特有的节日里，在校园内外的社团活动里，在校园曲折的廊道里。

课程就在那教室里

文来校长等在六年前建校时，有远见卓识，规划建设了六个特色教室，即历史教室、地理教室、书画教室、烹饪教室、生态教室、陶艺教室。这六个教室设施齐备，即使在今天来看也是“高大上”的。近年来，又陆续建立了国学馆、农耕文化馆，这些丰富的课程资源，为我们整体进行特色课程设计奠定了坚实的基础。

我设想在现有的“六室二馆”基础上，通过重新进行功能定位，组合成一个个课程群并纳入学校的课程体系当中。

生物标本室，将升级到生态教育的范畴，纳入生命教育课程体系，作为生命课程教育的基地教室，命名为生态教育中心或生命教育中心。

历史教室将定位于传统文化教育中心，纳入特色教育课程体系，早日与苏州市文明办及教育局申请挂牌成立“德善书院娄江学堂”，也成为学校重要的德文化教育基地。

地理教室定位于世界文明教育中心，纳入公民教育课程体系，成为娄江下西洋、娄江看世界的窗口。

书画教室定位于国学文化教育中心，纳入艺术教育课程体系，成为学校艺术教育的基地。

陶艺教室定位于生活教育中心，纳入特色课程体系，成为娄江六艺的课程基地。

烹饪教室定位于家政课程中心，纳入亲子课程体系，将进一步充实功能，让父母义工进行常规教学实践活动。

农耕文化馆定位于生活教育中心，纳入特色课程体系，将与新增加的种植园及种子课程一起，成为城区学校中最有特色的乡情课程。

学校正加快新建资源教室，定位于融合教育中心，纳入特色课程体系，将成为学校最有教育光芒的特色课程。

课程就在那节日里

学校通道两边灯杆上，将新增加灯杆旗，将我们要一一组织实施的节日进行宣传展示。经过班子成员的反复研讨，确立了12个节日：阅读节、生命节、礼仪节、亲子节、合唱节、舞蹈节、科技节、书画节、双语节、六艺节、演讲节、教室节。

这12个节日代表着一个月或更多时间的主题活动，这些节日与整体课程设计是关联呼应的。对应生命课程的是生命节；对应公民课程的是礼仪节；对应艺术课程的是合唱节、舞蹈节、书画节；对应特色课程的是六艺节、双语节、演讲节；对应父母的是亲子节；对应教师的是教室节。

课程就在那社团里

如果说上述课程是学校课程体系中的基础性课程、核心课程，那么更多的课程是生成的、是动态的。一个社团就有一门课程，未来的娄江将是社团最多的学校，不但有学生的，还有老师的甚至父母的。我们从一年级开始就要统计学生原来接受到培训的技艺，力争让学生有多少种技艺，我们就成立多少社团，使学生已初步形成的技能得以不中断、不丢失。百人舞团、千人合唱团，这些在娄江都不算事，我们还要有教师合唱团甚至艺术团，有教师健身舞团，当然也可以有父母合唱团，有学生、教师、父母三结合艺术团。

娄江学校是孩子们的娄江，也是老师们的娄江，还是孩子父母们的娄江，娄江是大家的娄江。千川汇娄江，有无穷的力量，有无限的可能，有无数的奇迹。

课程就在那廊道里

德润娄江，还体现在学校的物型文化课程中。一楼文化大通道，就是我爱昆山母亲河的课程资源，一面墙就是一个课程主题。一楼大厅中的《娄江赋》，更是应该人人会颂唱。二楼墙壁上的《弟子规》，是我们引领学生天天吟诵、时时践行的活教材。三楼的祖国大好河山，每一个过道就是一册教材。漫步校园，一楼一主题，一室一主题，一柱一主题，这也是千变万化的活课程。

天上的星星多，娄江的课程多。课程如天上月，月映娄江千川。丰富的课程资源，丰富的课程实施，知识丰富的娄江学子！娄江之富，富在课程；大富娄江，学子之幸，昆山之光。

今天我谈的是一件让人欢欣鼓舞的事：亲子社团。

教育教学的理想境界是什么？自主教育、自主学习。家庭教育、家校合作的理想状态是什么？家长们发挥主动性、积极性，除了参与学校管理甚至课程管理之外，还创设了属于家长与孩子的“第二课堂”“节假日的学校”。这就要从发动、引导家长建立好“亲子社团”开始。

开学前，我们就让所有家长进学校明校情，增感情；开学以来，大力推动父母义工团的建设，100多位坚持参加护生行动等日常管理的父母已经成为学校的一支中坚力量。随着班级家委会的建立，随着校服自主选购工作的顺利开展，各班已经具备了建立主题性亲子社团的良好基础。

经过反复研讨，一周前小学部制定了关于设立“娄江家长义工团之社团活动小组”方案。

围绕新教育“家校合作”的教育主题，本学期我校充分调动学生家长服务学生、参与学校管理的积极性。开学至今，娄江实验学校的家长义工们参与了校门口上下学秩序的维护，参与了学生校服的选定，参加了学校食堂的开放日活动等，促进了学校的细致管理，也取得了非常好的社会反响。

我们也有一些有思想、热衷于教育的家长参与了学校特色课程——社团活动的开发与组织，如六年（5）班的一品读书会、二年（4）班户外亲子活动等，近日，三年（5）班的家长正在积极组织孩子们利用双休日去敬老院开展敬老爱老的公益志愿活动。

接下来，学校还要发动更多的志愿家长参与学校的特色课程——社团活动的开发与组织中来。

具体安排及要求如下：

一、班主任：

1. 请各班主任推荐2名家长义工，参与各班特色社团活动的开发与组织。

家长义工要求：（1）热衷于班级活动；（2）有一定的文化基础或兴趣特长；（3）有思想，在班级家长群里比较活跃，有一定的组织与号召能力。

2. 引导家长义工发动学生家长组织讨论，各班根据实际情况成立一个如“一品读书会”之类的特色社团，可以给自己的社团起一个响亮的名字，并将社团名字报给年级组长。

班级特色社团主要有以下六大类：

读书会社团、才艺类社团、亲子游社团、亲子劳作社团、公益志愿社团、社会实践社团。

各班也可以有创造性地开发一些其他有益于孩子健康成长的特色社团。

二、年级组长：

各年级组长统计汇总本年级家长义工信息表交吴灏老师。

三、教导处：

1. 下周五召开“娄江家长义工团之社团活动小组”成立仪式。

程序：

（1）介绍成立“娄江家长义工团之社团活动小组”的意图。（高建花）

（2）六年（5）班“一品读书会”会长介绍“一品读书会”的活动及组织；（程逸天爸爸）

二年（4）班亲子游社团家长代表介绍该团的活动及组织。（暂定）

（3）宣布娄江各班特色社团。（储校长）

（4）储校长讲话。

2. 面对面建“娄江家长义工团之社团活动小组”。

3.“娄江家长义工团之社团活动小组”成员安排

组 长：储昌楼

副组长：金叶、高建花、张玉琴

组 员：各家长义工

四、其他准备

1. 各班本周完成家长义工推荐。

2. 各班下周一上报班级特色社团。

3. 学校于周四前制作好社团会标。

这份方案中明确了班级亲子社团主要有六大类，这六大类与学校的社团建设紧密关联，也是学校社团建设与课程建设的有机组成部分。因为方案有指导性、针对性、可操作性，一经发布，可谓是“一石激起千层浪”，家长们在群中纷纷讨论本班行动计划；也可谓是一呼百应，仅仅几天，每个班各具特色的亲子社团已经有名有姓呼之欲出了。

“爱陪伴”亲子社、遨游体验亲子社、亲子烘焙社、亲子游学社、趣味实践亲子社、彩虹堂亲子社、英语兴趣亲子社、为爱起航亲子社、“静读小苑”读书会、亲亲小荷亲子社、小浪花亲子社、携手童游亲子社、立人硬笔书法社、“童心童程”亲子社、向日葵亲子综合社、快乐小当家亲子社、新雅健康亲子社、太阳才艺亲子社、Discovery 英语社、“00 后”亲子工作室、共享自然亲子社、爱的足迹亲子社、诚萌社会实践社、“云朵上的学校”亲子社、“掠影”摄影会、尔雅读书会、美途亲子社、阳光欢乐集市、“上善”亲子会、菊志读书会、一品读书会……这几十个亲子社团有组织、有规划，一部分已经启动并取得了理想的效果。

我与校长室同人们商量决定，将综合楼一楼的学校大会议室改建成“娄江亲子社团中心”，成为社团活动的大本营，将来墙壁上那块亲子社团组图将是娄江最美的风景之一。